AF542828

Reinisch

Versuch und Scheitern.

Zur Aushandlung öffentlicher Räume

Texte 1993–2022

Ulrich Reinisch

Versuch und Scheitern.

Zur Aushandlung öffentlicher Räume
Texte 1993–2022

Herausgegeben von Sigrid Brandt

Bäßler

Titelabbildung: Karl Friedrich Schinkel, vermutlich Entwurfsskizze für das Völkerschlachtdenkmal bei Leipzig, um 1814, Kupferstichkabinett, Staatliche Museen zu Berlin. https://id.smb.museum/object/1503809/berlin--entwurf-zu-einem-dom-als-denkmal-f%C3%BCr-die-befreiungskriege-befreiungsdom-mit-vierungsturm-und-kuppeln-%C3%BCber-den-kreuzarmen

Die Deutsche Nationalbibliothek verzeichnet diese Publikation in der Deutschen Nationalbibliografie; detaillierte bibliografische Daten sind im Internet unter http://dnb.d-nb.de abrufbar.

Fon: +49(0)30.240 858 56 · Mobil: +49(0)178.28 512 98
E-Mail: info@baesslerverlag.de
Internet: www.baesslerverlag.de · www.edition-schloesser-gaerten.de
1. Auflage 2024

Satz und Umschlaggestaltung: Hendrik Bäßler, Berlin
Druck und Verarbeitung: UAB BALTO Print

ISBN 978-3-910447-15-8

Inhalt

Grußwort des Berliner Landeskonservators Christoph Rauhut ... 7

Einleitung der Herausgeberin ... 9

1. Das Haus und die räumliche Ordnung der Straße.
Zur Architektur- und Staatstheorie des bürgerlichen Stadthauses im 17. und 18. Jahrhundert ... 13

2. Ludwigslust. Planung und Bau einer Residenzstadt im 18. Jahrhundert.
Zur politischen Ikonographie von Ohnmacht und Machtverzicht ... 27

3. Die Revision des Rousseau.
Aufklärung, Gegenaufklärung und der Neubau des Brandenburger Tores in Berlin 1789/93 ... 67

4. Moderne und Historismus in der Architektur um 1800.
Die Architekturtheorie der preußischen Oberbauräte David Gilly und Philipp Berson ... 81

5. Johann Gottlieb Fichtes ‚Reden an die deutsche Nation' und Karl Friedrich Schinkels Entwürfe für einen ‚Befreiungsdom'.
Die ‚progressive Universalpoesie', das ‚Entwerfen von Bildern' und der Stilkonflikt in der Architektur um 1808/1818 ... 105

6. Die Freiheit des Eigentums und die baupolizeiliche Reglementierung des bürgerlichen Hausbaus.
Zur Entstehungsgeschichte der Berliner Bauordnung von 1853 ... 131

7. A. E. Brinckmanns „Platz und Monument" von 1908 und der sozialistische Städtebau ... 143

8. Die ‚Schule der Aufklärung' des Ministeriums der Staatssicherheit in Gosen.
Ein Beitrag zu einer Ikonographie der ‚Geheimnisträger' ... 159

Orts- und Personenregister ... 172
Verzeichnis der verwendeten Literatur ... 176
Abbildungsnachweis ... 183
Kurzvita ... 184

Grußwort

Die hier vorliegende Publikation versammelt Beiträge von Ulrich Reinisch, die zwischen 1993 und 2022 entstanden sind. Sie bieten über drei Jahrzehnte hinweg Einblicke in das Denken und Schaffen des Autors, der seit 1990 als Professor für die Geschichte des Städtebaus und der Architektur an der Humboldt-Universität zu Berlin gewirkt hat. Seine Forschungen, Gedanken und Texte bereichern seitdem nicht allein die Stadt- und Architekturgeschichte, sondern sind zugleich gewichtige Beiträge zur Berlin-Brandenburgischen Landesgeschichte, zur Institutions- und Kulturgeschichte.

Der Titel der von Sigrid Brandt herausgegebenen Publikation regt zum Nachdenken an. Die in der englischsprachigen Variante bekannte Erkenntnissuche nach dem Prinzip von ‚Trial-and-Error' wird in der Übersetzung zum ‚Versuch und Scheitern' und verschiebt den Irrtum, den in der Versuchsanordnung in Kauf genommenen Fehlversuch, so scheint es, in ein existenzielles Scheitern von Ideen und Akteuren im historischen Entwicklungsprozess.

Der thematische Schwerpunkt der Aufsätze liegt im 18. und 19. Jahrhundert. In dieser frühen Prägephase erläutert Ulrich Reinisch im Geflecht nationaler wie internationaler Diskurse die geistes- und architekturgeschichtliche Grundlagen wichtiger Planungs- und Bauprojekte, die von der Haupt- und Residenzstadt Berlin ausgingen und auf die bauliche und soziale Entwicklung der Großstadt und der Provinzen einwirkten.

Berliner Schlüsselwerke wie das Brandenburger Tor oder die Neue Wache werden ebenso adressiert wie bürgerliche Wohnhäuser, ordnungspolitische Regulative der Bauordnungen, architektonische Traumvorstellungen und Idealbilder im Nation-Building-Prozess oder verdeckte Entwicklungslinien, die sich in das Stadt- und Architekturverständnis der ‚Nationalen Tradition' der DDR eingezeichnet haben. Mit der vom Ministerium für Staatssicherheit am Stadtrand von Berlin eingerichteten ‚Schule der Aufklärung' in Gosen beschließt ein Werk der 1980er Jahre die Anthologie.

In den ausgewählten Texten zeigt sich das Gebaute zugleich als Ausdruck und als Prägeform gesellschaftlichen Lebens. Ideale und Komplikationen, Wunsch und Scheitern sind den Planungs- und Bauprojekten unterlegt. Ulrich Reinischs Positionen regen zur Diskussion an. Sie schärfen den Blick auf die Berliner Denkmallandschaft und fordern und fördern eine historische Sichtweise auf Planungsprozesse und Bauprojekte.

Dafür möchte ich Ulrich Reinisch ebenso wie der Herausgeberin Sigrid Brandt herzlich danken.

Dr. sc. Christoph Rauhut
Landeskonservator und Direktor des Landesdenkmalamtes Berlin

Einleitung der Herausgeberin

Die hier versammelten Beiträge von Ulrich Reinisch sind das Ergebnis seines jahrzehntelangen Nachdenkens über die Geschichte des Städtebaus und der Architektur, insbesondere des bürgerlichen Zeitalters. Die Lesarten zu den Bauwerken, Institutionen, Regelwerken und Gesetzen überraschen. Der Autor lässt im genauen Hinsehen eine Ambivalenz der Akteure zutage treten, die brisant ist. Historisches ist ihm keine Abfolge allein von kausal miteinander verwobenen Ereignis- und formalen Ketten, ganz im Gegenteil: Modernität und Rückwärtsgewandtheit greifen im besten Sinne ineinander, sind in vielen Fällen nicht einfach voneinander zu scheiden und werden mitunter geradezu auf den Kopf gestellt.

Der Grundkonflikt im 18. Jahrhundert zwischen einer regulierten Haus-Individualität und einer auch ästhetisch befriedigenden Stadtgestalt, zwischen öffentlichem Ordnungsanspruch und individueller Repräsentation erweist sich als ein bis in unsere Tage unabgeschlossener Vorgang. Die „bauliche Ordnung der Straße" war seinerzeit und ist noch heute ein Ringen um Machtansprüche und Deutungshoheiten – wessen Stadt ist die Stadt? –, sie muss als ein Prozess, als Verhandlung ausgetragen werden und wird nicht zuletzt darin beurteilt, ob sie „dem Auge gefällt". Ulrich Reinisch sucht Verbindungslinien zwischen Architekturtheorie, Philosophie, Staatstheorie und gar der militärischen Revolution des 15. und 16. Jahrhunderts auf. Hobbes' Verschmelzung der individuellen Existenzen in einer Großfigur, dem ‚Leviathan', spiegelt sich daher ebenso in den Hausvorstellungen wie auch in Rousseaus Erziehungsdiktat, der in seinem „contrat social" den „Zwang, frei zu sein" herausfordert. Damit wird zugleich auf einen möglichen Ausweg verwiesen, auch mit der schon von Vitruv definierten Kategorie der „venustas" zu einer gesellschaftlichen Übereinkunft zu gelangen; dass auf diesem Weg die normative Ästhetik der Architekturtheorien Gefahr lief, zu einem Baukasten-System der Fassadengestaltungen zu verflachen, wurde bereits vor 1800 sichtbar, bestimmte dann im 19. Jahrhunderts die allgemein verbindliche Entwurfshaltung.

Das Beispiel der mecklenburgischen Residenzstadt Ludwigslust liest Ulrich Reinisch als eine politische Ikonographie der Ohnmacht und des Machtverzichts. Im Zentrum stehen die städtebaulichen Fragezeichen, die das herzogliche Schloss dem heutigen Betrachter aufdrängen. Schlossbauten des absolutistischen Zeitalters sind geprägt von permanentem Zwang zur Repräsentation; im Fall von Ludwigslust verdichten sich die Auseinandersetzungen mit den Landständen und die innerfamiliären Machtkämpfe zu einem städtebaulichen und architektonischen Symbol des politischen Scheiterns. Konkurrenzen können zu Neustrelitz, städtebauliche Vergleiche zum Schloss Charlottenburg eröffnet werden. Planung und Realisierung von Schloss und zugehöriger Residenzstadt sind Teil einer umfassenden politischen Strategie und zugleich Kunstwerk, und nicht immer geben sich Ereignisse im Politischen und Entscheidungen zur räumlichen Planung als korrelativ zu erkennen. Verfolgte Absichten und ihre Realisierung sind durchaus ungleichzeitig und lassen sich nicht ohne weiteres synchronisieren. Schloss und Residenzstadt Ludwigslust sind vor diesem Hintergrund lediglich noch symbolische Inszenierung eines gewollten, aber gescheiterten politischen Konzepts, das Schloss schließlich Ort der Kompensation politischer Einflusslosigkeit und fehlender Entscheidungsgewalt.

Der Aufsatz zum Brandenburger Tor, heute als Zeichen eines geeinten und wiedervereinten Deutschlands anstelle einer diskussionswürdigen Demokratie-Wippe immer wieder ins Gespräch gebracht, provoziert. Friedrich Wilhelm II., als Nachfolger Friedrichs II. politisch, religiös und in seinem Lebensentwurf dessen diametraler Gegensatz, plante ein nicht nur sicht- und begreifbares Bild gegenüber seinen europäischen Kontrahenten, sondern zugleich ein gegenaufklärerisches Bauwerk für die Bewohner seines Landes, wofür – und das ist bemerkenswert – das Modernste an Architektur aufgeboten wurde. Ulrich Reinisch geht hier, dicht an den überlieferten Quellen, dabei auch immer wie üblich bei ihm, Ungeklärtes und weitere Forschungsdesiderate Benennendes, dem Entwurfsgeschehen zum Tor nach: als ein Prozess zwischen dem König, seinem einflussreichen, bisher kaum hinreichend beachteten Minister und dem entwerfenden Architekten. Die Aufmerksamkeit gilt auch hier dem Verhältnis von Öffentlichem und Privatem. Indem es Friedrich Wilhelm II. gelingt, die Grenze zwischen dem Stadt-Außen und dem Stadt-Innen durch das Tor zu relativieren, gelingt es ihm ebenso, die Grenze zwischen Öffentlichem und Privatem neu zu justieren. Lustwandeln zwischen Stadt und Natur lädt nicht nur ein, diese Grenze im Sinne eines neuen Verhältnisses zur Natur zu überschreiten, sondern bekundet eine politische Strategie, die privat geführte Diskurse nun auf ein öffentliches, das heißt auch kontrollierbares Tableau zu bringen beabsichtigte. Das Brandenburger Tor ist ein Lockruf, sich erkennen zu geben. Rousseau und seine Überlegungen zu einer freien Gesellschaft sind in weite Ferne gerückt.

David Gilly und Philipp Berson entstammen einer Generation, beide sind Söhne hugenottischer Familien, und beide haben trotz dieser Gemeinsamkeiten eine Handschrift in der preußischen Baugeschichte hinterlassen, wie sie unterschiedlicher nicht sein könnte. Ulrich Reinisch geht in seinem Aufsatz dem Trennenden und – wie sich herausstellt – geradezu Polarisierenden für das kommende 19. Jahrhundert nach, das diese beiden preußischen Baubeamten verkörpern. Gilly ist ein Mann des Abstrahierens und der Systematik, er versucht, die weitgefächerten baulichen Traditionen des preußischen Staates nicht als Handlungsanweisung zu formulieren, sondern als allgemeinen Grundsatz, von dem das Konkrete dann entwickelt werden kann. Seine „Bau-Grammatik", offen für regionale und spezielle Bedürfnisse, ist geprägt von einer Kultur der Sparsamkeit; sie ist entwickelt an Land- und Ökonomie-Gebäuden. Gilly entwirft eine konstruktive Moderne vor dem Historismus. Seinem Zeitgenossen Berson gelingt etwas anderes: die Entwicklung eines Historismus inmitten der frühen Entwicklung des Klassizismus. Berson ist nicht auf dem Land wie Gilly, sondern in der Stadt tätig. Seine Bürgerhausfassaden sollen dem Ordnungsanspruch des preußischen Staates genügen und gleichzeitig den individuellen Bürger repräsentieren. Berson reduziert nicht in der Art eines Gilly, sondern greift auf all das zurück, was die hohe Architektur – in der Welt Gillys entbehrlich und dabei zukunftsweisend – lehrt und bereithält. Die architektonischen Zeichen, die jedem gebildeten Bürger verständlich waren, sind hier bereits und werden im kommenden 19. Jahrhundert zum austauschbaren Fassadenzauber jedes bürgerlichen und jedes Mietshauses.

Johann Gottlieb Fichtes Reden an die deutsche Nation, gehalten im Winter 1808/09 unter wachsamer Beobachtung der französischen Besatzungsmacht, zielen in den Jahren schwerer Verunsicherung und einer tiefgreifenden Identitätskrise, die sich bis hin zu einer Depression entwickelt, auf die Bildung eines nationalen Selbst und die Erziehung der Nation. Im Zentrum der national-kulturellen Selbsterkundung steht die kurz vor der Jahrhundertwende von Friedrich Schlegel beschriebene „progressive Universalpoesie"; Poesie wird zum wichtigsten Medium der patriotischen Bewegung, in der etwa Heinrich von Kleist, Ernst Moritz Arndt und Theodor Körner wirkmächtige Sprach-Bilder formulieren. Fichte folgte der Auffassung von Johann Heinrich Pestalozzi, in dessen Erziehungskonzept die Imagination von Bildern eine herausragende Rolle spielt. Unter den Suchenden jener Jahre ist auch Karl Friedrich Schinkel, der den rasanten Aufstieg als Architekt noch vor sich hat. Die Bild-Suche kann mit einem psychotherapeutischen Verfahren assoziiert werden, das in den 1950er Jahren entwickelt wurde: Das „Vor-Denken" in Bildern, katathymes Bild-Erleben genannt, beabsichtigt nicht die nachträgliche „Illustration" von etwas Erlebtem, sondern die Imagination künftiger Entwicklungen. Schinkels „Großer Dom an der Ebene" von 1814, auch sein Mausoleum für Königin Luise, weisen einerseits auf seine Berufspraxis als Entwerfer von Dioramen und Bühnenbildern, andererseits auf den immensen Einfluss Fichtes, dessen Reden Schinkel gehört und nachgelesen hat. Schinkels Suchbewegung und innere Schau, die er zu patriotischen „Vor-Bildern" verlebendigt, findet erst im erstarrten Gegenbild der Neuen Wache ihren Schluss.

Kaum eine Publikation des 20. Jahrhunderts zur Berliner Architektur ist nachhaltiger im Gedächtnis geblieben als Werner Hegemanns Angriff auf die steinerne Stadt Berlin, die größte Mietskasernenstadt der Welt, und noch in jüngerer Zeit werden darin festgehaltene Vorwürfe gegen die preußische Beamtenschaft perpetuiert: die bauliche Entwicklung Berlins sei der reaktionären Angst vor bürgerlicher Selbstverwaltung, politischer Unfähigkeit und bürokratischer Willkür zuzuschreiben. Ulrich Reinisch geht dem Zustandekommen der Bauordnung von 1853 mit nüchterner Distanz nach und zeigt sie als Ergebnis nicht eines handstreichartigen politischen Agierens, sondern als Resultat eines über 30 Jahre dauernden, komplizierten Abstimmungsprozesses, in dem auch 200 Jahre Stadtbaugeschichte verarbeitet werden musste. Die Stein-Hardenbergschen Reformen der Jahre 1808 bis 1810, die eine neue Freiheit des Eigentums und des Gewerbes ermöglichten, kollidierten notwendigerweise mit der alten, obrigkeitsstaatlichen Ordnungsabsicht. Im Zentrum stehen schließlich nachbarschaftsrechtliche Auseinandersetzungen um ein „Licht-Gesetz", das die ausreichende Belichtung und Belüftung auch der Hinterhäuser ermöglichen soll und folglich nicht unerheblich in private Interessen eingreift. Das Ringen um eine tragfähige Bauordnung, an dem u. a. eine bürgerliche Interessenvertretung, das Polizeipräsidium und das Innenministerium beteiligt sind, erhält zwar durch die Revolution von 1848/49 einen wichtigen Impuls, führt aber schließlich zu jener Bauordnung, die sich nur wenige Jahre später als unzureichend und fatal für die städtebauliche Entwicklung Berlins erweist.

Ulrich Reinisch zeigt in seinem vielschichtigen Aufsatz zu Albert Erich Brinckmann, wie sich zwei völlig unterschiedliche Akteure des Nachkriegsjahrzehnts – Gerhard Strauß und Albert E. Brinckmann – in der gemeinsamen Ablehnung Le Corbusiers und vergleichbaren kunstgeschichtlichen Positionen treffen und zielt dabei auf eine grundsätzlich andere Lesart des sozialistischen Städtebaus als üblich. Nicht allein die sowjetische Doktrin der nationalen Traditionen ist Grundlegung von Architektur und Städtebau der 1950er Jahre, sondern die sehr viel weiter zurückreichende antiliberale Stadtbaukunst zwischen 1900 und 1914, zu der Heinrich Wölfflins psychologisches Verständnis von Architektur am Ende der 1880er Jahre den Auftakt bildet. Neben Brinckmanns „Platz und Monument" von 1908, das 1935 in Moskau in russischer Sprache erschien, können weitere Ankerpunkte in der Zeit benannt werden: etwa die Soziologie Werner Sombarts und die Auffassungen Karl Grubers.

Den Abschluss der Sammlung bildet der Aufsatz zur „Schule der Aufklärung" in Gosen, deren Planung zu Beginn der 1980er Jahre in Gang kam. Ulrich Reinisch eröffnet eine „Ikonographie der Geheimnisträger", die es lohnt weiter zu verfolgen. Als eine Art Privathochschule der Hauptabteilung Aufklärung im Ministerium für Staatssicherheit vorgesehen und im letzten Jahrzehnt der DDR realisiert, lassen sich hier bestürzend banale Momente im Bauen aufzeigen. In geradezu paranoider und kaum erklärbarer Weise von drei Sicherheitszonen umgeben, fehlen der Anlage jede erkenn- und begreifbare Mitte, jedes bewusste städtebauliche Agieren und ein über das allgemeine Übliche in der Architektur der DDR Hinausgehendes. Mehr noch: Die eigentliche, und möglicherweise ganz unfreiwillig sich als solche zu erkennen gebende Mitte der Anlage ist der Ort von Gelagen, die im engsten Führungskreis abgehalten wurden. Vom gesellschaftlichen Auftrag einer Veränderung hin zu einem würdigen Leben aller ist nichts mehr zu spüren außer einem ästhetisch ignoranten, in höchstem Maße langweiligen und erbärmlichen Spießertum.

Dass diese Publikation erscheint, ist vor allem Ulrich Reinisch zu danken, der, nachdem der Vorsatz gefasst war, mit Energie den Abschluss der Manuskripte vorantrieb. Dem Landesdenkmalamt Berlin danken der Autor und die Herausgeberin für die großzügige finanzielle Unterstützung. Hendrik Bäßler hat den Band gern in sein Verlagsprogramm aufgenommen und in bekannt umsichtiger Weise betreut, ihm sei ebenfalls herzlich gedankt.

Sigrid Brandt, November 2023

Das Haus und die räumliche Ordnung der Straße.
Zur Architektur- und Staatstheorie des bürgerlichen Stadthauses im 17. und 18. Jahrhundert

1

Als der Göttinger Universitätsprofessor Johann Friedrich Penther[1] zwischen 1744 und 1748 in Augsburg die vier Bände seiner *Ausführliche[n] Anleitung zur Bürgerlichen Bau-Kunst* drucken ließ,[2] befanden sich zahlreiche Städte Mitteleuropas inmitten einer dramatischen Umbauphase. Insbesondere die barocken Residenzstadt-Bauprogramme – üppige Schlossbauten, Parks und Gärten, Adelspalais', Theater, Kasernen und Magazine etc. – waren noch nicht überall zu Ende gebracht worden, als die Anfänge des Manufakturwesens, die ersten Schleifungen der Festungsmauern, die hygienischen Folgerungen aus dem aufklärerischen Diskurs, schließlich auch die Modifikationen in der Architektursprache auf der Grundlage einer erneuten Antike-Rezeption ihre städtebaulichen Konsequenzen zeigten. Dabei setzten die in sich verflochtenen wirtschaftlichen, militärischen, medizinischen und ästhetischen Entwicklungen des späten 17. und der ersten Hälfte des 18. Jahrhunderts zwangsläufig auch das bürgerliche Haus als grundlegendes Element jeglicher Stadtbaukunst unter erheblichen Veränderungsdruck. Die zahlreichen Versuche in Frankreich,[3] Deutschland[4] oder auch in Italien,[5] die Herausbildung einer *Civil Bau-Kunst*, einer *Bürgerlichen Bau-Kunst* zu befördern, reflektierten diesen komplexen Prozess und wirkten zugleich selbst auf die Gestaltung der Bürgerhäuser ein. Auch Penthers großes Werk diente dem Zweck, Bau und Kultur des bürgerlichen Stadthauses an guten und schönen Beispielen zu diskutieren, um die Stadtgestaltung insgesamt zu beeinflussen. Es findet sich deshalb im zweiten Teil[6] ein Blatt, auf dem in drei Figuren die Stellung des bürgerlichen Hauses in der Straße, wie sie um 1740 vorstellbar war, modellhaft vorführt wird (Abb. 1).

2

Penthers **Figuren 1.–3.** zeigen verschiedenartige Straßenfronten, die den Umbruch in der bürgerlichen Hauskultur abbilden sollen. **Figur 3.** lässt den tiefgreifenden Wandel des Ordnungssys-

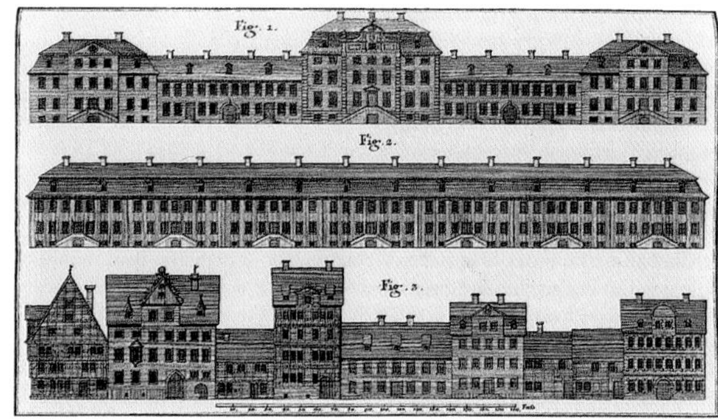

Abb. 1: Penthers Fig. 1.–3.

tems innerhalb der vorangegangenen zweieinhalb Jahrhunderte erahnen: Giebelhäuser stehen neben Traufenhäusern, zweigeschossige neben viergeschossigen, Fachwerkbauten neben steinernen Gebäuden. Dächer mit oder ohne Zwerchhäuser, mit stehenden oder geschleppten Gauben sind zu finden, gotische Spitzbögen, Renaissance-Portale, Erker aus 'deutscher Renaissance' und Giebel nach dem 'bürgerlichen' Barock formen das öffentliche Erscheinungsbild,

Abb. 2: Dismar Degen [zugeschrieben], Bau der Häuser [in der Berliner Friedrichstadt?], um 1735

Körper und Fassade des Hauses. Penther wollte das stilistische und städtebauliche Durcheinander der mitteleuropäischen Städte, das wohl nach 1650, insbesondere nach 1700 mehr oder weniger überall zu finden war, modellhaft darstellen; er zeichnete einen ästhetischen Zustand auf, in dem alle Bindungen des einzelnen Hauses an eine zusammenfassende Ordnung der Straße aufgelöst erscheinen. Der Eindruck von Willkür der jeweiligen Hausherren gegenüber ihren Nachbarn, von Rücksichtslosigkeit aller Hausbesitzer innerhalb des Blockverbandes drängt sich auf. Penther argumentierte ästhetisch gegen eine solche Auflösung der Straßengestalt:

„Wenn die Fenster an einem Gebäude in gleichen Reihen neben einander und über einander liegen, gefällt jenes dem Auge sowohl, als wenn es einen Baum-Garten oder Wald, worin die Bäume nach geraden Linien gesetzet sind, durchwandert. Es gehöret solches auch zur Stärcke, da die über einander stehende Schäffte würklich als Pfeiler anzusehen, welche schlecht tragen würden, wenn sie hier und dar mit Fenstern unterbrochen seyn würden."[7]

Jeder einzelne Bau in der Stadt müsse daher unbedingt strikten Regeln unterworfen werden, sonst wäre es unvermeidlich, dass *„die Häuser so unordentlich erscheinen"*.[8]

Die **Figur 2.** kann als Negation, als radikale gestalterische Antithese zu jener ästhetischen Rücksichtslosigkeit gelesen werden. Die Straßenzeile besteht nur mehr aus einem vollständig vereinheitlichten Korpus. Den konstituierenden Elementen des kompakten Baublocks, den Häusern, ist ihre eigenständige Existenz, ihre gestalterische Individualität genommen worden. Ein voluminöses Mansard-Dach, von Anfang bis Ende ohne Brüche oder Faltungen durchgezogen, überdeckt die sieben Kompartimente, aus denen die Haus-Zeile zusammengesetzt ist und lässt diese als Gehäuse einer sozialen Großeinheit (z. B. Kaserne, Hospital) erscheinen. Allein die Eingänge mit vorgelegten Freitreppen verdeutlichen, dass sich hinter der Blockfront individuell genutzte Teile, einzelne Hausabschnitte, befinden. Das bürgerliche Leben, das sich in der spätmittelalterlichen Stadt selbstbewusst mit kunstvoll gestalteten, individuellen Fassaden in der Öffentlichkeit präsentiert hatte, verschwindet in der Hülle einer differenzlosen baulichen Einheit, in der die Unterschiede der Tradition, des Besitzes und der Bildung nivelliert worden sind. Mögliche Verschiedenheiten bleiben strikt im Inneren verborgen; keinerlei private Äußerung darf mehr nach draußen, d. h. in den öffentlichen Raum von Straße oder Platz dringen. Die eigenkörperliche Gestalt des bürgerlichen Hauses ist aufgegeben worden; es verschwindet zeichen- und bildlos in der übergeordneten Figur, der Straßen- oder Platzwand, dem Baublock. Das kann problemlos bei zahlreichen städtebaulichen Projekten in Festungs- und Residenzstädten besichtigt werden. Ein Bild vom Bau der Häuser in der Berliner Stadterweiterung, von Dismar Degen[9] um 1735 angefertigt, ermöglicht dem Betrachter, den komplexen arbeitsteiligen Bauvorgang solcher Hauszeilen nachzuvollziehen (Abb. 2).

Einen Ausweg aus dem Dilemma, die Straßenfront entweder in einem ästhetischen Durcheinander aufzulösen oder in einer nivellierenden Einförmigkeit erstarren zu lassen, bietet Penthers **Figur 1.** an. Die strenge Disziplinierung der Häuser wird – scheinbar – durch deren gegliederte, rhythmisierte Zusammenfassung wieder aufgehoben. Doch auch in dieser *Negation der Negation* bleibt das einzelne Bürgerhaus, obwohl es auch hierbei noch das grundlegende Element der europäischen Stadt darstellt, als Bild ausgelöscht. Anstelle einer im Prinzip reinen Addition wie in der Figur 2 formulierte Penther nun eine gestaltete höhere Einheit, eine gegliederte Zusammenfassung aller Einzelheiten, die sich zu einer bildmächtigen Gestalt verdichtet. Auf diesem Entwurfswege entsteht ein Schlosskomplex mit Mittel- und Eckpavillons, zu dessen majestätischem Erscheinungsbild alle Bürger beitragen müssen, wenn sie dazu gebracht werden können, auf die Darstellung ihrer privaten Eigenart im öffentlichen Raum zu verzichten. Diesen Übergang, von der reinen Addition zur gegliederten Großfigur, begründete Penther gleichfalls mit einer ästhetischen Argumentation: *„Allein in meinen Augen ist die Einförmigkeit doch so schön nicht, als wann bey Beobachtung der Symmetrie ein angenehmer Wechsel vorfällt* […].“[10]

Eine denkbare vierte Figur, das Haus als Ort der bürgerlichen Privatheit in die Öffentlichkeit der Straße einzuordnen, fehlt deshalb auf Penthers Kupferstich, weil sie seit Jahrzehnten zwar als zufällige Situation überall besichtigt werden konnte, als bewusstes städtebauliches Planungskonzept aber erst in der zweiten Hälfte des 18. Jahrhunderts allmählich herausgebildet wurde. Die städtischen Bauprojekte Friedrichs II. von Preußen, z. B. für Potsdam (Abb. 3), verlassen prinzipiell die städtebauliche Entwurfshaltung, das Bürgerhaus bedingungslos in der einheitlichen Straßenfront oder der gegliederten Blockfigur aufgehen zu lassen. Die Bindung der Häuser an die übergeordnete Einheit, die Straßen- oder Platzwand, wird dabei nicht grundsätzlich zurückgenommen, aber sie wurde nicht mehr zu einer zusammenfassenden Schlossfigur dramatisiert. Der entscheidende Unterschied zu Penthers Figuren 1. und 2. besteht darin, den bürgerlichen Lebens- und Wohnort als eigenständigen Körper wieder bewusst auszustellen. Im Gegensatz zu Penthers Figur 3. mit ihren *unordentlichen* Häuserfronten wird die Gestaltung der Gebäude jedoch strikten Regeln unterworfen. Gleiche Neigungswinkel der Dächer und prinzipiell die gleiche Anzahl der Geschosse, wenigstens ungefähr auch gleiche Geschosshöhen dienen der unbedingten Disziplinierung im Blockverband.

Abb. 3: Die Häuser Nr. 6, 7 und 8 am Neuen Markt in Potsdam, entworfen um 1773 von Georg Christian Unger, Aufnahme 2023

Mit Lisenen und Girlanden, mit Pilastern und Kapitellen, Konsolen, Fensterverdachungen, Zahnschnitten u. a., also mittels der unterschiedlichen Schmückung der Fassade jedes einzelnen Hauses mit klassischen Architekturelementen sollte der Bürger als Eigentümer von seinem Nachbarn unterscheidbar gemacht werden. Die Straßenfront bleibt dabei aber unverkennbar das ästhetische Artikulationsmedium der öffentlichen Sphäre. Eine solchermaßen regulierte Haus-Individualität gründete sich daher nach wie vor auf der Forderung der staatlichen Bauverwaltungen nach *„regelmäßiger Architektur"*, auf dem strikten Verbot von *„unförmlichem Zierrat"* und *„unschicklichen Einteilungen"*, die der *„Willkür"* des Hausherrn entsprungen seien.[11] Die unbedingte Anerkennung allgemeiner *Regeln der Baukunst*, also die Gestaltung der Fassade nach der normativen Ästhetik der klassischen Architekturtheorie, wird mithin zur entscheidenden Voraussetzung einer erneuerten Individuation des bürgerlichen Hauses, mithin des Bürgers selbst.

3

Das Haus, vom Mittelalter bis weit in das 19. Jahrhundert hinein, kann als die wesentliche Voraussetzung der stadtbürgerlichen Existenz und daher auch als Realisierungsort der bürgerlichen Individualität begriffen werden. Im Haus wurde das Gewerbe betrieben, im Familienverband gelebt, geboren und gestorben. Seine ästhetische

Abb. 4: Z. B. die Bürgerhäuser an der Großen Petersgrube in Lübeck, von der Petrikirche aus gesehen, Aufnahme 2007

Autonomie über die Jahrhunderte und die Stilepochen hinweg beruhte letztlich auf dem Eigentum an der städtischen Parzelle, nach deren Lage und Größe der Grundzins berechnet wurde.[12] Auf der Parzelle konstituierte sich prinzipiell das stadtbürgerliche Selbstbewusstsein; weil sie nach Bedarf bebaut werden konnte, stellte ihr Besitz auch die Grundlage der wirtschaftlichen Autonomie der Familie, d. h. des Hausherrn dar (Abb. 4). Die Ordnung der Parzellen, weil sie dauerhafter als die meisten Häuser selbst und vor allem die Nebengebäude, Schuppen, Ställe und alle Grenzzäune war, sicherte die Traditionen der Bürgerstadt über viele Jahrhunderte hinweg. Die Parzellenordnung, die dauerhaft im Grundriss der Stadt eingeschrieben worden war, definierte eindeutig und rechtlich verbindlich, wem an welcher Stelle sein Platz zugewiesen worden war. Sie bildete ein wesentliches Element des sozialen Zusammenhangs und der räumlichen Ordnung, sie gehörte daher zu den städtebaulichen und den sozialen Grundlagen der europäischen Stadtkultur. Durch den Bau seines Hauses auf der wohlerworbenen Parzelle wurde jeder Zuwanderer zum Stadtbürger, er realisierte sich als Eigentümer, Gewerbetreibender und zugleich als Angehöriger der städtischen Gemeinschaft. Das Haus, das seine Wirtschafts- und Lebenstätigkeit beherbergte, wurde somit zu seinem *sozialen Körper*. Indem der Bürger mit dem Hausbau seine Existenz als selbständiges Wirtschaftssubjekt begründete, kommunizierte er auch seine soziale Stellung in der kommunalen Gemeinschaft. Damit das Haus als Verkörperung der bürgerlichen Individualität gelesen werden konnte, musste es ein wahrnehmbares, eindeutiges *Gesicht*, d. h. eine individuelle Fassade erhalten. Die Fassade wurde zum öffentlichen Gesicht des Hauses, mit dem der Hausherr sich selbst und seine Familie ästhetisch vergewisserte und zugleich im Kontext einer unauflösbaren Nachbarschaft sozialisierte. Die Wortbildung in modernen romanischen Sprachen nach der lateinischen Wurzel (facies) verweist deutlich auf den ursprünglichen Zusammenhang: italienisch – faccia (Gesicht) und facciata (Fassade), französisch – face und façade, spanisch – faz und fachada. Die Fassaden der Bürgerhäuser waren in der Geschichte der europäischen Stadt seit dem hohen Mittelalter daher stets mehr als bloßer Schmuck, der die Abfolge der Architekturstile und der regionalen Moden spiegelte. Sie stellten die (Ober)Flächen jener sozialen Körper dar, auf denen die Balance von individuellen Repräsentationsbedürfnissen und öffentlichen Ordnungsansprüchen jeweils auch ästhetisch auszuhandeln war.

4

Den drei Formen der Zusammenfügung von bürgerlichen Häusern zu Straßenfronten oder Platzwänden, die Penther in seinem Kupferstich darstellt hat und der vierten, die hinzugefügt werden kann, entsprachen unterschiedliche kommunale Verfassungen, politische Verhältnisse und wirtschaftliche Zustände. Um sein Eigentum und seine Stellung in der Kommune, d. h. seine soziale Individualität zu realisieren, musste der Stadtbürger sein Haus errichten; um sich als Körper in der städtischen und als Bild in der städtebaulichen Ordnung kenntlich zu machen, hatte er dem Haus ein Gesicht zu geben und dieses in die Ordnung der Straßen- oder Platzwand einzufügen. Der Hausbau auf der Parzelle schloss die Rechte der Nachbarn und der gesamten städtischen Gemeinschaft deshalb keineswegs aus, sondern verlangte deren Respektierung im eigenen Interesse. Die Überbauung von Straßenfluchtlinien und Parzellengrenzen im Block war damit im Prinzip ebenso ausgeschlossen, wie die ungehinderte Aufstockung und das Auftrumpfen mit Fassadenschmuck den Zusammenhalt im Nachbarschaftsverband gestört hätten. Der unerlässliche Ausgleich von individuellem Repräsentationsanspruch und städtischer Bauordnung, d. h. das spezifische *„Verhältnis von öffentlichem und privatem Raum"*, das als *„Grundvertrag"* der europäischen Stadt[13] verstanden werden kann, unterlag sicherlich ganz verschiedenartigen historischen Ausformungen. Das einzelne Stadthaus wurde dann zur Erscheinungsform einer städtischen Hauskultur, wenn die Konflikte zwischen den Nachbarn innerhalb der Stadtgemeinde, beherrschbar blieben. Die Gestalt des Hauskörpers und die Fassadenelemente konnten aber, trotz ihrer unendlichen Variabilität, nur dann eine verständliche und verbindliche Zeichenfunktion erlangen, wenn sich innerhalb der Stadt eine übergreifende öffentliche Sphäre zu konstituieren und schließlich zu behaupten vermocht hatte. Innerstädtische Konfliktsituationen während des raschen Stadtwachstum im 12. und 13. Jahrhundert, die sich unter anderem im Bau von Geschlechtertürmen äußerten, mögen zur Kodifizierung des Nachbarschaftsrechts und der städtischen Bausatzungen, zur Institutionalisierung der städtischen Bauaufsicht beigetragen haben. Rechtstitel zu Straßenbreiten, Vorbauten und Haushöhen finden sich z. B. schon im ‚Sachsenspiegel'[14] dem zwischen 1198 und 1235 entstandenen ältesten deutschen Rechtskodex; Ortssatzungen, städtische Bauordnungen mit zielgerichteten ästhetischen Vorschriften sind für viele Städte in verschiedenen Reichsterritorien seit dem 13. Jahrhundert nachweisbar,[15] wenn auch deren Ansätze in weit früheren Zeiten zu suchen sind; „Bausitzungen" der Baubeamten, die z. B. von toskanischen Städten zur Überwachung des gesamten Bauwesen bestellt wurden, sind mit Datum und Teilnehmerkreis für das letzte Drittel des 13. Jahrhundert durch

Akten belegt[16] usw. Durch die Kodifizierung des Nachbarschafts- bzw. Fluchtlinienrechts und die Errichtung von Institutionen, denen die Überwachung aller Bauaktivitäten in der Stadt übertragen worden war, wurde letztlich erst die Möglichkeit eröffnet, die zunächst auf Grundstückserschließung, Standortwahl und Bodenökonomie ausgerichtete Stadtplanung des frühen und hohen Mittelalters allmählich zur Stadtbaukunst zu steigern, d. h. den gesamten öffentlichen Raum auch nach künstlerischen Vorstellungen zu formen. Die Einordnung der Häuser in die Straßen- und Platzwände blieb in allen Zeiten und über die Stilkonventionen hinweg die grundlegende Herausforderung, wenn die Stadt eine identifizierbare Form erhalten, zu einem gestalterischen Ganzen gebracht und letztlich als Kunstwerk gelesen werden wollte.

5

Johann Friedrich Penther hatte vor der Mitte des 18. Jahrhunderts in vielen Städten nur mehr die Bruchstücke des alten *Grundvertrages* vorfinden können. Jene Balance von sozialer, sich selbst gewisser Individualität und räumlich-städtischer Ordnung, auf der sowohl die bürgerliche Hauskultur als auch die Stadtbaukunst von Jahrhunderten gegründet worden waren, befand sich, als er im Jahre 1736 seine Professur für Praktische Mathematik in Göttingen antrat, längst in Auflösung. In der Figur 3. sind deren ästhetischen Erscheinungsformen verzeichnet. Die Straßenwand, die optisch in ihre konstituierenden Teile, die Häuser, zerfallen war, verweist auf die soziale Ausdifferenzierung der Bürgerwelt. Mit der Entfaltung des Konkurrenzprinzips hatte die korporative Lebensform, die auf der Konkurrenzregulierung und dem Nachbarschaftsverband beruhte, allmählich auch ihre mentalen Grundlagen verloren. Wirtschaftlicher Erfolg oder finanzieller Niedergang manifestierten sich unmittelbar in Hausgröße und -gestaltung; der verbindliche Baustil, auf dessen vereinheitlichende Wirkung die kommunalen Baubehörden hatten zurückgreifen können, um die gesamte Stadt als Kunstwerk zu gestalten, wurde von Stilpluralismen abgelöst. Die Stilelemente der Fassadenfront wurden zum persönlichen Schmuck, zum Ausdruck von individueller Modernität und privatem Reichtum und damit zum ästhetischen Mittel der Konkurrenz. Die unverputzten, schmucklosen Fachwerkbauten, die im 18. Jahrhunderts nicht mehr als Architektur und daher als unstädtisch galten, zeigen hingegen an, dass viele Bürger auch der ästhetischen Konkurrenz nicht mehr standzuhalten vermocht hatten. Die Entgrenzung der Handelsströme, das Bank-, Verlags- und Manufakturwesen, die Zunahme der Lohnarbeit und der städtischen Armut usw., alle jene wirtschaftlichen und sozialen Entwicklungen, die insgesamt den Übergang zur kapitalistischen Warenproduktion signalisierten, artikulierten sich auch im Hausbau, daher auch in der Stadtgestalt. Die Etablierung von Familienclans als beherrschende städtische Akteure, Auf- und Abstiegskämpfe von rivalisierenden sozialen Gruppen, schließlich die Religionskriege usw. trugen dazu bei, die ästhetische Bindungskraft der kommunalen Ordnung zu schwächen, die Fähigkeit der städtischen Baubehörden zu mindern, den öffentlichen Raum als gesonderte gemeinsame Sphäre gegenüber den Einzelinteressen auszugestalten. Der öffentliche Ordnungsanspruch musste sich daher in der Tendenz auf die Überwachung der unerlässlichen Einhaltung von Fluchtlinien und der Feuerschutzbestimmungen zurückziehen. Damit verlor die künstlerische Form, die das individualisierte Haus in der Straßenfront eingebunden hatte, allmählich ihre Bedeutung für den städtischen Zusammenhalt.

Penther hatte solchermaßen zerbrochene Straßenfronten als *unordentlich* abgelehnt und alternative Ordnungsmodelle diskutiert: Entweder sollten die Häuser zu einer differenzlosen baulichen Einheit addiert, oder aber sie könnten zu einer gestalteten architektonischen Großfigur zusammengesetzt werden. Penther übersetzte damit in die *Anweisung zu einer Bürgerlichen Baukunst*, was in Philosophie und Staatstheorie längst ausformuliert worden war. Doch erst die (denkbare) vierte Figur, die als weiteres Ordnungsmodell hinzugefügt werden muss, macht die wirkliche Alternative für den bürgerlichen Hausbau in der zweiten Hälfte des 18. Jahrhunderts deutlich: entweder der riesenhafte Körper der Stadt, der die Individualität der Häuser auflöst oder wenigstens unkenntlich macht, oder aber der geordnete, von den Regeln der klassischen Architekturtheorie geleitete Bau des individuellen *sozialen Körpers*, also *„entweder der Leviathan oder der Erzieher“*[17].

6

Es war Thomas Hobbes, der mit seinem *Leviathan or the Matter, Forme and Power of a Commonwealth Ecclesiasticall and Civil*, erstmals 1651 erschienen, das Paradigma des modernen Staates formuliert hatte: Die Menschen könnten nur durch eine *„Zwangsgewalt“* davon abgehalten werden, sich wechselseitig zu betrügen und zu bekriegen (Abb. 5).[18] Religion und bloße Forderungen, sich an Moralpostulate zu halten, reichten, wie die Erfahrung lehre, nicht aus, um den Frieden zu sichern. Es bedürfe daher eines umfassenden Machtsubjekts, also des Staates: *„Verträge ohne das Schwert sind bloße Worte und besitzen nicht die Kraft, einem Menschen auch nur die geringste Sicherheit zu bieten.“*[19] Durch die Übertragung aller Macht auf einen *„Einzelwillen“* entstünde aber letztlich *„eine wirkliche Einheit aller in ein und derselben Person“*, also eine soziale Großfigur mit Kopf, Leib und Armen, die Hobbes als Leviathan (d. h. als ein schreckliches, gottähnliches und dennoch sterbliches Wesen) bezeichnete.[20] Im Moment der vertraglichen Bindung aneinander bändigten die Individuen ihre zerstörerischen Partikularinteressen; mit dem Rechtsakt geben sie ihre Autonomie auf und verwandeln sich in die Zellen eines riesenhaften Körpers. Die Konstituierung einer solchen Zwangsgewalt ließ sich ohne visuelle Strategie nicht realisieren; der moderne Staat, wie Bredekamp schlussfolgerte, konnte nicht entstehen, ohne dass von ihm ein

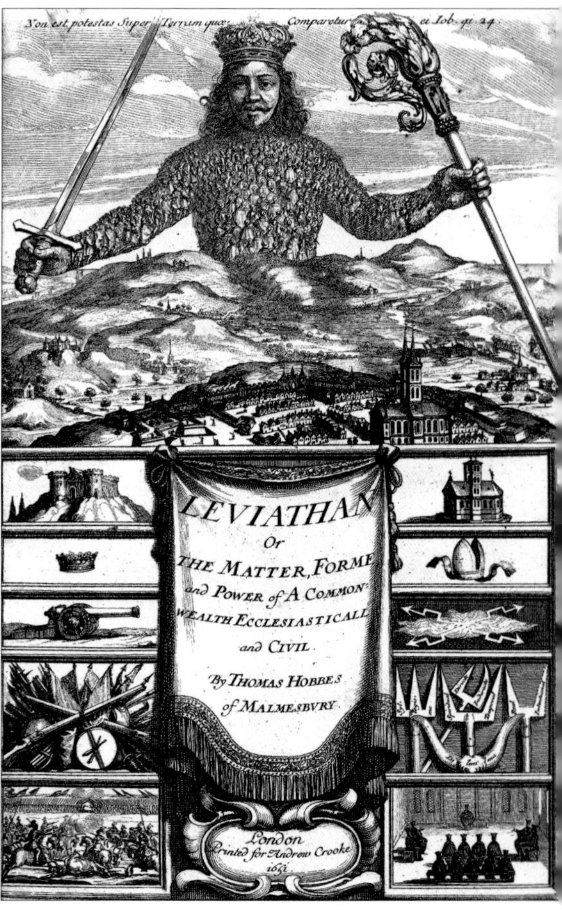

Abb. 5: Thomas Hobbes, Leviathan […], Titelblatt, London 1651

Bild gemacht wurde.[21] Doch die schreckliche Gestalt des Staatskörpers, *„als Gebilde, das die Menge in eine höhere Einheit überführt“*[22] begnügte sich nicht damit, ein bloßes *Merkzeichen* einer ideellen Vereinigung zu sein. Selbst wenn der Riese niemals insgesamt, sondern nur dessen einzelne Organe sichtbar werden können,[23] beschränkte sich jene Urform des modernen Staates doch nicht auf eine bloße Vorstellung, ein (abstraktes) Bild, ein *Anzeichen*. In dem der Staat als umfassende Institution in die gesellschaftlichen Handlungsketten eingriff, ihnen Richtungen und Ziele vorgab, schließlich auch deren Grenzen definierte, wurde er zu einer materiellen Kraft, die die individuellen Eigenschaften aufzuheben imstande war, sie zu nivellieren oder wenigstens an ihrer Ausdrucksfähigkeit zu hindern suchte. Überall dort, wo die soziale Disziplinierung, die damit verbunden war, Überwachungs- und Strafinstitutionen hatte entstehen lassen, vollzogen sich, unter beträchtlichen sozialen Schmerzen, jene für den neuzeitlichen Staat unerlässlichen Entpersonalisierungen, und zwar unabhängig davon, auf welcher politischen Grundlage sich der Staatsriese konstituiert hatte. Ob er durch Verträge zustande kam oder durch absolutistische Ursurpation seine Gestalt gewann, ist dessen Erscheinungsformen gleichgültig.

7

Die Bilder vermögen nur die Vorstellung von Großfigurationen, nicht aber deren historische Begründung zu spiegeln. Der Umbau der menschlichen Körper, auf dem die Ästhetik des frühmodernen Staates und daher auch die Erscheinungsformen des bürgerlichen Stadthauses beruhte, war in der militärischen Revolution des 15./16. Jahrhunderts sichtbar geworden. Er zielte auf die Beherrschung der Affekte im Zustand größter Gefahr und daher letztlich auf die Abwehr der lähmenden Angst. Hierin zeigte sich erstmals jene schreckliche, die Individualität auflösende Macht der modernen Ordnungssysteme. Die psychisch-mentale Bewältigung des Krieges mit entgrenzenden Schusswaffen bedurfte des ‚Drills' aller Bewegungen, des ‚Schleifens' der Körper, um die Schlachtordnung selbst bei Blockierung aller Sinne, in infernalischen Auflösungsprozessen zu gewährleisten. Das Sortieren der Menschen nach ihrer Größe innerhalb einer geometrischen Figur, ihr Marschieren in ‚Quarrées', ihr Erstarren in ‚Blöcken', das Einüben der ‚Griffe' und das Kleiden mit ‚Uniformen' implizierte die umfassende Regulierung und Standardisierung, die Mechanisierung der menschlichen Körper. Selbst die Abstände zwischen den Soldaten, wenn sie sich auf dem *Appellplatz* ordnen mussten, wurden nach geometrischen Regeln

Wie ein Kriegßvolck behendt

daſſelbig weidleuffiger zu handlen vnd zu bezeugen/dieweil auch ſolchs bey allen glaubwirdigen Hiſtoricis zu nutzlichem exempel vilfeltiger geſtalt angezogen wirt.

Damit wir aber vnſerem furnemen/gebürlich/vnd in guter ordnung nachkomen/ſetzen wir erſtlichen ein hauffen Kriegßvolck / in ein geſierdte ordnung zu bringen / welches aber am aller füglichſten vnd behendiſten beſchehen mag/ durch diſe Regel/das ich von der gantzen ſumma des Volcks/oder Kreigßknecht / nach Arithmetiſchē gebrauch/ Radicem quadratam erſuch/ die zeigt mir die rechte zal an / wieuil Knecht zu einer geſierdten ordnung/ in ein glidt geſtellet/oder geordnet werden ſollen.

Damit aber diſe Regel einem yeden verſtendlicher ſey/wöllen wir ein exempel ſetzen/ einer kleinen zal/als nemlichen von hundert Knechten/ſo ich diſe hundert Knecht/dermaſſen in ein geſierdte ordnung ſtellen will (wie geſagt) ſo erſuch ich erſtlichen Radicē quadratam/ das iſt x. darumb muß ich ye x. Knecht in ein glidt ordnen/ſo hab ich x glid / das gibt mir ein rechte geſierdte ordnung/in perfecter fierung einer ordnung / oder eins platzes / wie dir diſe Figur klarlichen anzeigt.

Dieweil es ſich aber nit allezeit betreffen mag / das ſich die Knecht der geſtalt eben ſtellen/das einer hinter jm vnd vor jm/ vnd yeder ſeiten/neben jm/alſo vil raums oder platzes einneme / als der ander/ ſonder das der raum vnnd platz / der einem yeden Knecht gebürt/ nach erſt gemelter ſtellung/ nit gerad in die fierung genomen werden mag/oder ſol/ wie dañ auch Vegetius bezeugt/alſo das ein yeder ſtandt eins Knechts / nach der breite/ von achſel zu achſel/iij ſchuch erfordert/vnd nach der lenge vij. als drey ſchuch vornen/vñ drey ſchuch hinden/vnd den vbrigen ſchuch fur den raum/ſo die perſon einnimpt/darumb die obgemelte ordnung in ſolcher ſtellung/ſo yeder Knecht ſeinen gebürlichen raum nemen wurde / nit geradt in die fierung komen mögen/dann nach der lenge wurde diſe ordnung oder ein yedlicher platz/ auff die lxx ſchuch/vnnd in der breite allein xxx ſchuch begreiffen / vnnd wirt ein ſolcher raum da ein hauffen Volcks in diſer ordnung ſtehen möchte / ein ordnung Landts vnd nit ein ordnung Volcks/von etlichen erfarnen Kriegßleuthen genant/wie dir diſe Figur augenſcheinlichen anzeigt.

So aber

Abb. 6: Gualtherus Rivius, Wie ein Kriegszvolck behendt in ein Veldt oder Schlacht ordnung zu stellen, Nürnberg 1547

festgelegt. Gualtherus Rivius (Walther Reiff) hielt schon 1558 fest: *„in perfecter vierung einer ordnung/oder eines platzes"* müssen sich die Soldaten aufstellen, *„von Achsel zu Achsel/iii. schuch erfordert/vnd nach der lenge viii. also drey schuch vornen vnd drey schuch hinden/vnd den vbrigen schuch für den raum, so die Person einnimbt"* (Abb. 6).[24]

Kasernen, Schulen, Gefängnisse, Irrenanstalten, Armen- und Krankenhäuser[25] wurden zu Erscheinungsformen des *Leviathan*, um dort die Individuen so zu konfigurieren, damit sie sich in

Zellen eines Großorganismus verwandelten. Die Bauten hierfür, die in historisch kurzer Frist zu ihren charakteristischen Gestaltungen gebracht worden waren, wurden zu allgemein verständlichen *Merkzeichen* der ‚guten' Ordnung. Die Konstituierung des Staatsriesen fand aber erst dann zu einer allgemein verständlichen Architektursprache, als die Theorie der *Civil Bau-Kunst*, der *Bürgerlichen Bau-Kunst* den regelhaften Umbau der Stadtfiguren, die Einschmelzung der Bürgerhausfassaden in die übergeordneten Straßen- und Platzwände vor der gebildeten Welt ästhetisch legitimierte. Die Verwandlung der sozialen Körper, also der Bürgerhäuser, in die Zellen einer Straßenfront, eines ‚Stadtriesen', nichts anderes hatte Penther in seinen Figuren 2. und 1. festgehalten, ist die letzte, die architektonische Konsequenz jener Entpersonifizierung, auf der die Zwangsgestalt des schrecklichen Leviathan begründet war.

8

Der moderne Staat konnte nicht entstehen, ohne dass von der Stadt ein neues Bild gemacht wurde. Staat und Stadt blieben in der Frühen Neuzeit kaum voneinander geschiedene Institutionen, nicht nur weil Stadtstaaten existierten, sondern vor allem weil die staatlichen Handlungsmaximen auf der Verallgemeinerung und Abstraktifizierung älterer städtischer Regelsysteme beruhten. Auch Hobbes hatte die ‚civitas' als den Herrschaftsraum des Leviathan, nicht aber Gesellschaften und Gebiete der neuzeitlichen Großstaaten ins Bild gesetzt. Dazu hätte es der Kartographie und der Statistik, also abstrahierender Abbildungsverfahren bedurft. Die zahlreichen Versuche zwischen dem 15. und 18. Jahrhundert, den modernen Staat, wenigstens symbolisch, durch den Bau neuer Städte zu konstituieren, brachte Architektur- und Städtebaukonzepte hervor, in denen sich politisches Kalkül, militärische Rationalität, utopisches Denken und künstlerische Gestaltung untrennbar gemischt hatten. Sie bildeten nicht ab, was sich entwickelte, sondern sie machten sichtbar, was angestrebt werden sollte. Innerhalb der Kunstgeschichte war es bislang, spätestens seit Georg Münters Danziger Dissertation von 1928,[26] allgemeine Praxis, deren ästhetische Eigenschaften unter dem Sammelbegriff *Idealstadt* zu deuten. Doch die unübersehbare Anzahl solcher Entwürfe, die Vielzahl von Künstlern, die *Bilder* der neuen Stadt (als Grundrisse, Modelle, Vogelschauansichten usw.) entwarfen, verweisen auf die politische und staatsrechtliche Dringlichkeit, die Stadt (als soziale Assoziation und als bauliches Ensemble) nach rationalen Kriterien neu zu ordnen. Penthers Straßenfronten der Figuren 1. und 2. beruhten auf Stadtvorstellungen, die von Leonardo und Dürer, von Martini und de Marchi, Specklin, Scamozzi, Perret bis zu Stevin und Vauban usw. die Planungspraxis der Festungs- und Residenzstädte bestimmt hatten. Bei aller Verschiedenheit der Durcharbeitung und der Konstruktion, es handelte sich bei den sogenannten Idealstädten stets um ästhetisch-mathematische Modellierungen politisch-sozialer und kultureller Zustände. Mit der geometrischen Ordnung des Stadtraumes sollten das Chaos des Alltäglichen gebändigt, die Zufälligkeiten beseitigt, die individuellen Besonderheiten aufgehoben und zumeist eine konfigurierende Mitte herausgearbeitet werden. Auch der (ästhetische) Bürgerkrieg, der sich in Penthers *unordentlicher* Straßenzeile gezeigt hatte, konnte nur beendet werden, wenn sich die Stadt als Staat, daher auch der Staat als Stadt, jedenfalls als eine *Zwangsgewalt* formierte, die in die Lage versetzt war, die *Menge* (hier: der Häuser) in eine *höhere Einheit* (hier: der Straßen- und Platzwände) zu überführen.

9

Es war Christopher Wren, der mit seinem Londoner Stadtplan das Staatskonzept von Hobbes konsequent zu einem stringenten Wiederaufbaukonzept zu verarbeiten suchte, um Staat und Gesellschaft der britischen Monarchie grundlegend zu rationalisieren. Der Londoner Stadtbrand von 1666 hatte ca. 10 000 Häuser vernichtet[27] und Hobbes Schrift war 1651, also 15 Jahre vor dem großen Brand erschienen.[28] Wrens Wiederaufbauprojekt beinhaltete nicht nur ein geometrisch geformtes Straßennetz, mit dem die Erschließung der riesigen Brandfläche neu geordnet werden sollte. Es schrieb auch fest, dass die öffentlichen Bauten, die Kirchen z. B. und bezeichnenderweise die Börse, definierte zentrale Orte erhielten, von denen aus sie ihre organisierende, raumstrukturierende Kraft im gesamten Stadtgebiet entfalten konnten. Wrens Plan gründete sich auf eine politische Vernunft, die sich der ästhetischen Eigenschaften einer städtebaulichen Planung bediente, um sich zu verwirklichen. Das Planwerk enthielt zudem detaillierte Anweisungen zum Hausbau, zum Umlegen der Parzellen, zur Finanzierung des Wiederaufbaus. König und Parlament verwarfen jedoch den Plan, weil sie vor dem drastischen Eingriff in die Besitzstände der Bürger, etwa in die Parzellenordnung, zurückschreckten. Wren scheiterte folglich an der unauflösbaren Widersprüchlichkeit des *Leviathan*: Einerseits bedurfte er der Macht, um aus der zerstörerischen Menge von Einzelinteressen eine vereinheitlichende Großfigur zu schaffen, andererseits konnte die schreckliche Gestalt, z. B. als architektonische Großfigur, erst durch die Auflösung der konkurrierenden Individualitäten und egoistischen Verhaltensweisen entstehen.

10

Und so wurde nicht der Wiederaufbau von London, sondern der von Lissabon zum Musterbeispiel einer städtebaulichen Umsetzung von Hobbes' Staatskonzept. Am 1. November, zu Allerheiligen des Jahres 1755 waren zentrale Gebiete der portugiesischen Hauptstadt durch ein Erd- und Seebeben zerstört worden. Der königliche Minister Marqués de Pombal[29] ergriff die Gelegenheit, das hauptstädtische Wiederaufbauprojekt zur Umformung des gesamten portugiesischen Staatswesens zu nutzen. Er initiierte ein staatliches Schulsystem, vertrieb die Jesuiten, verbot die Sklaverei in Portugal, gründete nationale Manufakturen und Handelsgesellschaften, ließ eine Kanalisation anlegen, erdbebensichere Häuser konstruieren usw. Schließlich unterdrückte er, nach einem Attentat auf den König, mit harter Hand die Adelsrevolte, die gegen seine Reformen gerichtet war. Pombals Reformkonzept war darauf gerichtet, die Standes- und Gruppenbindungen aufzulösen, die Individuen in tätige, dem Staatsorganismus dienende Einzelwesen zu verwandeln. Diese Gesellschaftsstrategie bestimmte, um sichtbar zu werden, den Wiederaufbau der Hauptstadt. Der Minister wählte ein Planungsmodell, dass die Enteignung und Neuparzellierung der Stadtfläche, die Auflassung von Kirchen und Klöstern und ähnlich rigide Zwangsmaßnahmen zwingend voraussetzte. Der in Lissabon ansässige Adel, die Bürger sowieso, sollte mit allen Mitteln daran gehindert werden, seine Stadtpaläste oder Bürgerhäuser auf den alten Parzellen zu errichten. Die Einschmelzung aller Gebäude einschließlich der Kirchen in die Straßenfronten und in den Blockverband, die durchgezogenen Trauflinien und die Einheitsfassaden aller Häuser – nur individuelle Hauseingänge waren gestattet[30] – machten deutlich, dass das *abstrakt Allgemeine*, das Staatswesen, in seiner Entstehungsphase architektonische Großfiguren konstituierte, um sichtbar werden zu wollen.

11

Das Ergebnis der Ordnungsversuche des bürgerlichen Hausbaus, die schließlich vollbrachte Überführung der *Menge in eine höhere Einheit*, stimmte schon vor 1750 bedenklich:

„Zwar hat es vielen Herren beliebt, bey Anlegung neuer oder Wiederaufbauung abgebrannter Städte, die gesamte Häuser von einem Eck bis zum anderen gleich, und gleich hoch machen zu lassen",

was er, Penther, in den Figuren 1. und 2. dargestellt habe. *„Allein in meinen Augen ist die Einför-*

migkeit doch so schön nicht".[31] Laugier hatte 1753, neun Jahre nach dem Erscheinen von Penthers *Anleitung zur Bürgerlichen Baukunst*, die Ablehnung der Einheitsfigur noch deutlicher gefasst:

„Zu große Einförmigkeit ist der schwerste Fehler überhaupt. Es ist also unbedingt notwendig, an den Fassaden der Häuser ein und derselben Straße diese Einförmigkeit zu vermeiden."[32]

Der Staatsriese in der Gestalt des kompakten, einheitlich geformten Stadtkörpers erzeugte also in der Mitte des 18. Jahrhunderts längst keinen Schrecken mehr, sondern verbreitete zunehmend Langeweile.[33] Aber erst Rousseau in seinem *Du contrat social; ou Principes du droit politique*, 1762 in Amsterdam erschienen, legte die staatstheoretischen bzw. philosophischen und mit dem *Emile* auch die pädagogischen Fundamente einer erneuerten Individuation des Bürgers, mittelbar daher auch des Stadthauses. Rousseau definierte das Ziel aller Anstrengungen:

„Finde eine Form des Zusammenschlusses, die mit ihrer ganzen gemeinsamen Kraft die Person und das Vermögen jedes einzelnen Mitglieds verteidigt und schützt und durch die doch jeder, indem er sich mit allen vereinigt, nur sich selbst gehorcht und genauso frei bleibt wie zuvor.[34]

Der Souverän hatte sich bei Hobbes durch die Verwandlung der Individuen in die Zellen einer schrecklichen Gestalt konstituiert. Rousseaus Souverän, die Allgemeinheit, bringt hingegen keine physische, sondern *„eine sittliche Gesamtkörperschaft"*[35] hervor. Jeder Bürger, so Rousseau, solle für sich bleiben, der allgemeine Wille erfordere keine Entpersönlichung, sondern ermögliche im Gegenteil die volle Ausbildung der Individualität. Ein gesellschaftlicher Zustand müsse also erreicht werden, bei dem jeder Staatsbürger von allen anderen vollkommen unabhängig sei. Die Allgemeinheit gründe sich auf Gesetz und Erziehung, auf die Einhaltung von Regeln, um aus der divergierenden *Menge* von Einzelwillen den Gesamtwillen zu formen. Der Gesellschaftsvertrag könne jedoch auch nicht auf Zwang verzichten; er schließe daher

„jene Übereinkunft ein, die allein die anderen ermächtigt, daß, wer immer sich weigert, dem Gemeinwillen zu folgen, von der gesamten Körperschaft dazu gezwungen wird, was nichts anderes heißt, als daß man ihn zwingen wird, frei zu sein."[36]

Die Erziehung von der frühen Kindheit an sei erforderlich, um die individuellen Fähigkeiten und Anlagen auszubilden, so dass eine unabhängige, distanzfähige, daher ‚für sich seiende' Existenz jedes Menschen überhaupt erst ermöglicht werde.

12

In der zweiten Hälfte des 18. Jahrhunderts wurde in der deutschsprachigen Architekturtheorie Vitruvs ästhetische Schlüsselkategorie *venustas* nach wie vor als *Schönheit*, *Verzierung*, *Symmetrie*, *Zierde* oder *Zierlichkeit* übersetzt, aber allmählich durch den Begriff *Mannigfaltigkeit* ergänzt.[37] Die *Mannigfaltigkeit*, in der *Civilbaukunst* besonders für den bürgerlichen Hausbau eingefordert,[38] etablierte sich damit als ästhetische Kategorie neben der *Simplicität*, mit der bisher die Schönheitsvorstellungen zusammengefasst worden waren. Die Typisierung der Raumgliederung und die Einheitsfassaden hatten die Bürgerhäuser in den Festungs- und Residenzstädten insoweit *verallgemeinert*, dass der zweite, der soziale Körper des Bürgers nicht mehr als Abbild der individuellen Lebenstätigkeit gelesen werden konnte. Das Postulat der Unabhängigkeit und Freiheit des Bürgers auf der Grundlage von Gesetz und Erziehung musste daher notwendigerweise mit einem Paradigmenwechsel im Städtebau zusammenfallen. Distanz ließ sich, wo es ging, als Abstand des Hauses zum Nachbarn realisieren, die Langeweile konnte durch *Mannigfaltigkeit* der Fassaden praktikabel aufgehoben werden. Der Individualität des Bürgers, als Zwang, *frei zu sein*, entsprach, bei strikter Einordnung des Hauses in die Allgemeinheit der Fluchtlinie, d.h. der Straßen- und Platzwand, die Gestaltung der Fassaden nach den *Regeln* der Architektur. Ein solches Regelwerk der Baukunst konnte sich nur auf der Grundlage eines tradierten, daher allgemein verständlichen Formenrepertoires aufbauen. Die Bauten und die Bücher von Serlio, Palladio, Vignola, Scamozzi u. a. wurden von den Architekturtheoretikern der zweiten Hälfte des 18. Jahrhunderts aufgenommen, um dem *Gesicht* des Hauses eine neue, eine regelmäßige, also nach den *Regeln* entworfene, eine dennoch unterscheidbare Form zu geben. Damit verwandelte sich aber die Fassade in ein Kostüm, das nach den neuesten Publikationen der *Civil-Baukunst* zusammengestellt werden konnte. Die Forderung nach *Mannigfaltigkeit* bewirkte mithin, dass die klassischen Formen als Elemente eines Baukastens erschienen, aus dem sich der Architekt nach Geschmack und Bildung zu bedienen vermochte. Die Unterscheidbarkeit der Bürgerhäuser im Straßenverband wurde damit für einige Zeit ermöglicht, doch die städtebauliche Realisierung des Erziehungsdiktates, um den schrecklichen Fluch des Leviathan zu bannen, begründete dadurch noch im 18. Jahrhundert die historistische Entwurfshaltung, aus der erst die Moderne wieder einen Ausweg zu weisen im Stande war.

Anmerkungen

1 Penther wurde 1693 in Fürstenwalde/Kurmark geboren. Nach dem Studium an der Ritterakademie in Liegnitz/Schlesien und an der Viadrina in Frankfurt/Oder war er als Privatlehrer, Feldmesser, Bauinspektor, Kammer- und Bergrat in Stolberg/Harz u. a. tätig, schließlich wurde er 1736 zum Professor für Ökonomie und praktische Mathematik (zu der die Architekturtheorie gehörte) an der Universität Göttingen ernannt. Gest. 1749 in Göttingen.

2 Johann Friedrich Penther, *Erster Theil einer ausführlichen Anleitung zur Bürgerlichen Bau-Kunst enthaltend ein Lexicon Architectonicum oder Erklärungen der üblichsten Deutschen, Französischen, Italiänischen Kunst-Wörter der Bürgerlichen Bau-Kunst* [...], Augsburg 1744.

3 Z. B. Marc-Antoine Laugier, *Essai sur l'architecture*, Paris 1753/55. Dt.: *Versuch über die Bau-Kunst*, Frankfurt 1756. Jacques-François Blondel, *Cours d'architecture civile*, Paris 1771–1777.

4 Die im 18. Jahrhundert veröffentlichte deutschsprachige Literatur zum bürgerlichen Hausbau ist überaus zahlreich. Hier kann nur eine Auswahl angeführt werden: Leonhard Christoph Sturm, *Vollständige Anweisung, alle Arten von buergerlichen Wohnhäusern wohl anzugeben* [...], Augspurg 1721. Johann Jacob Schübler, *Civil Baukunst*, Nürnberg 1732. Paul Decker, *Ausführliche Anleitung zur Civilbau-Kunst*, Nürnberg 1741. Lorenz Johann Daniel Succov, *Erste Gründe der bürgerlichen Baukunst*, Jena 1751. Johann Gotthelf Angermann, *Allgemeine practische Civil-Baukunst*, Halle 1766. Carl von Bothmer, *Betrachtungen und Einfälle über die Bauart der Privatgebäude in Teutschland*, Augsburg 1779. Theodor Ernst Jester, *Praktische Anleitung zur Civil-Baukunst*, Königsberg 1785. Friedrich Christian Schmidt, *Der bürgerliche Baumeister*, Gotha 1790–99. Franz Ludwig von Cancrin, *Grundlehren der bürgerlichen Baukunst nach Theorie und Erfahrung vorgetragen*, Gotha 1792. Christian Ludwig Stieglitz, *Encyklopädie der bürgerlichen Baukunst*, Leipzig 1792 u. a.

5 Z. B. Francesco Milizia, *Prinzipj di architettura civile. Finale* 1775f. Dt: Grundsätze der bürgerlichen Baukunst. Leipzig 1784–86.

6 Johann Friedrich Penther, *Zweyter Theil einer ausführlichen Anleitung zur Bürgerlichen Baukunst* [...] Augsburg 1745.

7 Ebenda S. 5.

8 Ebenda.

9 Dismar Degen, vermutlich vor 1700 in einer holländischen Stadt geboren, seit 1731 oder 1732 am preußischen Hof in Berlin, gest. am 28. Januar 1745 in Potsdam. Es bleibt umstritten, ob er der Maler des Bildes war und welcher Straßenzug der Berliner Stadterweiterung dargestellt worden ist.

10 *„Die Mitte eines Hauses muß am schönsten ausgezieret seyn; ist das Hauß sehr lang, giebt man ihm auch wohl an den Ecken einigen Zierrat, welches in Portalen, oder in Risaliten, Frontons, Balcons, artigen Fenster-Einfassungen oder Bossage bestehet. [...] Dergleichen Auszierung sollte man sich in Städten bey gantzen Stöcken oder Viertel der Häuser von einem Eck bis zum anderen bedienen [...]"* Ebenda, S. 6.

11 So argumentierten z. B. die Beamten des Preußischen Oberbaudepartements beim Wiederaufbau der Stadt Neuruppin

nach dem Brand von 1787. Vgl. Ulrich Reinisch, *Der Wiederaufbau der Stadt Neuruppin nach dem großen Brand von 1787* [. . .], Worms 2001, S. 190ff.

12 Cord Meckseper, *Kleine Kunstgeschichte der deutschen Stadt im Mittelalter*, Darmstadt 1982, S. 70.

13 Dieter Hoffmann-Axthelm, *Die dritte Stadt. Bausteine eines neuen Gründungsvertrages*, Frankfurt am Main 1993, S. 37.

14 Eike von Repgow, *Sachsenspiegel. Die Wolfenbütteler Bilderhandschrift* [. . .], 3 Bde: Faksimile, Text, Kommentar. Hg. v. Ruth Schmidt-Wiegand. Berlin 1993.

15 Vgl. Heinrich Gottfried Gengler, *Deutsche Stadtrechts-Alterthümer*, Erlangen 1882.

16 Wolfgang Braunfels, *Mittelalterliche Stadtbaukunst in der Toskana*, Berlin 1979, S. 93f.

17 Wolfgang Dreßen, *Die pädagogische Maschine. Zur Geschichte des industrialisierten Bewusstseins in Preussen/Deutschland*, Frankfurt am Main/Berlin/Wien 1982. Überschrift des ersten Kapitels, S. 11.

18 Thomas Hobbes, *Leviathan. Oder Stoff, Form und Gewalt eines bürgerlichen und kirchlichen Staates*, Berlin 1976, S. 110.

19 Ebenda, S. 131.

20 Ebenda, S. 134.

21 Horst Bredekamp, *Thomas Hobbes. Der Leviathan. Das Urbild des modernen Staates und seine Gegenbilder 1651–2001*, Berlin 2003, S. 9.

22 Ebenda, S. 83.

23 Ebenda, S. 72.

24 Gualtherus Rivius, *Der Architectur fürnemsten notwendigsten/angehörigen Mathematischen vnd Mechanischen Kunst/ eygentlicher bericht/vnd verstendliche vnterrichtung/zu rechten verstandt der lehr Vitruvij/in drey fürmene Bücher abgetheilet*, Nürnberg 1558, XXXIIII.

25 Vgl. Michel Foucault, *Überwachen und Strafen. Die Geburt des Gefängnisses*, Frankfurt am Main 1976, S. 181ff., 221ff.

26 Georg Münter, *Die Geschichte der Idealstadt von 1400 bis 1700*, Berlin 1928.

27 Stephen Porter, *The Great Fire of London*, London 1996, p. 82ff.

28 Christopher Wren (1632–1723) Studium der Mathematik in Oxford. Ob er dort Hobbes persönlich begegnet oder gar dessen Vorträge gehört hat, ist ungewiss. Auf jeden Fall dürfte ihm, dem Naturwissenschaftler und Astronomen, Hobbes Schrift *„De Corpore"* von 1655 bekannt gewesen sein.

29 Sebastião José de Carvalho e Melo (1699–1782), 1769 zum Marqués de Pombal erhoben. P. hatte an der Universität Coimbra studiert, ehe er 1738 als Botschafter nach London und 1745 nach Wien geschickt wurde. 1750 wurde er Außenminister, 1756 schließlich Premierminister, damit der mächtigste Mann in Portugal. Seine Politik offenbart Einflüsse der englischen, französischen und deutschen Aufklärung. Dass er, seinen Aufenthalt in London nutzend, auch die englische Staatstheorie, also auch Hobbes, studiert hat, kann angenommen werden. 1777, nach dem Tod des Königs Joseph I., wurde Pombal entlassen und unter Hausarrest gestellt. Maria I. machte alle Reformen rückgängig und rief die Jesuiten zurück. Vgl. Kenneth R. Maxwell, *Pombal. Paradox of the Enlightenment*, Cambridge 1995, p. 32ff.

30 Lutz Brückelmann, *Eine unfreiwillige Lektion – Die Baixa Pombalina in Lissabon*, in: *DAIDALOS*, März 1996, S. 32ff.

31 Penther, *Zweyter Theil* (wie Anm. 6) S. 6.

32 Marc-Antoine Laugier, *Das Manifest des Klassizismus*, Zürich/ München 1989, S. 179.

33 Die Klage über die Langeweile der Planstädte mit ihren Einheitshäusern hatte 1789 bereits die Reiseliteratur erreicht, war also weit verbreitet. Mannheim, das deutsche Musterbeispiel der geometrischen Stadtplanung und des regulierten Hausbaus, wurde so gesehen: *„Freilich sind die Straßen ganz nach der Schnur angelegt [. . .], die Häuser stehen ordentlich in Reih und Glied, und man hat so viel Mühe, wie man sich wünschen kann, um ein Stadtviertel vom andern zu unterscheiden. Aber gerade Linien und rechte Winkel allein reichen kaum aus, um den Geschmack zu befriedigen. Die bloße Symmetrie gefällt dem Auge zwar auf den ersten Blick, doch beim nächsten sucht es schon nach mehr."* Jens Baggesen, *Das Labyrinth oder Reise durch Deutschland in die Schweiz 1789*, Leipzig und Weimar 1985, S. 313.

34 Jean-Jacques Rousseau, *Vom Gesellschaftsvertrag oder Grundsätze des Staatsrechts*, Stuttgart 1977, S. 17.

35 Ebenda, S. 18.

36 Ebenda, S. 21.

37 Vgl. Ulrich Schütte, *Ordnung und Verzierung. Untersuchungen zur deutschsprachigen Architekturtheorie des 18. Jahrhunderts*, Braunschweig/Wiesbaden 1986, S. 30ff.

38 Am deutlichsten bei Christian Ludwig Stieglitz, *Encyklopädie der bürgerlichen Baukunst*, Leipzig 1792–98, Bd. 5, S. 97.

Ludwigslust. Planung und Bau einer Residenzstadt im 18. Jahrhundert.

Zur politischen Ikonographie von Ohnmacht und Machtverzicht

Es war zumeist kein wirklicher Raumbedarf, der im 17. und 18. Jahrhundert zu zahlreichen Verlagerungen von fürstlichen Residenzen geführt hatte, sondern die Inszenierungszwänge der fürstlichen Souveränität, für deren räumliche Umsetzung – auf der Theaterbühne, im Garten und in der Stadt – stets Künstler aller Gattungen beauftragt worden waren. Die Pläne für solche neuen Residenzorte erhielten die entscheidende, die eminent politische Funktion, die Ordnung in der Gesellschaft für alle Zeiten festzuschreiben. In einer geometrisch geordneten Residenzstadt, ungehindert durch alte feudale Rechte und bürgerliche Eigentumstitel an Grund und Boden, schien es möglich zu sein, die Rangfolge in der Hofgesellschaft nicht nur durch das Zeremoniell täglich einzuüben, sondern auch mittels Wegeführung, Architektur und Gartenkunst dauerhaft sichtbar zu machen. Innerhalb eines exakt vermessenen und zentralperspektivisch geordneten Raumes konnte die *„Herrschaftskultur des Blickens"*[1] wirksam ausgebildet, der Fürstensitz als das alleinige Machtzentrum dargestellt, letztlich also die höfische Gesellschaft zu einem hierarchisch strukturierten, optischen System konfiguriert werden. Lewis Mumford hat die politischen Voraussetzungen einer solchen Planung skizziert:

„[...] *ein barocker Plan war ein einheitlicher Block. Er mußte auf einem Schlag verwirklicht und ein für allemal festgelegt werden* [...] *Eine solche Planung erfordert einen despotischen Baumeister, der für einen absoluten Herrscher arbeitet, die beide lange genug leben, um ihren Entwurf zu vollenden. Ändert man diesen Plan und führt in ihn neue, andere Stilelemente ein, so bricht man ihm ästhetisch das Rückgrat."*[2]

Die Entwicklung der Residenzstadt Ludwigslust begann, wie vordem die schon in Versailles, mit dem Bau eines Jagdhauses oder Lustschlosses. Und wie später in anderen Staaten auch, sollte die Planung von Schloss, Stadt, Garten, Landschaft und Wegesystem dem Ziel dienen, die Rangposition des Herrschers mit ästhetischen Mitteln zu gestalten und damit über seinen Tod hinaus garantieren. Allerdings ließ sich eine Stadtgestalt, die durch ihre Führung von Blicken und Bewegungen das Schloss als politisches Zentrum im Staat erfahrbar gemacht hätte, in Klenow/Ludwigslust nicht erreichen. Die Auseinandersetzungen des herzoglichen Hauses mit den Landständen und der erbitterte Machtkampf innerhalb der fürstlichen Familie verhinderten, dass eine solch alleinige, zentralisierende, dominante Mitte konzipiert und schrittweise verwirklicht werden konnte. Die Planung der neuen Residenzstadt des Herzogtums Mecklenburg-Schwerin wurde zwischen 1735 und 1770 mehrmals grundlegend verändert: wichtige Elemente mit symbolischer Bedeutung wurden ausgetauscht oder auf andere Standorte verschoben, ohne dass deren räumliche Beziehungen gleichfalls neu definiert worden waren. Und so spiegelt Ludwigslust letztlich nicht die Souveränität eines regierenden Herrschers, sondern die des Verzichts, des politischen Scheiterns, mithin, wie zu belegen sein wird, nicht die Macht, sondern die Ohnmacht der Krone gegenüber den Ständen und ihren partikularen Interessen.

1. Die Reichsexekution gegen Karl Leopold und der Schlossbau Christian Ludwigs in Klenow

Seit 1713 befand sich Karl Leopold, der regierende Herzog von Mecklenburg-Schwerin, im Konflikt mit den Landständen, insbesondere mit der Ritterschaft und der Stadt Rostock, um über die Erhebung neuer Steuern und die Aufhebung alter Steuerprivilegien der Geistlichkeit und der in den Städten ansässigen Adligen letztlich die landesherrliche ‚absolutistische' Souveränität zu erreichen.[3] Doch da er russische Truppen[4] ins Land holte, um mit militärischen Mitteln den Widerstand gegen seine Steuerpläne zu brechen, hatte die Klage der mecklenburgischen Ritterschaft beim Reichshofrat in Wien Erfolg. Kaiser Karl VI. verhängte 1717 die Reichsexekution gegen den Herzog und ließ sie 1719 schließlich vollziehen. Karl Leopold verlegte daraufhin seinen Wohnsitz zunächst in die Festungsstadt Dömitz an der Elbe, floh dann aber in das Königreich Polen, um von Danzig aus die Rückgewinnung seines Herzogtums zu betreiben. Nachdem er 1730 überraschend nach Mecklenburg zurückgekehrt war, hatte er sogar versucht, die Bauernschaft gegen den kaiserlichen Kommissarius aufzuwiegeln. Er starb 1747 in Dömitz, nachdem er dauerhaft und grundsätzlich gescheitert war. Mit dem Vollzug der Reichsexekution gegen den Herzog war 1719 der Direktor des niedersächsischen Reichskreises, der Kurfürst Georg Ludwig von Braunschweig-Lüneburg [Kurhannover] beauftragt worden. Weil er aber als Georg I. zugleich König von England war und zudem im Bündnis mit Friedrich Wilhelm I. König in Preußen ermächtigt worden war, die staatliche Ordnung in Mecklenburg zu sichern, wurde der regionale Konflikt um die herzogliche Macht in Mecklenburg-Schwerin internationalisiert. Die Gefahr einer weiteren Eskalation der Auseinandersetzungen erklärt auch die Unnachgiebigkeit, mit der Kaiser Karl VI. gegenüber Karl Leopold vorging. Es handelte sich um einen Konfliktherd, der unter Kontrolle gebracht werden musste, ehe er zu europaweiten politischen Verwicklungen, ja zu kriegerischen Handlungen führen konnte. Nach dem Tod des Kurfürsten Georg Ludwig im Jahre 1727 wurde die Reichsexekution zwar wieder aufgehoben, da aber Karl Leopold weiterhin jeglichen Kompromissvorschlag aus Wien ablehnte, wurde er 1728 schließlich vom Reichshofrat als abgesetzt erklärt und sein jüngerer Bruder Christian Ludwig zunächst als Administrator, ab 1733 dann als kaiserlicher Kommissarius eingesetzt.

Die Auseinandersetzung des Herzogs mit den Ständen hatte einen dauerhaften innerfamiliären Konflikt begründet. Karl Leopold beobachtete von Danzig aus, offensichtlich immer gut über die Vorgänge im Lande informiert, argwöhnisch die Unternehmungen seines jüngeren Bruders Christian Ludwig. Insbesondere verfolgte er aufmerksam die Errichtung eines Jagdhauses innerhalb der Gemarkung von Klenow, die sich im herzoglichen Besitz befand. Die erste Planungsphase begann 1721[5] oder 1724;[6] es habe sich bei dem Entwurf, der von Christian Ludwig unter anderen Projekten ausgewählt wurde, um ein einfaches, eingeschossiges Fachwerkhaus von 142 mecklenburgischen Fuß Länge[7] gehandelt, das eine Reihe von elf Fenstern aufweisen, durch einen zweigeschossigen Mittelrisalit mit drei Fenstern gegliedert und dessen nach Süden gerichteter Ehrenhof durch zwei Seitenflügel gebildet werden sollte. Karl Leopold versuchte mit allen ihm in der Ferne zu Verfügung stehenden Mitteln, den Bau zu hintertreiben. Ein Jagdschloss auf herzoglichem Grund und Boden konnte von den mecklenburgischen Ständen und den Fürsten des Reiches als ein erster Schritt zu Christian Ludwigs eigenständiger Hofhaltung und damit der Gründungsort für dessen uneingeschränkte Souveränität begriffen werden. Karl Leopold schrieb im Januar 1725 dem Grabower Amtmann, das Projekt wäre „ein Unserer landesfürstlichen Hoheit äußerst nachteiliges Bauwerk", und er solle, bei Androhung einer Strafe, unbedingt dafür sorgen, dass es

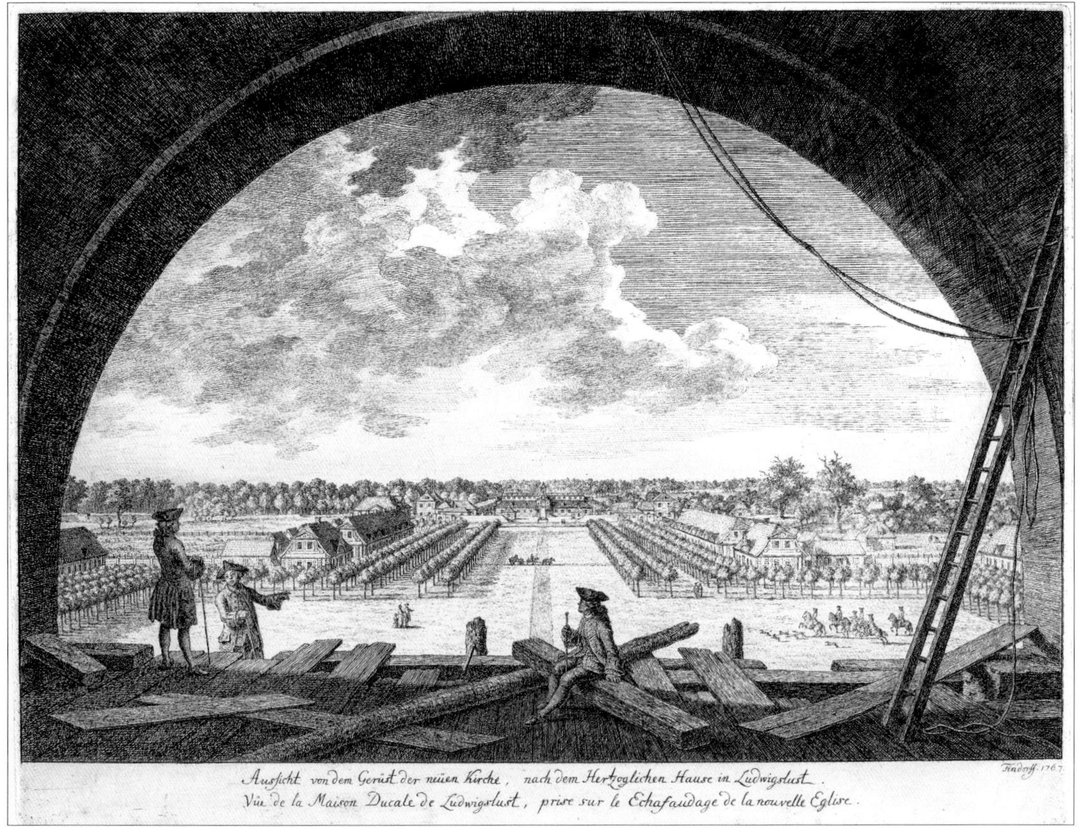

Abb. 1: Johann Dietrich Findorff, Das Schloss Klenow von der Baustelle der Kirche aus gesehen, 1767

nicht errichtet werde.[8] In Mecklenburg-Schwerin galt seit dem Hamburger Teilungsvergleich von 1701 das Prinzip der Primogenitur, und Karl Leopold stellte daher, trotz der Absetzung durch Kaiser und Reichshofrat, für die Stände und vor allem für die viele der Beamten in der herzoglichen Verwaltung nach wie vor den legitimierten Herrscher dar. Und so wurde auf dessen Betreiben hin der Bau des Klenower Jagdschlosses unterbrochen und Christian Ludwig suchte nach einem neuen Standort. Als sich der Vorgang im Dorf Krumme nach Dettmann ein zweites und *„auf der Multzau zwischen Göhlen und Kummer"*[9] gar ein drittes Mal wiederholte, gab er die Absicht, ein Jagdhaus zu bauen, wohl zunächst auf. Erst im Jahre 1731, nachdem er seine Position im Lande gefestigt hatte, entschloss sich Christian Ludwig erneut, einen Schlossbau zu wagen, und zwar wiederum in Klenow, dem ersten Ort seiner Planungen. Die Nachrichten vom Baufortschritt des neuen Residenzschlosses der Herzöge von Mecklenburg-Strelitz in Neustrelitz mögen ihn dazu bewogen haben, endlich mit den Arbeiten zu beginnen und dabei das Projekt entscheidend zu ändern, also nicht mehr nur ein schlichtes Jagdhaus, sondern ein repräsentatives Lustschloss errichten zu lassen.

Was in Klenow von dem 1721/24 begonnenen Jagdsitz an Gebäudeteilen oder Fundamenten erhalten geblieben war, lässt sich nicht mehr mit Gewissheit feststellen. Der Baumeister Johann Friedrich Künnecke,[10] der um 1726 den Landsitz

Abb. 2: Grundriss des Schlosses Klenow, Ausschnitt aus Abb. 7

des Reichsgrafen v. Bothmer[11] in Klütz unweit von Wismar entworfen und die Bauarbeiten bis 1732 geleitet hatte, entwarf für den kaiserlichen Kommissarius ein neues Projekt. Noch im Jahr 1731 wurden die Fundamente für einen eingeschossigen Corps de Logis mit einer Reihe von 15 Fenstern in Grund gelegt und die Fluchten für die beiden Flügelbauten abgesteckt. Im Juli 1732 waren alle Gebäudeteile unters Dach gebracht, bis zum Sommer 1733 schließlich war der Ausbau weitgehend beendet worden (Abb. 1). Da die Störungen Karl Leopolds andauerten, wurde das Bauvorhaben unter kaiserlichen Schutz gestellt. Ein Korporal und sechs Dragoner sorgten für die Sicherheit. 1734 wurden an die Seitenflügel noch zwei Eckpavillons angefügt, so dass spätestens im Sommer 1735 die gesamte Anlage fertiggestellt war.

Ein herzoglicher Prinz, ausgestattet mit wohl nicht mehr als 15 000 Reichstalern Apanage,[12] vermochte es nicht, aufwändiger zu bauen, selbst wenn er Gelder aus anderen Kassen erhalten haben könnte. Zwar verrät die gesamte Anlage die Absicht, den Fürstenstand des Bauherrn zu repräsentieren, aber deren bescheidene Ausführung, eingeschossig und als Fachwerkbau konzipiert, muss im Vergleich mit anderen mecklenburgischen Schlossbauten jener Jahre auffallen. Bei Dettmann findet sich eine detailreiche Beschreibung des 1735 fertiggestellten Jagdschlosses:

„Die Mitte des ganzen Baukomplexes bildete das Korps de Logis, 165 Fuß lang und 40 Fuß breit,[13] ein Stockwerk hoch. In der Mitte ein 25 Fuß breites, 2 Stock hohes Risalit, 3achsig, mit flachem Giebel geschlossen, Vorder- und Rückwand zu je 15 Achsen, an der Gartenfront ebenfalls ein Risalit, um ungefähr 12 Fuß über die Frontmauer vorspringend. Über den seitlichen Türen kleine Giebel, das Dach, ein einfaches Walmdach, mit kleinen Fensterluken. In der Mitte jeder Haupt- und Seitenfront lag, um einige Stufen erhöht, eine Tür. […] *Neben den Seitenfronten, aber 20 Fuß vorgezogen und durch eine ausgerundete Umzäumung mit dem Mittelbau verbunden, lagen die Flügel, einstöckig, zuerst 42 Fuß parallel dem Corps de Logis beginnend, dann rechtwinklig vorgezogen 70 Fuß lang den Hof bildend und wieder rechtwinklig gebrochen nach außen umbiegend, an beiden Seiten von je einem zweistöckigen 30 Fuß breiten Pavillon begrenzt. Der Hof wurde durch eine Umzäunung geschlossen, an der zwei sog. Baracken lagen, und die in der Mitte in rundem Bogen um 35 Fuß vorsprang. Den Eingang flankierten zwei Wachthäuschen* (Abb. 2).“[14]

Konkrete Vorbilder für die räumliche Disposition der Baukörper, die Fassadengestaltung und die Einzelheiten des Bauschmucks werden wohl nicht aufgefunden werden können. Da aber Johann Friedrich Künnecke wenige Jahre zuvor das bereits erwähnte Schloss Bothmer in Klütz projektiert hatte, steht Christian Ludwigs Lustschloss in Klenow zwangsläufig in dessen Kontext. Doch die Unterschiede in den Grundrissen, so beim Zuschnitt der Ehrenhöfe, der Einordnung von Kavaliersflügeln und Pavillons, sind erheblich. Sie werden durch den Gegensatz zwischen dem steinernen, zweigeschossigen Haupthaus in Klütz und der eingeschossigen Fachwerkkonstruktion des Corps de Logis in Klenow noch zusätzlich betont. Beim Entwurf des Schlosses Bothmer hatte Johann Friedrich Künnecke, auf der Grundlage einer erneuten Palladiorezeption, sicherlich holländische und englische Einflüsse verarbeitet, die in reduzierter Weise dann auch die Gestalt des Schlosses Klenow bestimmt hatten. Die beiden Bauten beruhten letztlich auf dem gleichen, in Frankreich, Holland und England mannigfaltig modifizierten Typus eines Adelsitzes, der im 18. Jahrhundert vor allem durch Het Loo[15] und englische Herrenhäuser[16] dann seine Vorbildwirkung für die protestantischen Länder Norddeutschlands[17] und insbesondere für Mecklenburg-Schwerin ausgebildet hatte.

2. Das neue Residenzschloss der Herzöge von Mecklenburg-Strelitz und die Planung der Stadt Neustrelitz

Die Strelitzer Linie der Obodriten verfügte bei der Inszenierung ihrer herzoglichen Würde gegenüber dem Schweriner Teilstaat über einen beträchtlichen Vorsprung, weil sie sich nicht durch einen Machtkampf zweier Brüder behindert hatte. Im Herzogtum Mecklenburg-Strelitz, das nach dem Hamburger Teilungsvertrag von 1701 geschaffen worden war,[18] diente zunächst das alte Stadtschloss in Strelitz (heute Alt-Strelitz) als Residenz, das Adolf Friedrich II. und nach dessen Tod im Jahre 1708 sein Sohn Adolf Friedrich III. mit Hilfe fremder Gelder aus- und umgebaut hatten.[19] Der Schlosskomplex brannte aber am 24./25. Oktober 1712 nieder. Die Planungen zu einem erweiternden Wiederaufbau gerieten 1718 ins Stocken und wurden 1719 wohl auch deshalb abgebrochen, weil die Strelitzer Bürger sich weigerten, Grundstücke für einen üppigen Schlossneubau abzutreten. Stattdessen wurde das Jagd- oder Lusthaus Glienicke am Zierker See, einige Kilometer nordwestlich von Strelitz gelegen, in mehreren Bauphasen repräsentativ ausgestaltet und schließlich am 21. September 1734 offiziell zur Residenz erklärt.[20]

Der Ursprung des Lustschlosses Glienecke lag in einem Amtsschreiberhaus des 17. Jahrhunderts, das an gleicher Stelle gestanden haben könnte.[21] Der aktenkundliche Nachweis als „hochfürstliches Gebäude" reicht jedoch nur bis 1710 zurück. Nach dem Aktenbefund war es ein Fachwerkbau von 58 Fuß Länge; da in Mecklenburg-Strelitz mit dem Rheinländischen (Preußischen) Fuß[22] gemessen wurde, können für die Hauptfront 18,20 m angenommen werden – Christian Ludwigs erstes Bauprojekt in Klenow von 1724 sollte nach Dettmann eine Länge von 142 mecklenburgischen Fuß, also 40,69 m aufweisen, vermutlich um Adolf Friedrichs Lustschloss zu übertreffen. Allerdings war das Schlösschen in Glienicke mit einem Mansarddach versehen worden, d. h. es befand sich ein zweites bewohnbares Vollgeschoss unter dem Dach. 1726 wären dann erhebliche Schäden am Bauwerk, insbesondere an seiner tragenden Holzkonstruktion festgestellt worden, die beseitigt werden mussten, ehe der Umbau zu einem dauerhaft bewohnten Residenzschloss erfolgen konnte. Entgegen der bisherigen Datierung auf das Jahr 1726 wurde von Pöschk angenommen, dass jener Umbau erst im Jahre 1729 begonnen wurde und bis 1731 andauerte.[23] Das alte Gebäude wurde als Corps de Logis in die neue Gebäudestruktur integriert, auf beiden Seiten jedoch weitere Zimmer angefügt, so dass aus der sieben- eine dreizehnachsige Gartenfront entstand, die eine Länge von 108 Fuß (33,90 m) aufwies. Künneckes Projekt für Klenow, das im Jahre 1731, als Reaktion auf die Fertigstellung des Residenzschlosses Adolf Friedrich III. in Glienicke, entworfen und bis 1733 realisiert worden war, hatte dagegen ein Corps de Logis mit einer Reihe von 15 Fenstern vorgesehen, die Frontlänge sollte insgesamt 165 mecklenburgische Fuß, also 47,18 m betragen. Die Absicht Christian Ludwigs, den Bau seines Vetters Adolf Friedrich III. abermals übertreffen zu wollen, kann angenommen werden.

Ob die Seitenflügel des Glienicker Schlosses bereits zu jener im Jahre 1731 beendeten Bauphase gehörten, oder aber, was wahrscheinlicher ist, in einem zweiten anschließenden Schritt projektiert wurden, um nunmehr Front-

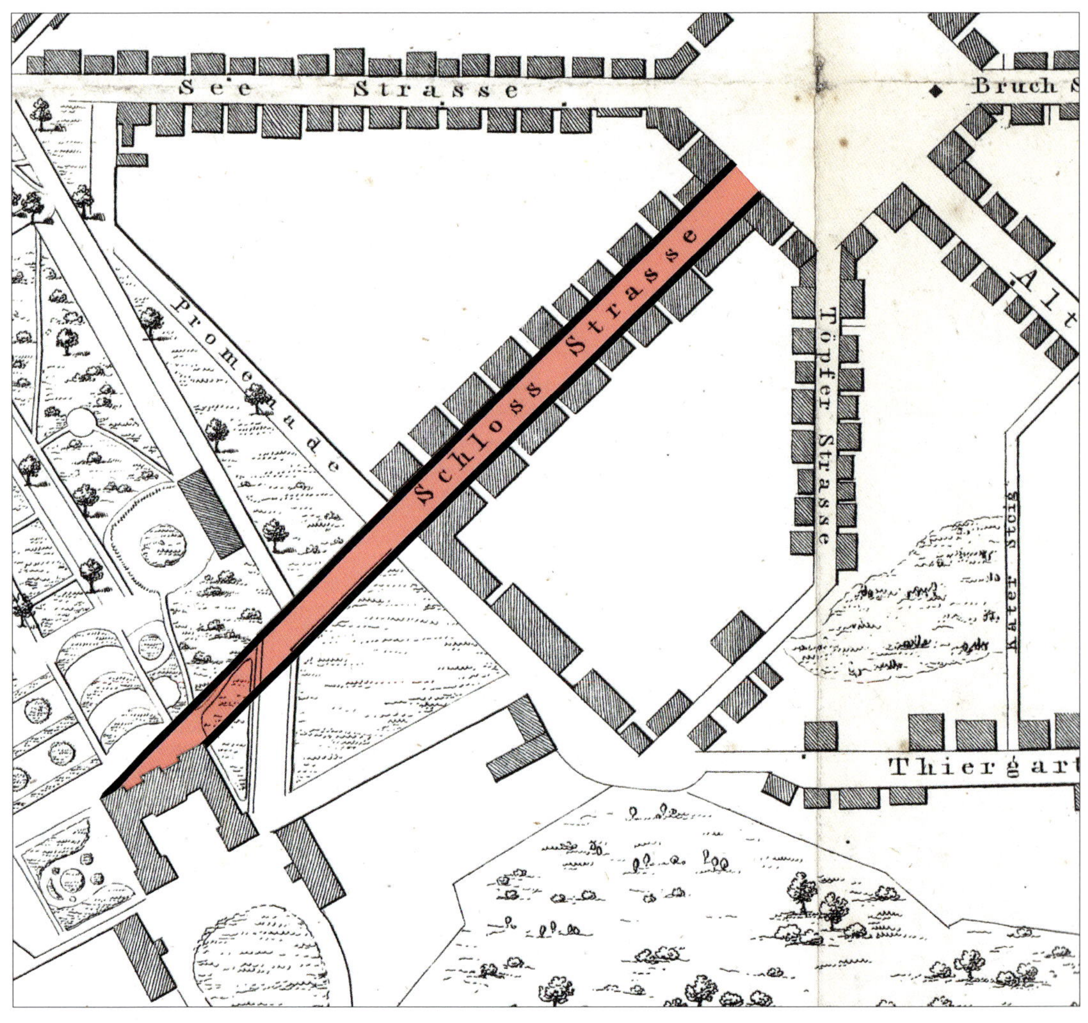

Abb. 3: Die Neustrelitzer Schlossstraße als Blickachse, Eintragung in den Stadtplan von 1836

länge und Fensteranzahl der Klenower Schlossanlage zu übertreffen, bleibt unklar. Denkbar ist jedoch, dass die Flügel erst angefügt wurden, als die Stadt Neustrelitz in Grund gelegt worden war. Die Planung der Stadt erfolgte vermutlich im Verlauf des Jahres 1731, wurde aber erst 1732 oder gar im Frühjahr 1733 eingemessen und abgesteckt. Auffällig ist jedenfalls, dass die Fluchtlinien der Schlossstraße exakt auf die Ecken der vorspringenden Schlossflügel ausgerichtet sind, was für einen engen zeitlichen Zusammenhang von Stadtplanung und Schlosserweiterung spricht (Abb. 3).

Durch die Seitenflügel, die jeweils acht Fuß über die Fluchtlinie des alten Baukörpers vorsprangen, erhielt der gesamte Gebäudekomplex, der damit also auf eine Gesamtbreite von 184 Fuß, d. h. 57,75 m gestreckt wurde,[24] nochmals auf jeder Seite vier Fensterachsen hinzu und überstieg damit seinerseits die Maße des Klenower Corps de Logis beträchtlich. Die Flügelanbauten mit ihrem beträchtlichen Raum-

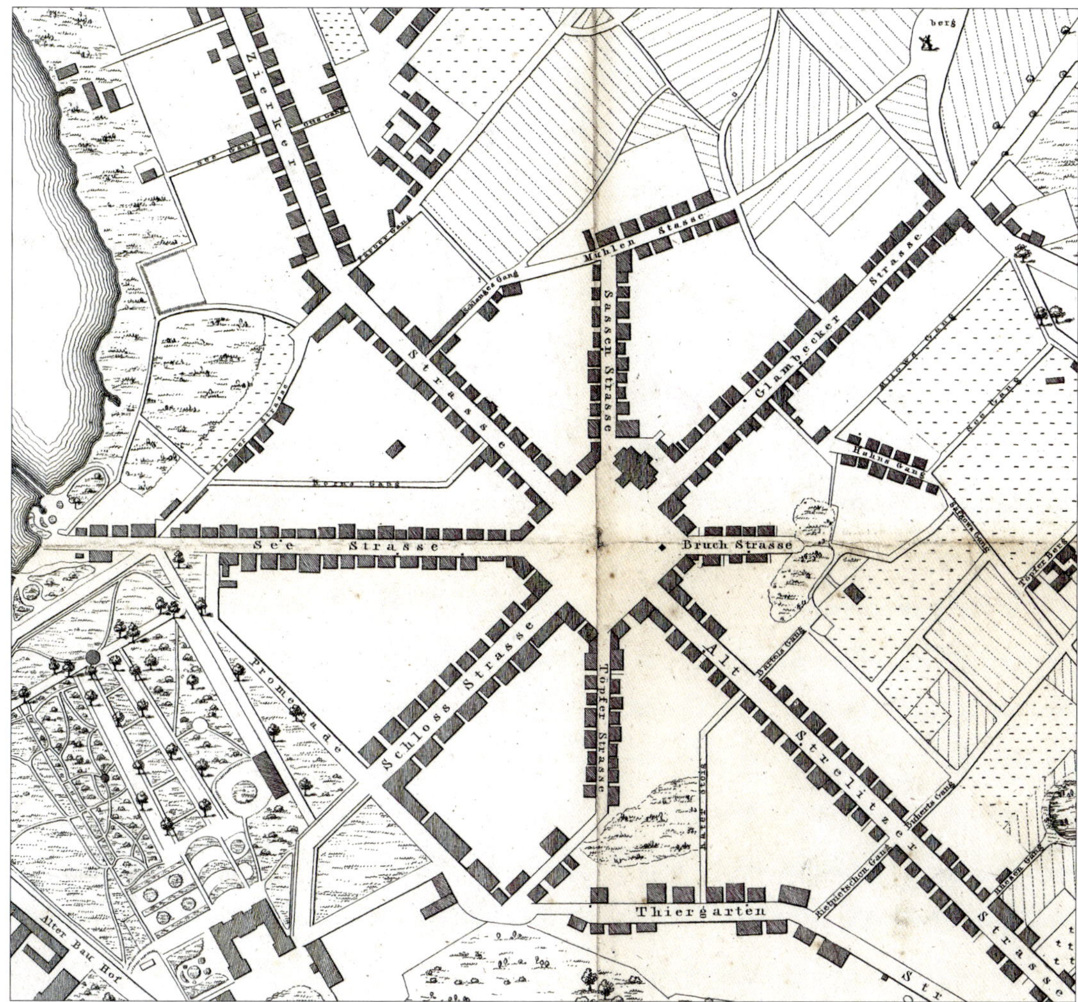

Abb. 4: Neustrelitz, Stadtplan von 1836

programm werden vermutlich erst nach dem 21. September 1734 nutzbar gewesen sein, als die gesamte Anlage offiziell zur Residenz erklärt worden war.

Unter Beibehaltung der Außenkanten und der Anordnung der Zimmer wurde ab 1755 unter Adolf Friedrich IV. die Fachwerkkonstruktion beseitigt und das Residenzschloss massiv aufgeführt. Die Entscheidung, den Bau nicht abzutragen und an anderer Stelle ein repräsentatives Schloss zu errichten, war wohl durch die Lage von Park und Tiergarten,[25] nicht zuletzt aber durch die Ausrichtung der Gartenachse und der Fluchtlinien der Schlossstraße bedingt (Abb. 4). Auch die pietätvolle Erinnerung an Adolf Friedrich II., den Begründer der Strelitzschen Linie der Obodriten und Erbauer des Jagdhauses, kann als Ursache nicht ausgeschlossen werden, dass Kubatur und Standort des Schlosses nicht in Frage gestellt worden waren.

Die Verlegung der Residenz von Strelitz nach Glienicke zog, wie so häufig im 17. und 18. Jahrhundert, die Gründung einer Stadt nach sich, um den Adel, die Hofbeamten und das Dienstpersonal ihrem Stand entsprechend unterbringen zu können. So auch in Neustrelitz, wie die Neustadt neben dem Schloss schon bald genannt wurde. Ob allerdings mit dem Umbau des Lustschlosses Glienicke zur dauerhaft bewohnten Residenz eine von Altstrelitz rechtlich unabhängige Stadtgemeinde oder nur eine Erweiterung der alten Stadt geplant wurde, ist umstritten.[26] Auf jeden Fall aber war eine Stadt konzipiert worden, als der Schlossbau (oder wenigstens der vergrößerte Corps de Logis) fertiggestellt war: *„Weilen nunmehr das Glinicker Haus fertig"*, hatte der Herzog am 5. Januar 1731 an die Bürger der Stadt Strelitz geschrieben,

„so sehen wir gnädigst gerne, dass die neue Stadt dorten möge angelegt werden, auf dass nun selbige bald mögt zum Stand kommen, die Verfügung zu machen, dass diejenigen, so Lust zu bauen haben, es zu wissen kriegen […]"[27]

Zunächst folgten nur wenige Bürger der Aufforderung, in Neustrelitz zu bauen; erst als am 20. Mai 1733 ein gedruckter Gründungsaufruf allerlei Privilegien versprach, scheint die Bautätigkeit auf der geometrisch konstruierten Stadtfläche begonnen zu haben: „Soll einem jeden so viel Platz/als Er zum Wohn-Hause/Stall/Hoff-Raum und Garten nöhtig hat/Erb – und eigenthümlich umsonst gegeben", außerdem das Bauholz kostenlos und die benötigten Steine zum Selbstkostenpreis überlassen werden und schließlich sogar eine 10jährige Befreiung von der Grundsteuer gewährt werden.[28]

Der Standort der neuen Stadt war aus pragmatischen Gründen ausgewählt worden, weil die sumpfigen Gebiete entlang des Sees die Feldmesser dazu gezwungen hatten, auf einen Hügel in der Nachbarschaft des Schlosses auszuweichen. Warum aber eine Grundrissfigur konzipiert wurde, die im 16. Jahrhundert für die Raumorganisation von Festungsstädten konstruiert worden war,[29] konnte bislang nicht schlüssig geklärt werden (Abb. 5). Es ist gleichfalls nicht bekannt, ob Planungsvarianten existierten. Und so strahlen von dem großen, nahezu quadratischen zentralen Platz, der in der Tat durch seine Lage, den Zuschnitt und die Erschließung an eine Place d'Armes erinnert, acht Straßen ab. Im Festungsbau seit der Renaissance dienten solchermaßen geometrisch konstruierte Stadtfiguren dazu, die Wege zwischen dem Appell- oder Waffenplatz in der Mitte und den Bastionen am Stadtrand eindeutig zu führen und berechenbar zu machen, die Bewegung der Soldaten im gesamten Gebiet der Festung also zu rationalisieren. Neustrelitz benötigte aber weder für seine Funktion als Residenz eines kleinen Herzogtums noch als Ort von Gewerbetreibenden eine vergleichbare Rationalisierung des städtischen Raumes. Daher ist anzunehmen, dass wohl eher das Bild einer stringenten, geometrischen Ordnung, das die Stadt vermitteln sollte, um die (allerdings verspätete) Modernität des Herzogtums zu beweisen, die Wahl des Grundrisssystems bestimmt hatte.

Mindestens drei der radial verlaufenden Stadtstraßen finden keinen Anschluss an das Verkehrsnetz im Umland, sie führen nirgendwohin und verkümmern bis heute am Rande des damaligen Planungsgebiets. Unterschiedliche Breiten sind bis heute zu erkennen, 38 bis 44 Fuß können gemessen werden, die 11,82 bis 12,85 m entsprechen. Aber eine der acht Straßen wurde so ausgerichtet, dass sie die Funktion einer Schlossachse übernehmen konnte. Ihre Breite sollte wohl ursprünglich vier rheinländische (preußische) Ruthen (48 Fuß = 15,07 m) betragen, allerdings wurden die Fluchtlinien nicht exakt über die gesamte Länge durchgezogen. Vor- und Rücksprünge lassen vermuten, dass die Einmessung der einzelnen Parzellen zu unterschiedlichen Zeiten erfolgte. Für die Häuser, die dort errichtet werden sollten, waren im Unterschied zu allen anderen Straßen Mansarddächer vorgeschrieben.[30] Mit dieser Ausrichtung der Schlossstraße, die die Linie der Gartenfront des Schlosses in einem Winkel von etwa 14° schnitt, wurde sowohl die Lage der viereckigen Platzfigur in der Mitte der Stadt als auch der Richtungsver-

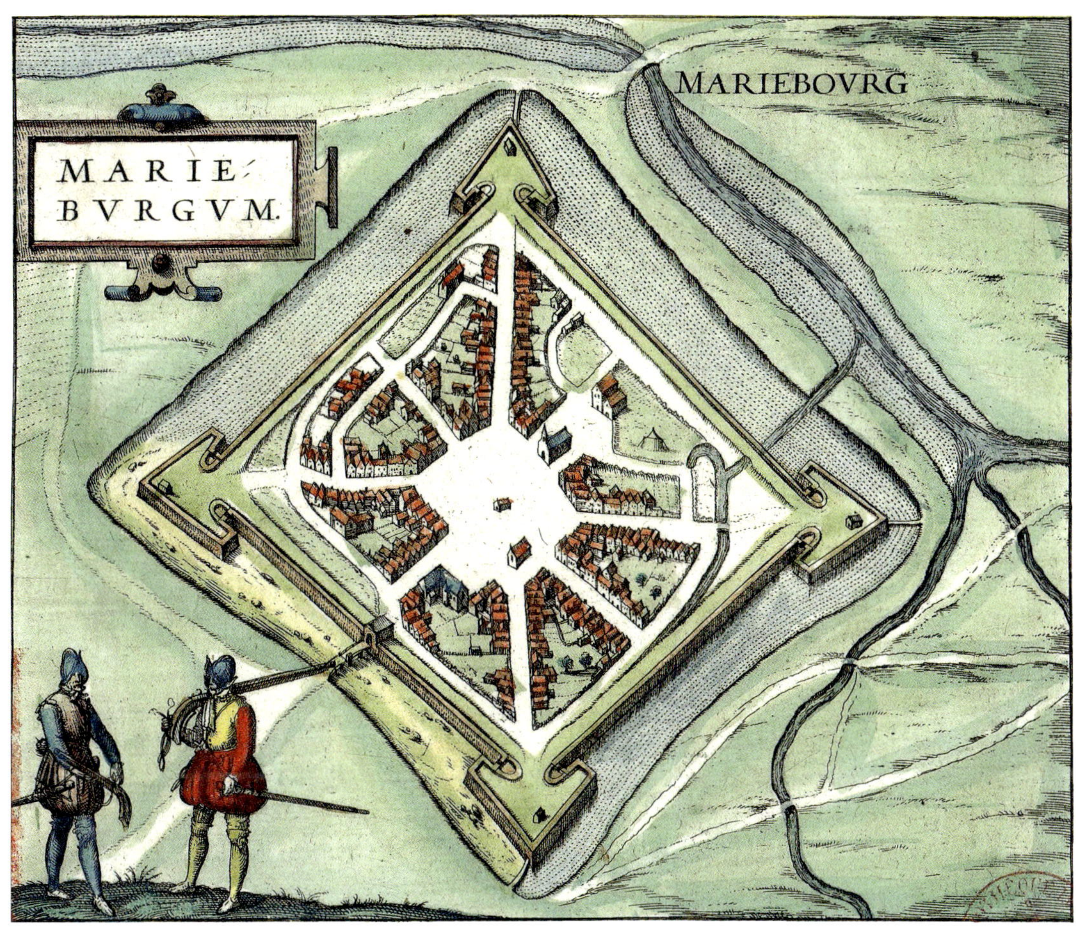

Abb. 5: Mariembourg, Stadt- und Festungsplan von 1582, gedruckt 1645

lauf aller anderen Straßen festgelegt. Der Winkel von 14° stellte wohl einen Kompromiss dar, der sich aus der pragmatischen Standortwahl ergab: Bei einem größeren Winkel z. B. von 20° hätte sich zwar die Möglichkeit ergeben, das Schloss günstiger im Stadtgebiet zu präsentieren, der Marktplatz wäre aber um mehr als 50 m von der Erhöhung weg in die Nähe der sumpfigen Niederung verschoben worden. Bei einem Winkel von 30° hätte die Verschiebung gar nahezu 130 m betragen. Aber selbst bei jenem spitzen Winkel von ca. 14° wird das Schloss – allerdings perspektivisch verkürzt – in seiner vollständigen Breite von der Mitte des zentralen Platzes über die gesamte Länge der Schlosstrasse erfassbar.[31] Es kann deshalb angenommen werden, dass durchgezogene Gesimse der Häuser bzw. die Knicklinien der Mansarddächer auf bestimmte, markante Punkte des Schlosskörpers zulaufen sollten, um die Illusion eines zentralperspektivisch konstruierten Bildes zu schaffen.

Als Vorbild für das konstruktive Verfahren bot sich die räumliche Beziehung zwischen Schloss und Stadt Charlottenburg, der Sommerresidenz der Hohenzollern, an (Abb. 6). Aber in Charlottenburg war die asymmetrische Lage der Stadt

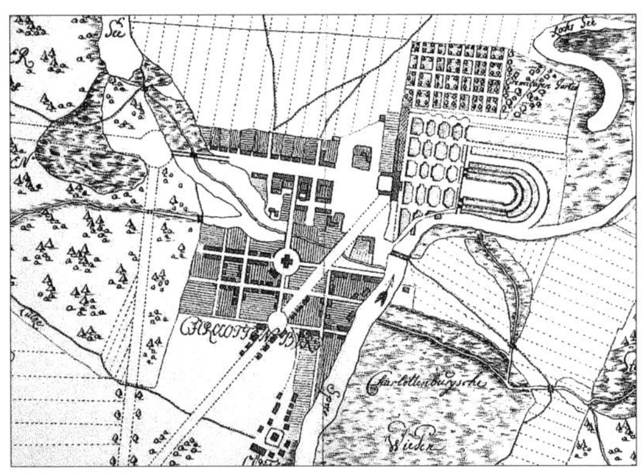

Abb. 6: Plan von Charlottenburg und Umgebung, 1719

zum Schloss und die spitzwinklige Heranführung der Hauptachse die Folge einer Planänderung. Weil grundbesitzende Bürger den Verkauf der benötigten Äcker verweigerten, konnte der brandenburgische Kurfürst Friedrich III., der spätere König in Preußen Friedrich I., nicht über die Gesamtheit der Fläche verfügen, die für eine symmetrische Beziehung der Stadt zum Schloss erforderlich gewesen wäre.[32] Deshalb wurde nur wenig mehr als die Hälfte der ursprünglichen Planfigur der Stadt realisiert. Die zentralisierende Mittelachse war daher zunächst vernachlässigt worden, stattdessen wurde die Straße zum Tiergarten aufgewertet, die ohnehin, weil sie die Verbindung abkürzte, den gesamten Verkehr nach Berlin und zum Stadtschloss aufnehmen musste. Allerdings traf diese Achse auf das Hauptportal, nicht wie in Neustrelitz auf der Gartenseite des Schlosses auf. Die repräsentativen Funktionen der Vorder- und der Rückseite waren also beim Neustrelitzer Schloss nicht eindeutig geschieden worden. Durch die Anlage der Seitenflügel wurde zwar ein Ehrenhof geschaffen, doch da er sich auf der stadtabgewandten Seite befand, konnte es nicht mehr gelingen, den Raum zwischen Stadt und Schloss als architektonische Vorbereitung des Empfangsortes zu nutzen. Dies war ein gravierender Mangel in der höfischen Repräsentation, insbesondere bei protokollarischen Besuchen mit hohem zeremoniellen Aufwand, den Christian Ludwig bei seiner Planung in Klenow/Ludwigslust also unter allen Umständen zu vermeiden suchte.

3. Die Umbaupläne für das Jagdschloss in Klenow und das Projekt einer Stadtgründung

Nachdem 1734 der Aus- und Umbau des Glienicker Jagd- und Lusthauses zum dauerhaft bewohnbaren Residenzschloss weitgehend abgeschlossen und die Stadt Neustrelitz eingemessen war und heranzuwachsen begann, wurde für Christian Ludwig II. ein repräsentativer Umbau des 1731–33 in Klenow errichteten Fachwerk-Ensembles zu einer dringlichen politischen Notwendigkeit, um seinen Vorrang im Wettbewerb mit der Strelitzer Linie zu bekräftigen. Doch wann von ihm selbst, seinen Ministern oder Geheimräten das Projekt angedacht wurde, Klenow zur ständigen Residenz des Teilherzogtums Mecklenburg-Schwerin auszubauen, mithin auch eine Stadt für den Hofstaat und die Bediensteten zu errichten, bleibt ungewiss. Die Chronologie der Ereignisse und Entscheidungen ist unsicher,[33] nur selten gelangen bisher eindeutige Datierungen und genaue Zuweisungen der Pläne und Zeichnungen. Gleichfalls kann nur in Umrissen erkannt werden, von welchen Überlegungen die verschiedenen Planungsphasen beeinflusst worden waren.

Im Landesarchiv Schwerin befindet sich jedoch ein großes Planwerk, auf dem das Projekt einer Residenzlandschaft kartiert wurde, von der allerdings nicht geklärt ist, ob sie tatsächlich auf einen einheitlichen Entwurf zurückgeführt werden kann oder ob deren einzelne Elemente nacheinander konzipiert worden waren (Abb. 7). Der Baumeister Johann Friedrich Künnecke mag z. B. schon grundlegende Gedanken für den weiteren Ausbau der Residenz formuliert haben, als er im Jahre 1735 das Lustschloss fertiggestellt

Abb. 7: Residenzlandschaft von Klenow, um 1735/41 mit Tekturen von 1751/53

hatte. Und Peter Gallas, der Gärtner im Dienst Christian Ludwigs, hatte womöglich dann die vorhandenen und die geplanten Bauten zusammengetragen, mit Gartenanlagen und einem Wegesystem verbunden und alle Elemente auf einen großmaßstäblichen Plan kartiert (Abb. 8). Künnecke starb 1738; falls der Architekt einige Grundzüge des Plans entworfen haben sollte, dann kann angenommen werden, dass die Gründung einer neuen Residenzstadt bereits

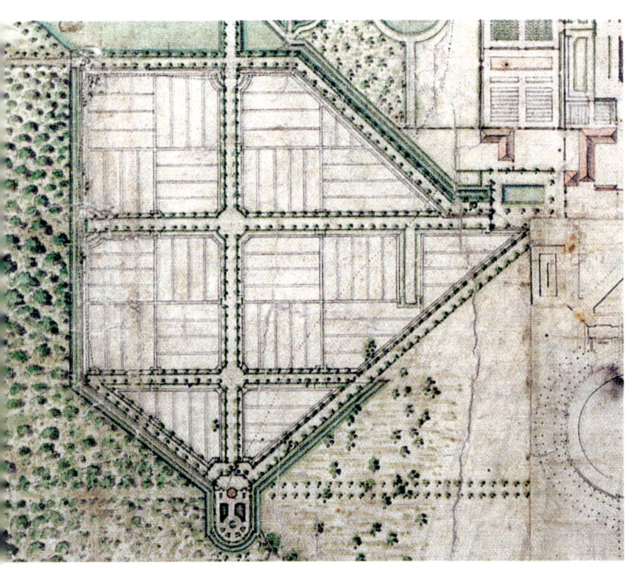

Abb. 8: Stadtprojekt beim Schloss Klenow, Ausschnitt aus Abb. 7

um 1735/38 zum politischen Programm Christian Ludwigs gehört haben könnte.[34]

Eine wechselseitige Abhängigkeit zwischen Stadtplanung und Schlossumbau, die in Neustrelitz wahrscheinlich schien, kann auch auf diesem Ur-Plan der Residenzstadt Klenow/Ludwigslust angenommen werden. Es ist darauf eine Landschaft zu erkennen, die, neben dem Schloss mit seinen Flügeln und Torbauten, den ausgedehnten Zier- und Nutzgärten, den Landschaftsachsen, das alte Dorf Klenow samt seiner Kirche, und, südwestlich vom Schloss gelegen, die Konturen einer kleinen Stadtanlage aufweist. Ein mit baumbestandenen Straßen erschlossenes und möglicherweise umzäuntes, ungefähr acht bis zehn Hektar großes Gebiet wurde durch eine Längsachse mit abschließendem point de vue und zwei Querstraßen grundsätzlich gegliedert. An deren Schnittpunkten befinden sich kleine Platzsituationen ausgebildet, deren Funktionen aber nicht eindeutig definiert worden sind. Die Aufteilung der Stadtfläche in Baufelder war zwar angedeutet worden, doch handelte es sich noch nicht um einen realisierbaren Parzellen- oder gar Bebauungsplan. Sie sollte deshalb nur als kartographisch-planerisches Zeichen gelesen werden, das zum Unterschied einer gärtnerischen Signatur die beabsichtigte Stadtgründung ankündigte. Weil die Realisierbarkeit eines solchen Stadtprojekts unmittelbar von der Finanzsituation Christian Ludwigs und der politischen Situation im Lande abhängen musste, war die Fläche beim Entwurf des Planwerks zunächst wohl nicht weiterbearbeitet worden. Um 1735–40, auch nicht in den 1740er Jahren, konnte vorhergesehen werden, ob wenigstens einige Adelsfamilien bereit gewesen waren, in unmittelbarer Nähe zum Schloss des Landesherrn ihre Palais' zu errichten und wo dann jeweils die Bauten für den engeren Hofadel, das Dienstpersonal und die bürgerlichen Wohnhäuser mit ihren Werkstätten und Ställen errichtet werden sollten. Die Zentrierung des Stadtkörpers durch eine geometrisch geformte Platzfigur, die den Neustrelitzer Stadtgrundriss auszeichnet, war nicht vorgesehen. An keiner Stelle des Stadtentwurfs wurde eine größere Fläche für den Marktplatz freigehalten, der als Mittelpunkt des Handels hätte dienen können. Auch muss auffallen, dass weder Standorte für Stadtkirche und Rathaus ausgewiesen worden waren, was einer näheren Erklärung bedarf. Vergleichbar mit den Anlagen von Charlottenburg und Neustrelitz wurde die Beziehung zwischen Stadt und Schloss nicht symmetrisch gefasst. Der Blicklinie, die vom Schloss in einem Winkel von ziemlich genau 40° ausgeht, konstituiert präzise die östliche Grenze des projektierten Stadtgebiets; erst an dessen Ende trifft sie auf eine Kapelle oder vielleicht eher auf einen Tempel, die, höchstens 8 m im Durchmesser, über achteckigen Grundrissen hätten errichtet werden sollen. Es ist mithin eher ein tangentialer als ein konfrontativer Blick, der, von der Mitte der Hauptfassade des Schlosses ausgehend, zwischen Seitenflügel und Torbauten gezwängt wurde (Abb. 9). Er war nicht dafür konzipiert, das Leben in jenem kleinen Hofstädtchen zu überwachen, sondern er wurde benötigt, um zu kontrollieren, dass dessen

Bewohner den Repräsentationsraum vor dem Schloss respektierten und dem Herrschersitz selbst nicht zu nahetraten. Dessen Symmetrieachse fungiert zugleich als Trennungslinie zwischen der Adelsgesellschaft, die im Westen angesiedelt werden sollte, und dem Dorf Klenow, das sich östlich der Achse befand. Damit wurde die Planung der Residenzlandschaft zum Abbild des Gesellschaftsaufbaus und der politischen Ziele, die seit Karl Leopold darin bestanden, die ständische Autonomie des Adels zu begrenzen, andererseits aber das leibeigenschaftliche Abhängigkeitsverhältnis zugunsten einer Vererbpachtung des Bodens abzulösen und die Frondienste durch Geldleistungen zu ersetzen. Das Projekt des Residenzausbaus sollte also den Hofadel isolieren und zugleich das alte Dorf bewahren. Die Zufahrtsstraße von Neustadt-Glewe und Schwerin hin zum Schloss wurde nördlich des Dorfes vorbeigeführt und hätte daher keinesfalls die Funktion einer Blickachse übernehmen können. Die Erschließung des herzoglichen Wohnsitzes durch eine quer zur Symmetrieachse verlaufende Allee war von Het Loo her bekannt; allerdings kreuzen sich beim Sommersitz der Oranier die Linien außerhalb des umzäunten Schlosshofes.

Karl Leopold, der von Kaiser und Reichshofrat abgesetzte Herzog von Mecklenburg-Schwerin, starb am 28. November 1747 in Dömitz. Erst ab diesem Datum war Christian Ludwig II. legitimer Herrscher, nicht mehr nur eingesetzter Administrator oder Kommissarius. Doch er verfügte keineswegs über einen größeren politischen Spielraum als sein ungeliebter Bruder Karl Leopold, obwohl nicht anzunehmen ist, dass er eine aktive Machtpolitik zu betreiben gedachte. Die Finanzprobleme des Staates waren aber in den 1740er Jahren drückender, die Lösung der Steuerfragen schwieriger geworden. Zudem hatte Christian Ludwig noch die Ämter, die zur Deckung der Kosten für die Reichsexekution verpfändet worden waren, von Hannover und Preußen einzulösen, ohne über entsprechende Einnahmen zu verfügen. Und er musste den Repräsentationsaufwand, zu dem ihn seine Stellung im Staat zwang, aus seiner eigenen Schatulle finanzieren. Norbert Elias hatte die Zusammenhänge von Rangordnung und Repräsentationsausgaben in der höfischen Gesellschaft so beschrieben:

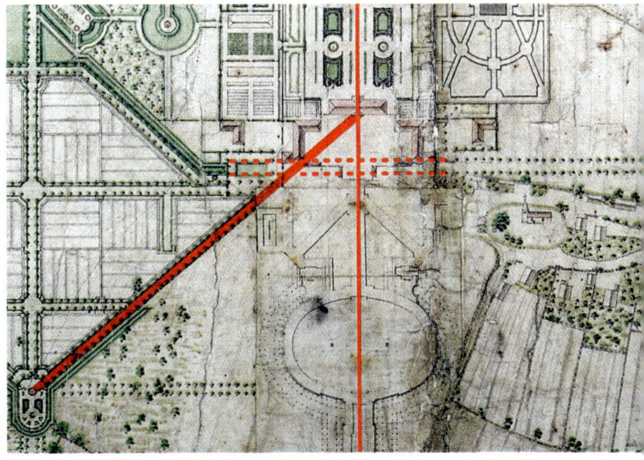

Abb. 9: Schloss Klenow und seine geplanten Blickachsen, Eintragung in Ausschnitt aus Abb. 7

„In einer Gesellschaft, in der jede zu einem Menschen gehörige Form einen gesellschaftlichen Repräsentationswert hat, sind Prestige- und Repräsentationsausgaben gehobener Schichten eine Notwendigkeit, der man sich nicht entziehen kann. Sie sind ein unentbehrliches Instrument der sozialen Selbstbehauptung, besonders wenn [...] *ein nie erlöschender Konkurrenzkampf um Status- und Prestigechancen alle Beteiligten in Atem hält* [...] *Ein Herzog muß sein Haus so bauen, dass es ausdrückt: Ich bin ein Herzog und nicht ein Graf. Das gleiche gilt von seinem ganzen Auftreten. Er kann nicht dulden, dass ein anderer herzoglicher auftritt als er selbst. Er muß darüber wachen, dass er im offiziellen gesellschaftlichen Verkehr den Vorrang vor dem Grafen hat."*[35]

Dieser unerbittliche Zwang zur Repräsentation galt zunächst gegenüber den im Lande ansässigen Adelsgeschlechtern, von denen einige sich Schlösser errichtet hatten, die größer und reicher ausgestattet waren als das in Klenow.[36] Vor allem

Abb. 10: Jean-Laurent Legeay, Entwurf zum Umbau des Schlosses Klenow, um 1751/53

aber musste Christian Ludwig Schlossbau, Hofstaat und Stadt der Strelitzer Vettern zu überbieten suchen, um seinen Rang auszustellen und seine Vorzugsstellung im Herzogtum erfahrbar zu machen. Erste Schritte einer Reform der herzoglichen Verwaltung, die nach 1747 eingeleitet wurden, sprechen dafür, dass Christian Ludwig entweder seine Macht auszubauen oder aber durch eine geordnete Verwaltung die Voraussetzung seines späteren Rückzugs zu schaffen suchte. 1750 wurde die Kanzleiordnung, 1751 die Kammer- und Rentereiordnung verabschiedet, 1753 schließlich die Hof- und Hofmarschalordnung neu gefasst.[37] Und er ließ nach einem Architekten suchen, der die moderne Architektursprache beherrschte und von dem angenommen werden konnte, dass er die Räume, Zeichen und Symbole des herzoglichen Anspruchs zu gestalten wusste. Vor allem hatte der Baumeister neben der Arbeit an den Rostocker und Schweriner Projekten für den Umbau des Klenower Schlossensembles und die Gründung einer Stadt überzeugende Entwürfe zu liefern. Die Wahl, deren Umstände bis heute nicht eindeutig geklärt werden konnten,[38] fiel auf Jean-Laurent Legeay, einen international agierenden Architekten, Graphiker und Maler, der an der Pariser École des Beaux-Arts ausgebildet worden war und der sich während eines längeren Romaufenthaltes mit Antikenstudien beschäftigt hatte. Er soll am Entwurf der Hedwigs-Kathedrale am Berliner Opernplatz beteiligt gewesen sein, obgleich sein Anteil am realisierten Gebäude bisher nicht geklärt werden konnte.[39] Legeay bewegte sich in Frankreich, Italien, Preußen, Mecklenburg, danach wieder in Preußen, England, Frankreich und Italien vermutlich entlang freimaurerischer Kommunikationswege,[40] so dass nicht ohne Grund angenommen werden kann, auch seine Auftraggeber (Friedrich II. von Preußen sowieso) könnten Mitglieder oder wenigstens Freunde miteinander verbundener Logen gewesen sein.[41] Ende 1747 traf Legeay in Schwerin ein, was wohl als ein Indiz gedeutet werden sollte, dass Christian Ludwig unmittelbar nach dem Tod seines Bruders Karl Leopold mit den Bauplanungen hatte beginnen wollen. Am 16. Oktober 1748 wurde Legeay dann zum Chef des Hofbauamtes ernannt.[42] Ob er bis zu seinem Ausscheiden aus dem mecklenburgischen Dienst[43] alle erforderlichen Zeichnungen selbst angefertigt oder nach grober Skizzierung deren maßstäbliche Ausführung einem Mitarbeiter überlassen hatte, um sie danach dem Bauherrn vorlegen zu können, Legeay war von Amts wegen die Oberaufsicht über die bestehenden herzoglichen Bauten und das Entwerfen aller Bauprojekte mit dynastischer Bedeutung übertragen worden. Und so muss er nicht nur als Autor des Schweriner Schlossgartens und des Rostocker Palais', sondern auch aller anderen Pläne gelten, denen eine herausgehobene politische Bedeutung zukam. Auch diejenigen Arbeiten für den Ausbau der Residenz in Klenow, die bislang entweder Anton Wilhelm Horst oder Johann Joachim Busch zugeschrieben wurden, fielen daher in die Verantwortung Jean-Laurent Legeays,[44] was allerdings nicht ausschließt, das die Zeichner eigene Überlegungen beigetragen hatten (Abb. 10).

Legeay hatte in Klenow den Plan für eine Residenzlandschaft vorgefunden, von dem angenommen werden kann, dass er um 1735/41 entworfen wurde und von dem einige Elemente, insbesondere das Schloss mit seinen Nebengebäuden, das neue Parterre und der Küchengarten bereits realisiert worden waren. Dem französischen Architekten fiel folglich vor allem die Aufgabe zu, den repräsentativen Charakter der Anlage zu stärken. Er überformte zunächst die Zugangswege zum Schlosshof und zum Garten; östlich des Parterres findet sich auf dem Plan eine Tektur, auf der Legeay einen Dreistrahl (*patte d'oie*) konzipiert hatte. Dessen mittlere Achse mündete auf einem Sternplatz, die beiden äußeren wurden vermutlich auf Orte mit dynastischer Bedeutung gerichtet. Auch die Fläche südlich des Schlosses erhielt eine neue Gestalt; die Tektur zeigt vor dem Haupttor, wie es von Het Loo her bekannt war, einen Vorplatz, von dem aus gleichfalls ein Dreistrahl die perspektivische Gestaltung des Raumes übernehmen sollte. Zudem wurde ein Bassin in querovaler oder elliptischer Form eingefügt, um die Spiegelung des Schlosses auf der Wasserfläche und damit die optische Verdoppelung des Herrschersitzes zu ermöglichen. Ein solches Verfahren, bei dem exakt die Brechungswinkel berechnet werden mussten, hatte André Le Notre in Vaux-Le-Vicomte erfolgreich erprobt. Der Plan von 1735/41 und Legeays Ergänzungen von 1750/53 enthielten die räumliche Figuration, die nach einem weiteren Wechsel der Planungsprämissen, der womöglich bereits 1752/53 erfolgt war, beibehalten wurde und in den Jahren nach 1763 unter Herzog Friedrich und seinem Baumeister Johann Joachim Busch in den Grundzügen auch realisiert wurde.

Die Planungen für die ikonographische Aufwertung des Schlossgebäudes fielen mithin in Legeays Verantwortungsbereich. Strittig sind wiederum deren Datierungen und die genaue Zuweisung. Den Bau der Galerie auf dem Corps de Logis, der die *„fein abgewogenen Höhen- und Baumassenverhältnisse"* des alten Schlosses gestört habe, legte Dettmann in die Jahre 1752/53.[45] Undenkbar scheint es, dass Legeay diese Störung der Proportionen nicht aufgefallen sein sollte. Vermutlich musste er aber einen Auftrag Christian Ludwigs ausführen, der, um unbedingt das Gebäude zu nobilitieren, abermals ein in Het Loo verwendetes Bauteil anzubringen verlangte. Wann die beiden Altane, im Jahre 1750,[46] oder, wie die Galerie auch,[47] erst 1753 konstruiert worden waren, bleibt ebenfalls unklar. Es wurden jedoch nicht nur Balkone, die auf vier toskanischen Säulen ruhen, jeweils auf Garten- und Hofseite angebracht, sondern gleichzeitig der ehedem nur geringfügig vorspringende Mittelrisalit an der Hofseite vergrößert. Zwölf Fuß Tiefe, also 3,44 m, wird er dann gemessen haben, ebenso viel wie der auf der Gartenseite auch. Zudem wurden ein Uhrturm und, um die zeremoniell bedeutsame Anfahrt hochstehender Personen repräsentativ zu gestalten, zwei viertel- bis halbkreisförmige Rampen projektiert.[48] Jean-Laurent Legeay, der später den Communs hinter dem Potsdamer Neuen Palais vergleich-

Abb. 11: Jean-Laurent Legeay/Carl von Gontard, Communs am Neuen Palais in Potsdam, 1766 bis 1769, Aufnahme 2023

bare, allerdings wesentlich steiler ansteigende Rampen vorgelagert hatte (Abb. 11), könnte, unzufrieden mit der Vorlage, die Überarbeitung angeordnet oder die Zufahrten dann eigenhändig gezeichnet haben. Wie noch zu zeigen sein wird, setzte dieser Entwurf, weil er den Schnittpunkt der Achsen verschob, Veränderungen des Stadtkonzepts voraus.

4. Der Landesgrundgesetzliche Erbvergleich und die Umbenennung Klenows in Ludwigslust

Die rasch aufeinander erfolgten Planungsschritte für den Umbau des Schlosses, die Überarbeitungen der Zugänge, die, um offensichtlich Zeit zu sparen, als Tekturen gefertigt wurden, belegen die Dringlichkeit, mit der Christian Ludwig II. seinen Anspruch mit künstlerischen Mitteln zum Ausdruck zu bringen versuchte. Die Planung und der Bau einer Residenzstadt, obwohl sie längst als Kunstwerk gelesen wird, stellte stets das kulturelle Element einer umfassenden politischen Strategie dar, die dazu diente, die Balance der Kräfte und Mächte mittels eines neuen räumlichen Beziehungsgefüges beeinflussen zu wollen. Nicht ohne Schwierigkeiten können aber die einzelnen Planungsschritte in Klenow/Ludwigslust und die politischen Ereignisse und Entscheidungen so weit synchronisiert werden, dass die Absichten, die mit der Residenzplanung jeweils verbunden waren, verständlich werden.

Einerseits ist, wie bereits vermerkt wurde, die Chronologie der Bauten und Projekte insgesamt unsicher, zum anderen aber wechselten die politischen Ziele und Prioritäten, die der Herzog und seine Räte verfolgten, so dass kaum Zeit vorhanden gewesen sein dürfte, sie jeweils kulturell zu verarbeiten und sofort planerisch umzusetzen. Dennoch kann nicht übersehen werden, dass die zweite Planungsphase von Klenow/Ludwigslust, die nach dem Tod Karl Leopolds begann, unmittelbar von den politischen Auseinandersetzungen um die Rechte des Herzogs und der Stände, insbesondere der Ritterschaft, beeinflusst worden war.[49]

Christian Ludwig II. hatte von seinem Bruder Karl Leopold nicht nur die Herzogskrone, sondern auch die Konflikte mit den Ständen, also mit dem Landadel [Ritterschaft] und den Städten [Landschaft] geerbt. Seine Politik richtete er folglich darauf aus, die festgefahrene Konfrontation in den Steuerfragen aufzulösen, um schrittweise zu einer inneren Befriedung des Landes zu gelangen.[50] Seine ersten Regierungsaktivitäten zielten auf die Auflösung des Gesamtstaates von Mecklenburg, die Trennung des gemeinsamen Landtages und die Einrichtung gesonderter Appellationsgerichte, um die Stände in den beiden Landesteilen zu trennen; dann unternahm er Schritte, um zu einem Vergleich mit der Bürgerschaft Rostocks zu gelangen, also den Landadel von der Seestadt zu separieren. Doch schon die Bekanntgabe auf dem *Konvokationstag*[51] am 29. Februar 1748, das *Kondominium*[52] zwischen den herzoglichen Häusern Mecklenburg-Schwerin und Mecklenburg-Strelitz aufheben zu wollen, führte in der Folge zu heftigen Reaktionen der Ritterschaft, die letztlich die politischen Intentionen des Herzogs zum Scheitern brachten.[53] Vertreter des Landadels legten beim Reichshofrat Beschwerde gegen die Absicht der ‚Separierung' ein, worauf eine kaiserliche Hofkommission eingesetzt wurde, um die Streitigkeiten zu schlichten. Deren Verhandlungen zogen sich, wie zu erwarten war, monatelang ohne Ergebnis hin. Am 11. Dezember 1752 starb zudem Adolf Friedrich III., der Herzog von Mecklenburg-Strelitz, mit dem Christian Ludwig die Auseinandersetzungskonvention[54] ausgehandelt hatte. Thronfolger war der 14-jährige Neffe Adolf Friedrichs, über den, nach dem Hausvertrag vom 14. November 1752, Christian Ludwig die Vormundschaft übernehmen sollte. Doch da Herzogin Elisabeth Albertina, die Mutter des Thronerben, sich weigerte, den Vertrag zu erfüllen und eine Verhandlungslösung gescheitert war, besetzten am 28. Dezember 1752 Schweriner Truppen das Neustrelitzer Schloss, um die Einhaltung der Vertragsklausel zu erzwingen. Es war dies seine einzige politische Aktion, bei der Christian Ludwig sich nicht scheute, gewaltsam vorzugehen. Der Thronfolger floh mit seiner Mutter nach Greifswald, also auf schwedisches Gebiet, und die Herzogin klagte nun ihrerseits gegen Christian Ludwig vor dem Reichshofrat in Wien und ließ gleichzeitig ihren Sohn Adolf Friedrich IV. für volljährig erklären. In diesem neuerlichen Konflikt, in dem sich unterschiedliche Ambitionen der herzoglichen Familie über ihre Rangfolge und überhaupt über die Politik in Mecklenburg artikulierten, zerbrach das Einvernehmen der beiden Höfe über die Auflösung des Gesamtstaates. Christian Ludwig II., nun völlig ohne Bündnispartner bei den Auseinandersetzungen mit den Ständen um Steuern und Akzise, blieb folglich kein anderer Ausweg, als mit der Ritterschaft einen Vergleich über alle strittigen Fragen, insbesondere die Souveränität der Krone und die Rechte der Stände abzuschließen.

Die Verhandlungen zum *Landesgrundgesetzlichen Erbvergleich* begannen im Herbst 1753 und endeten mit dessen Unterzeichnung am 18. April 1755. Es waren eineinhalb Jahre voller Dramatik, in denen auf die Vorschläge der herzoglichen Verhandlungsführer stets die Gegenvorschläge der Stände folgten. Zugeständnissen der Krone begegneten die Ritter, d.h. der Landadel, sofort mit neuen Forderungen. Die Verhandlungen mit dem Neustrelitzer Hof, der Ritterschaft oder den Städten mussten einige Male abgebrochen und später doch wieder aufgenommen werden, unverkennbare Erpressungsversuche, einige Intrigen, mehrere Ultimaten, bewusst gestreute Verwirrungen und beabsichtigte Verzögerungen waren von herzoglicher Seite abzuwehren oder aufzulösen; fast scheint es, ob das Vertragswerk am Ende nur deshalb zu Stande kam, weil alle beteiligten Parteien ihr Streitpotential bis zur Erschöpfung ausgereizt hatten.

Christian Ludwig rief zu Beginn einer neuen Verhandlungsrunde im September 1754, beruhigend und moderat in der Sprache, die Stände zu Kompromissen auf:

„Bei der augenscheinlichen Bestätigung und Verleihung so vieler Rechte und Vorzüge, deren sich keine Land-Stände in teutschen Reich rühmen können, vermuthen wir billig bey Eüch ein rühmliche Begnügsamkeit. Und gleichwie Wir in Abmeßung und Zutheilung Unserer Landesfürstlichen Gerechtsame und Eurer Land-Ständischen Gerechtigkeiten der Gestalt zu Werk gegangen seyn, Uns überzeugt zu finden, daß uns hoffentlich bey der gantzen unpartheyischen Welt des beyfälligen Ausspruch darüber nicht entstehen müßte.“[55]

Doch da Landadel und Städte keineswegs *„Begnügsamkeit“* zeigten, sondern auf ihren maximalen Forderungen beharrten, ließ der Herzog nach dem 2. Februar 1755 durch seinen Minister erklären, sie würden trotz der herzoglichen Zugeständnisse:

„nur alles erdenkliche [...] *begehren, hingegen nicht einen Buchstab zu einiger Unserer Zufriedenheit einräumen. Es muß Uns also die allenthalben erscheinende Begierde Unserer Ritter- und Landschaft, von uns nur zu haben oder zu erwerben, allgemach je länger, je mehr befremden“.* Es wäre offensichtlich, *„dass die bisherigen Handlungen nicht sowohl auf einen billigen Vergleich, in welchem an beyden Seiten natürlicher Weise sonst nachgegeben zu werden pfleget, als vielmehr auf einen uneingeschränkten Verzichts-Brief in allen Landes- und Lehnsherrlichen Rechten hinausgehen wolle.“*[56]

Es ist nicht zu übersehen, dass sich Christian Ludwig im Sommer und Herbst 1754 in einer schwierigen Lage befand, weil seine Politik der Nachgiebigkeit, mit er das Land zur inneren Befriedung führen wollte, unverkennbar gescheitert war. Doch inmitten der Vorbereitung auf eine neue Verhandlungsrunde entschloss er sich, mit einem Teil des Hofes nach Klenow umzuziehen, Schloss und Dorf einen neuen Namen zu geben und die Residenzverlagerung in den *Mecklenburgischen Nachrichten* vom 24. August 1754 bekannt zu machen:

„[...] *erhuben sich Ihre Herzogl. Durchl. Unser gnädigster Landesherr, mit der ganzen Familie und dem grössesten Theil Dero Hofstaat nach Kleinow, und befohlen am selbigen Tage, dass ersagter Ort von nun an und für die Zukunft Ludwigs-Lust benannt werden soll.“*[57]

Ein zeitweiliger Umzug eines Teils des herzoglichen Hofes in die Sommerfrische wäre kaum Anlass gewesen, den unfertigen Ort mit seiner bescheidenen Schlossanlage auf solch demonstrative Weise umzubenennen, eher kann schon die Absicht vermutet werden, dass der Herzog einer andauernden „Unlust“ zu entgehen suchte, und dies der Welt auch mitzuteilen wünschte. „Unlust“ bedeutete nach Zedlers Universallexikon in der Mitte des 18. Jahrhunderts: *„Soll sie in einer Empfindung bestehen, so muß ein gewisses Objekt da seyn, welches selbige veranlasst. Alle Unlust setzet ein Gut voraus; mithin ein Uebel; oder was Böses.“*[58] „Lust (unschuldige)“ hingegen wäre dann, gleichfalls nach Zedler, eine Empfindung, die *„zwar vergänglich“* sei, *„aber doch nichts wiedriges nach sich ziehet, und des Menschen Glückseligkeit befördert“.*[59] Zedlers Definition des Begriffes „Lust“ fußte, ohne dass in dem ausführlichen Text auf deren Quelle verwiesen wurde, auf der antiken Philosophie des Epikur,[60] die bereits das frühaufklärerische Denken in England, Frankreich und einigen deutschen Staaten beeinflusst hatte. Der epikureische Begriff der „Lust“, der häufig schon seit der Antike von den ideologischen Gegnern als Propagierung von roher Sinnlichkeit oder gar von ungebremster Ausschweifung verleumdet worden war, wurde innerhalb von Aufklärerzirkeln des 18. Jahrhunderts dann als *„Freiheit von Unruhe“*, als *„die natürliche und gesunde Verfassung aller vitalen Funktionen“*[61] interpretiert. Der Appell zur Bescheidenheit, die *„das Vergnügen nicht vergißt"*, die Forderung einer Balance von *„Ratio und Affekt"*, die den *„Selbstgenuß der tugendhaften Menschen"*[62] erst ermögliche, gründeten sich letztlich auf jenem epikureischen Begriff der „Lust". Trotz aller beträchtlichen Unterschiede z. B. in den jeweiligen Gestaltungen von Gärten und Landschaften bei englischen Herrenhäusern, einigen deutschen Fürstensitzen und zahlreichen bürgerlichen Vereins- und Schießhäusern, „Lust" war den Anhängern des Epikur immer nur in einem Garten, der sich außerhalb einer Stadt befand, denk- und realisierbar. Mit dem Umzug eines Teils des Schweriner Hofes in das Schloss Klenow mit seinen ausgedehnten Garten- und Parkanlagen, mit dessen Umbenennung in Ludwigslust offenbarte sich Christian Ludwig der gebildeten Welt ausdrücklich als Anhänger des Epikur. Er beabsichtigte also, so ist zu schließen, zwar einerseits seinen Rang als Herzog von Mecklenburg mit ästhetischen Mitteln weiter auszugestalten, keineswegs aber andererseits seine politischen Ambitionen zu ändern und seine Nachgiebigkeit aufzugeben. Epikur wäre der Überzeugung gewesen, heißt es bei Robert Harrison, *„dass man den Streitigkeiten und den Machtkämpfen der polis entschlossen aus dem Wege gehen müsse"*,[63] um zu Seelenfrieden und geistiger Ruhe zu gelangen. Christian Ludwig bedurfte für seine Glückseligkeit mithin keiner volkreichen Stadt, er benötigte schon gar keinen Marktplatz, keine öffentlichen Räume oder Gebäude, in denen die politischen Konflikte vor aller Augen ausgetragen und sich die Eitelkeiten der Welt zu präsentieren vermochten. Ihm schien daher ein bequem eingerichtetes, gut gestaltetes Schloss und eine kleine Residenzstadt mit Bauplätzen für einige Palais' für sein Selbstverständnis auszureichen. Dort sollten die ihm nahestehenden Adelsfamilien leben, mit denen er in Freundschaft den Austausch pflegen könnte. Der Stadtentwurf auf dem Residenzplan von 1735/41, den vermutlich Johann Friedrich Künnecke südwestlich des Schlosses und in unmittelbarer Nähe des Küchengartens angeordnet hatte, kann mithin als die stadtplanerische Projektion eines spätfeudalen Politikmodell, das von epikuräischen Gedanken beeinflusst worden war, interpretiert werden. Alles, was benötigt wurde, sollte im eigenen Garten, in Sichtweite des Schlosses wachsen und gedeihen, dort könnten Werden und Vergehen studiert werden: *„Ja, der Garten war für Epikur ein Ort, von dem aus und an dem die Wirklichkeit neu konzipiert, ihre Möglichkeiten neu gedacht werden konnten."*[64] Durch die Namensgebung, das öffentliche Bekenntnis zur Glücksvorstellung des Epikur, werden sich dann andauernde Konflikte mit seinem Sohn Friedrich nicht haben vermeiden lassen. Der spätere „Fromme Herzog", der vom strengen Pietismus beeinflusst worden war,[65] musste sich nicht nur von der diesseitigen, innerweltliche Lustvorstellung seines Vaters abgestoßen gefühlt haben, sondern vor allem Epikurs Ablehnung der Gottesfurcht als bloßen Aberglauben und dessen Leugnen der unsterblichen Seele heftig bekämpft haben.

Der neue Name Klenows, nimmt man also die Wortbedeutung ernst, könnte dann durchaus bedeutet haben, dass sich der Herzog dem *„Übel"*, dem „Bösen", den Intrigen der Ritterschaft, d. h. der täglichen Konfrontation mit der Politik und den Machtkämpfen in Schwerin zu entziehen versuchte. Der Umzug des Hofstaates in die neue Residenz wäre demnach nicht als ein letztes Auftrumpfen seines Machtanspruchs, sondern als der Beginn des politischen Rückzugs, als Akzeptanz der Niederlage in der Auseinandersetzung, der Stände, als endliche Verwirklichung seines epikuräischen Lebensentwurfes zu verstehen. Jene Geste des Verzichts auf die ‚absolutistische' Macht bedeutete jedoch keineswegs, dass Christian Ludwig die Repräsentation seiner herzoglichen Würde einzuschränken beabsichtigte. Weil die Herzogskrone in den zähen Verhandlungen mit den Ständen sichtlich an politischem Einfluss verloren hatte, wurde deren wirkungsvolle, aber letztlich nur symbolische Inszenierung als vorgebliche Mitte des Staates zur dringlichen, nicht mehr aufschiebbaren Aufgabe. Die Planungen für Klenow/Ludwigslust der Jahre 1752–55 spiegelten diese politisch und daher auch ikonographisch schwierige Situation: Die Versuche des Architekten Legeay, die repräsentative Kraft des bescheidenen Schlossbaus zu steigern, korrespondierten zwar grundsätzlich mit dem System von *Avenuen*, mit dessen Hilfe die neue Residenzstadt auf den Landkarten als Mittelpunkt des Herzogtums markiert werden sollte, sie kollidierten aber mit den Raum- und Blickbeziehungen in der neuen Residenzstadt, die für die Realisierung des politischen Konzepts erforderlich gewesen waren.

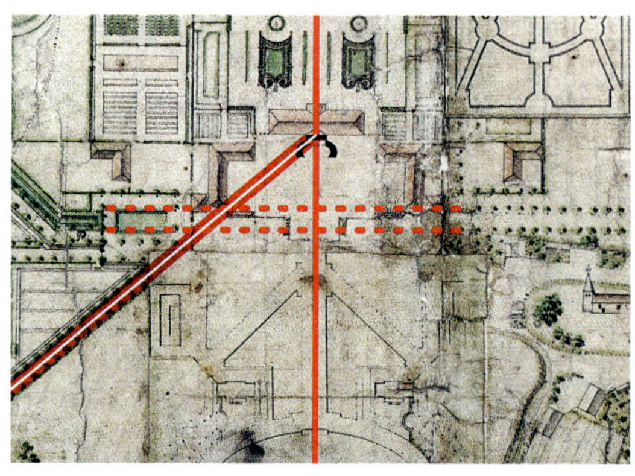

Abb. 12: Schloss Klenow, Blickachsen nach dem Bau des Altans und dem Entwurf der Rampe, Eintragung in Abb. 9

5. Achsen, Alleen, Avenuen.

Die Residenzverlagerung im Sommer 1754, als die Verhandlungen zum Erbvertrag ins Stocken geraten waren und Christian Ludwig öffentlich verkünden ließ, in Klenow künftighin seine „Lust" suchen zu wollen, musste Konsequenzen für die weiteren Planungsschritte des Ortes zeigen. Die vorgesehene Lage der kleinen Stadt innerhalb der Residenzlandschaft gründete sich auf die dem Barockzeitalter eigentümliche, optisch-sinnliche Vorstellung, die Dominanz des Schlossbezirks gegenüber Adel und Bürgertum mit mathematisch-ästhetischen Mitteln der Raumgestaltung erreichen zu können. Weil seit dem Tode Adolf Friedrich III. von Mecklenburg-Strelitz am 11. Dezember 1752 das Scheitern der politischen Strategie Christian Ludwigs abzusehen war, die Auflösung des Gesamtstaates als deren erster Schritt unmöglich geworden war, musste er unbedingt einen Vergleich mit Ritterschaft und Städten akzeptieren. Dadurch schwanden jedoch auch die Chancen, das ursprüngliche Stadtkonzept noch realisieren zu können. Die dauerhafte Anwesenheit einiger dem Herzog wohlgesonnenen Adelsfamilien in einer neuen Residenzstadt, wenigstens dessen Pflicht, sich regelmäßig bei Hofe ‚blicken' zu lassen, ließ sich bei der abzusehenden Niederlage der herzoglichen Politik kaum mehr durchsetzen. Wenn aber die Absicht aufgegeben worden war, Bauplätze für Adelspalais auf der parzellierten Fläche südwestlich des Schlosses bereit zu stellen, dann konnten der Dreistrahl und das Bassin südlich des Schlosses, die auf der Tektur von 1750/53 aus Legeays Hand zu erkennen sind, zwar beibehalten, das übrige Achsensystem musste aber zwingend neu ausgerichtet werden. Die Umbauprojekte für den Corps de Logis in den Jahren 1752/53 deuteten die Möglichkeit einer solchen Änderung der Planungsprämissen bereits an: durch das Vorziehen des Mittelrisalits um schätzungsweise acht bis zehn Fuß (2,3–2,9 m), den Anbau des Altans, das Projekt des Uhrturms und die Planung der einladenden Zufahrtsrampen wäre der Zugang zum Herrschersitz unwiderruflich um sechs bis acht Meter von dem bis dahin vorgesehenen Schnittpunkt der Achsen weggerückt worden (Abb. 12).

Eine Achse habe nach Wilhelm Rave die Funktion, die *„Augen des Menschen zu einem Ziele"* hinzuführen, d. h. ihre Aufgabe ist es, *„einen Richtungsraum"*[66] zu schaffen. Indem aber der gerichtete Raum *„durch regelmäßige Gestaltung des Fußbodens, seitlich durch Wände, Säulen- und Pfeilerreihen, Hecken und Bäume"* optisch als *„ein Bund strebiger Strahlen"*, als *„ein Keil fliehender Flä-*

Abb. 13 Johann Friedrich Künnecke, Schloss Bothmer, Aufnahme 2017

chen"[67] ausgebildet worden sei, werde das Auge befähigt, *„die von allen Seiten einströmenden Linien zu verfolgen, die Tiefenabstände zu messen, Woher und Wohin zu erkennen, Klarheit zu schaffen"*.[68] Fehle der Richtungsraum, der auf die Mitte des Gebäudes zielt, dann werden *„Woher und Wohin"* nicht mehr mit der gleichen Eindeutigkeit definiert und eine *„Klarheit"* der Beziehungen und Orientierungen könne nicht erreicht werden. Die Gliederung einer Landschaft, eines Stadtgebiets oder einer Gartenfläche durch gerichtete Achsen stellt ein uraltes kulturelles Prinzip dar, um Bedeutung hervorzuheben und erfahrbar zu machen. In den Villengärten der Renaissance, in der Toskana, im Veneto und der Romagna, bei den barocken Schlössern im 17. und 18. Jahrhundert, diente sie vor allem der höfischen Repräsentation und der räumlichen Inszenierung komplexer Hierarchien. Sicherlich existierten Ausnahmen: Eigenschaften des Geländes mögen den Verzicht auf eine perspektivische Erschließung begründet haben. In der Regel aber, wenn die politische Macht der ästhetischen Mittel bedurfte, um sich dauerhaft zu verwirklichen, führten breite, mit ausgewählten Pflanzen und Kunstwerken geschmückte Wege zum Haupteingang, zur Außentreppe oder Rampe. Sie orientierten die zeremoniellen Abläufe auf ein Erfüllungsziel hin und gaben insbesondere der Choreographie bei Ankunft und Abfahrt von hohen Gästen die Richtung vor. Die Achse als ein ästhetisches Ordnungsprinzip erfuhr bei den französischen Schloss- und Gartenanlagen des Ancien Régime, in Saint-Germain-en-Laye, Vaux-le-Vicomte bis

Abb. 14: Festonallee am Schloss Bothmer, Aufnahme 2017

Versailles, seine höchste Ausprägung, aber auch bei den englischen und holländischen Herrenhäusern, z. B. in Hampton Court, Badminton oder bei dem schon erwähnten Het Loo, kann die untrennbare Verbindung von Erschließung und Repräsentation in gestalterischer Vollkommenheit beobachtet werden. Und noch um 1730 richtete Johann Friedrich Künnecke, der Baumeister des Klenower Jagdschlosses, demonstrativ eine Festonallee, die er zudem noch in einen Hohlweg legen ließ, auf den Mittelrisalit des Schlosses Bothmer aus (Abb. 13).

Die Achsen stellten stets das Raumgerüst der Residenzplanung dar, deren Schnittstellen bildeten die ikonographisch herausgehobenen Gestaltungspunkte.[69] In Versailles trafen sich die Mittellinien der Straßen des Dreistrahls exakt an der Grenze des Marmorhofes, der letzten Barriere vor der ‚absoluten' Macht. In Rastatt, der um 1700 angelegten neuen badischen Hauptstadt, deren Stadtkörper gleichfalls durch eine *patte d'oie* gegliedert worden war, schneiden sie sich hingegen einige Meter vor dem von sechs Säulen getragenen Altan, also an einer Stelle des Ehrenhofes, wo der Haltepunkt der Kutschen vermutet werden kann. In den anderen Residenzstädten des 17. und 18. Jahrhunderts waren, je nach dem Rang des Erbauers, vergleichbare Lösungen gesucht worden. Mittelrisalit, Altan und die geplanten, aber nie ausgeführten Rampen am Klenower Schloss stellten Bauglieder mit besonderer zeremonieller Bedeutung dar, die einforderten, dass auf sie die Bewegungen geführt und die Blicke ausgerichtet werden. Wenn aber das Stadtprojekt südwestlich des Schlosses nicht mehr verwirklicht werden konnte, dann musste eine neue Blicksachse, die auf den nobilitierten Mittelrisalit mit seinem Uhrturm und den Altan zielte, konzipiert werden. Unklar bleibt auch hierbei Datierung und Zuweisung: Denkbar ist jedoch, dass Jean-Laurent Legeay 1754 die Planänderung persönlich vorgenommen hatte, als Klenow in Ludwigslust umbenannt worden war. Weil in den Jahren der Verhandlung mit den Ständen nicht geklärt werden konnte, wer in der

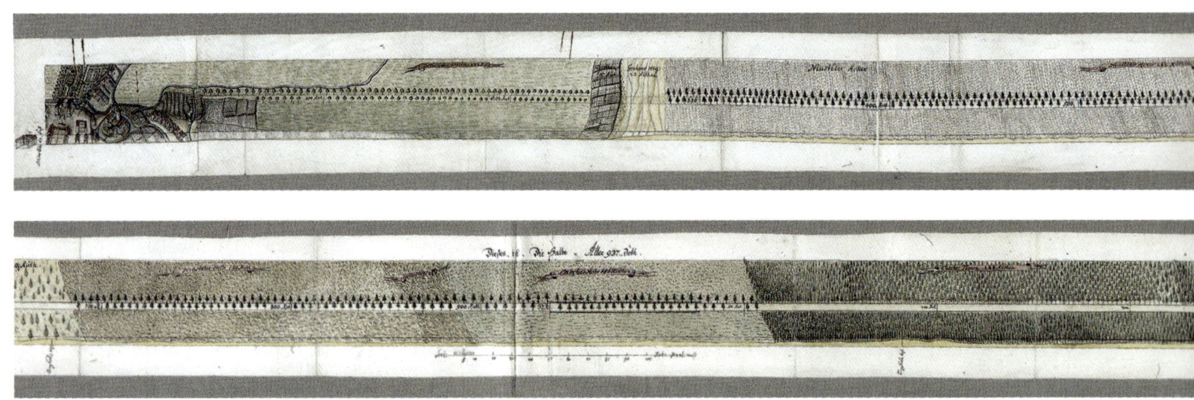

Abb. 15: Projekt einer Allee von Klenow nach Neustadt-Glewe

neuen Residenzstadt überhaupt zu bauen beabsichtigte, sollte die Achse vermutlich zunächst nur als Allee, nicht als bebaute Stadtstraße hereingeführt werden.

Eine Allee sei, so wurde um 1770 definiert,

„ein mit großen oder kleinen Bäumen besetzter, nicht weniger mit Sträuchern oder Stauden und Blumengewächsen eingefaßter Schnur-gerader, oder mit seinen beiden Seiten parallel- oder gleich-laufender Lustgang oder Spazierweg, in- oder ausserhalb eines Gartens. Mit Bäumen besetzte Wege, welche sich insgemein mit einem entlegenen Gegenstande endigen, oder nach einem Lustschloß oder Lusthaus führen, werden Avenüen genannt. [...]"

Am Ende einer Allee müsse unbedingt *„eine schöne Perspective, eine Statüe oder ein Obeliscus, gesetzt werden* [...]." Die Breite der *„Avenuen"* müsse „[...] *nach der Faßade der Schlösser, auf welche sie zugehen"* bemessen werden (Abb. 14).

"Will man daher die ganze Breite von der Faßade in den Alleen haben, so müssen dieselben oft sehr breit gemacht werden, wenn sie gleich nicht sonderlich lang sind. Es würde nicht angenehm seyn, vor einem großen Gebäude eine Allee zu sehen, die sehr schmal wäre; [...] *Die Aussichten (Points de vue) sind die Haupt Annehmlichkeiten auf dem Lande; daher man auf der Seite, wo schöne Aussichten sind, keine große Bäume setzen soll."*[70]

Alleen, die dem höfischen Zeremoniell dienten, bedurften also in der Regel eines Zieles, eines *„entlegenen Gegenstands"*, wo sie *„endigen"*. Ein von Bäumen gefasster Weg konnte eine wahrnehmbare Verbindung zwischen verschiedenen Gebäuden und Orten herstellen, damit sich deren politisch-historische Bedeutungsgehalte wechselseitig zu spiegeln vermochten. Während es in abgegrenzten Parkanlagen hinreichte, Statuen, Vasen oder Obelisken o. ä. an der richtigen Stelle zu platzieren, wurden hingegen die Landschaftsachsen, die bei einem Fürstensitz entsprangen, zumeist auf andere Schlossbauten, mittelalterliche Burgruinen oder gar auf vorzeitliche Hünengräber ausgerichtet, um den Anspruch der herrschenden Familie auf die Macht im Lande durch die Beziehung auf geschichtliche Artefakte abzusichern. *Avenuen* konnten daher folglich auch dazu dienen, das gesamte Herrschaftsgebiet zu gliedern und damit zu kontrollieren.[71] Alleen, die über weite Entfernungen hinweg fürstliche Landsitze und Stadtschlösser miteinander verbanden, waren überall dort in Europa zu finden, wo sich Residenzlandschaften herausgebildet hatten, z. B. in der Umgebung von Turin[72], Kleve[73], Dresden[74] und nicht zuletzt im Berliner Raum.[75]

Das Projekt, solche *Avenuen* auch am Schlossbezirk von Klenow/Ludwigslust entspringen zu lassen, belegt schon der Residenzplan von 1735/41, auf dem die Erschließung des Schlosses durch eine nördlich des Dorfes verlaufende Allee erfolgen sollte. Legeay hatte auf diesem

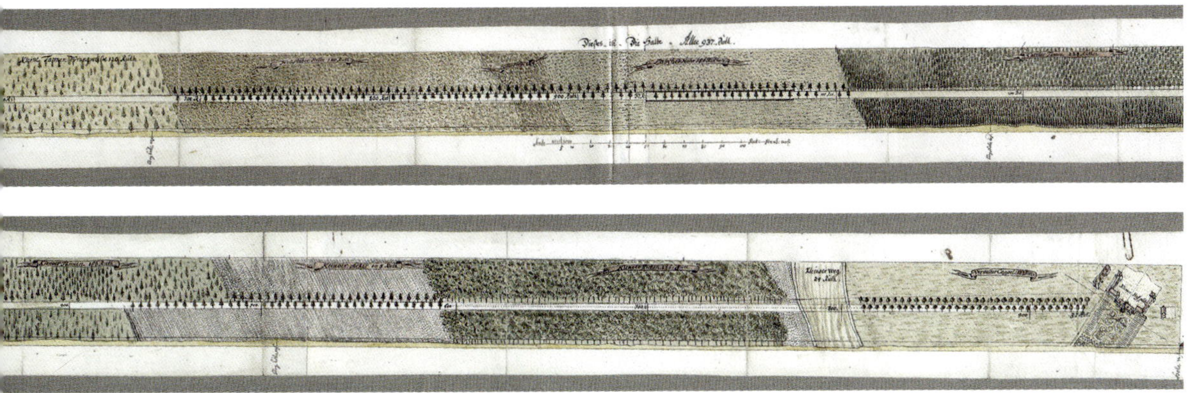

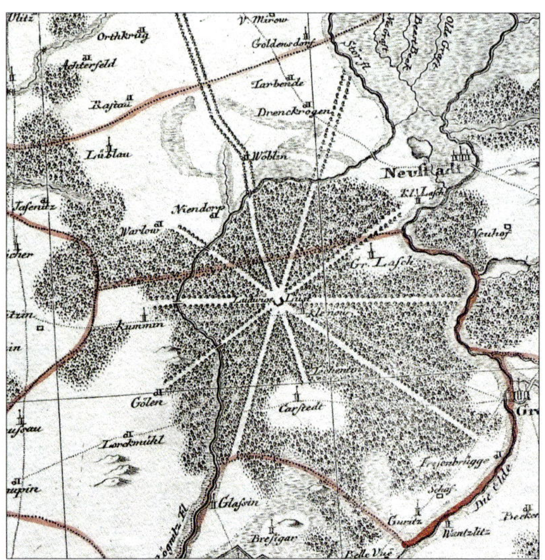

Abb. 16: Alleestern Ludwigslust. Mappa Ducatus Megapolitani Nova, Blatt 3, Ausschnitt, Berlin 1774

Plan um 1750/53 eine *patte d'oie* hinzugefügt, die vom östlichen Rand des Parterres aus in die Landschaft abstrahlte. Deren in nord-östlicher Richtung verlaufender Strahl zielte auf das Neue Schloss in Neustadt-Glewe, wo Christian Ludwig zwischen 1725–1734 seinen Wohnsitz hatte. Der süd-östlich verlaufende Weg sollte wohl auf das Schloss Grabow ausgerichtet werden, wo seinem Vater Friedrich (1638–1688), einem apanagierten Prinzen, eine Residenz eingerichtet worden war. Die Allee zwischen Klenow und Neustadt-Glewe wurde in einer perspektivischen Darstellung kartiert, so dass das Ziel, Schloss Klenow als Ausgangs- und Endpunkt von Alleen zu definieren, nachvollziehbar wird. Die Allee nahm allerdings nicht am Rande des Parterres ihren Anfang, sondern ging unmittelbar vom Mittelrisalit des Schlosses auf der Gartenseite aus (Abb. 15). Als Datierungshilfe bieten sich Legeays Umbaumaßnahmen am Schloss an; da weder die Galerie auf dem Corps de Logis, noch der Altan am Mittelrisalit verzeichnet wurden, muss das Konzept der Allee spätestens Anfang 1753 fertiggestellt worden sein.

Auch die sternförmige Kreuzung von Alleen, die auf einer Landkarte eingetragen worden ist, verweist auf die Absicht, die neue Residenzstadt als Schnittpunkt von *Avenuen* festzulegen (Abb. 16). Von Ludwigslust aus sollten zehn Alleen in die umgebende Landschaft ziehen. Auf dieser Karte wurden einige Verbindungen zu dynastisch bedeutsamen Orten, z. B. Schwerin und Neustadt-Glewe hergestellt, andere Wege nahmen aber nur die ungefähre Richtung eines Zielortes (z. B. zur bedeutendsten Wehranlage Mecklenburgs, Dömitz an der Elbe) auf. Auffällig ist jedoch die Ungenauigkeit; zwar bestimmt der Winkel von 36° die Konstruktion, die einem Jagdstern ähnelt, doch wurden weder die Lage der Städte und Dörfer noch deren Entfernungen korrekt verzeichnet. Und so diente die Landkarte sicherlich nicht der Planung eines Systems von Alleen, vielmehr nur der Demonstration in der Öffentlichkeit, wo sich nach Auffassung des Herzogs künftig die Mitte des Landes befinden soll. Sie belegt zudem schlüssig, dass auch im Herzogtum Mecklenburg-Schwerin die durchaus noch moderne Absicht bestand, das gesamte Land durch *Avenuen* so zu gliedern, dass der dynastische Anspruch der herzoglichen Familie überall wahrgenommen werden konnte.

In der näheren östlichen Umgebung Ludwigslusts lässt sich kein anderes Schloss, kein *„entlegener Gegenstand"* erkunden, wo eine *Avenue*, die vom Jagd- oder Lustschloss in Klenow/Ludwigslust ausgegangen wäre, hätte *„endigen"* können. Insofern muss die Richtung der realisierten Schlossstraße Fragen nach bislang nicht beachteten Planungsschritten aufwerfen. Wenn die nördliche Wand der realisierten Schlossstraße nach Westen gefluchtet wird, dann trifft sie genau auf die Ecke des westlichen Seitenflügels (Abb. 17); wird nun eine zweite, parallel hierzu verlaufende Linie auf den östlichen Flügel ausgerichtet, dann ergibt sich eine zur Neustrelitzer Residenz vergleichbare Sichtbeziehung: Eine Allee wäre im Winkel von ca. 14° an den Schlosskomplex herangeführt worden. Zwar stand der Seitenflügel der direkten Blickbeziehung im Wege, dafür hätte aber, wie in Charlottenburg, der Turm auf dem Mittelrisalit den eingeschossigen Flügel überragen und somit als Blickpunkt dienen können. Auch in Neustrelitz waren die Straßenwände im Winkel von ca. 14° auf die äußeren Ecken der vorspringenden Seitenflügel ausgerichtet, und wie dort wäre in Ludwigslust der Straßenraum, der eine spätere Randbebauung nicht verhindert hätte, festgelegt worden.[76] Zur Klärung der Planungsabsichten muss jedoch auch der Winkel von ca. 2° beachtet werden, mit dem die Schlossstraße von der exakten Ost-West-Ausrichtung abweicht. Auf dem Residenz-Plan von 1735/41 wurde das Schloss durch eine Allee erschlossen, die im rechten Winkel auf die Symmetrielinie zulief; die Ausrichtung des Weges hätte, weil der Satz des Pythagoras anwendbar war, die Vermessungs- und Absteckungsarbeiten erleichtert. Wenn aber auf das rechtwinklige Heranführen der Blickachse zum Schloss verzichtet werden sollte, dann hätte, um die Bildwirkung des Schlossensembles zu steigern, ein günstigerer Winkel als 14° gewählt werden können. Bei 35° wären sogar die Seitenflügel des Schlosses in die perspektivische Bildkonstruktion einbezogen worden und, welch Anreiz für einen streng pietistisch gesonnenen Herzog, sogar die alte Dorfkirche hätte nicht abgebrochen werden müssen.

Wird eine Allee, deren Fluchtlinien an den Ecken der Seitenflügel entspringen, mit ca. 2° Abweichung von der Ost-Westrichtung nach Osten verlängert, dann führt sie geradewegs in die Neustrelitzer Gegend. Durch die nähere Bestimmung des Winkels lässt sich somit die Hypothese begründen, dass die Ludwigsluster Schlossstraße als *Avenue* auf das Neustrelitzer Residenzschloss gerichtet werden sollte, um die Verbindung der beiden Teilherzogtümer zu symbolisieren. Der Schnittpunkt der Symmetrieachse des Ludwigsluster Jagdschlosses vor den geplanten Rampen mit der nach Westen verlängerten nördlichen Wand der realisierten Schlossstraße hat die Koordinaten N 53° 19′ 28 196″, E 11° 29′ 18 258″. Für den Mittelrisalit an der stadtabgewandten Seite des Schlosses in Neustrelitz können N 53° 21′

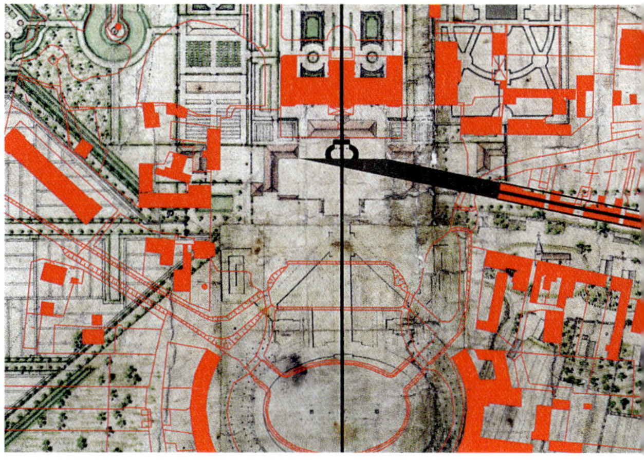

Abb. 17 Rekonstruktion der geplanten Schlossachse von Klenow. Eintragung in den Ausschnitt aus Abb. 7 (grün) und die heutige Situation (rot)

34 924″, E 13° 3′ 25 967″ ermittelt werden. Der Mittelrisalit des Neustrelitzer Residenzschlosses lag mithin genau 3919 m weiter im Norden als die projektierten Rampen des bescheidenen Baus Christian Ludwigs in Ludwigslust. Da der Abstand zwischen den beiden, nicht mehr vorhandenen Schlössern 104,235 km betrug, so kann der Winkel ihrer Verbindungslinie berechnet werden: sie ist um 2,155° in nördlicher Richtung Norden aus der exakten Ost-West-Richtung gedreht.[77] Die Abweichung der Ludwigsluster Schlossstraße von der Ostorientierung kann zwar genau berechnet, ihr tatsächlicher Verlauf wegen geringfügiger Vor- oder Rücksprünge der Häuser nur ungenauer bestimmt werden: sie beträgt aber auf jeden Fall wenigstens 2,0° höchstens aber 2,2°. Wie exakt allerdings die Feldmesser in der Mitte des 18. Jahrhunderts eine solche Straße über mehr als 100 km auszurichten, einzumessen und abzustecken vermochten, ist heute umstritten. Wenn ungenaue Landkarten, wie die, auf der die Kreuzung der zehn Alleen verzeichnet ist, verwendet wurden, dann hätten größere Abweichungen auftreten können. Erst durch die Anwendung offener Polygonzüge

konnten falsche Daten bei der Vermessung einer Landschaft erkannt und korrigiert werden. Da in Deutschland frühestens am Ende des 18. Jahrhunderts begonnen worden war, das Land mit einem Triangulationsnetz zu überziehen, kann nicht ausgeschlossen werden, dass Theodolit und Messtisch benutzt worden waren. Mit diesem Messverfahren konnten zwar ziemlich genaue Daten gewonnen werden, doch setzt dessen Gebrauch längere Erfahrungen voraus. Die Messmethode mittels geschlossener Polygonzüge, die von Penther aufgezeichnet wurde, ist zu aufwändig, als dass sie bei größeren Entfernungen hätte eingesetzt werden können. Und die von Krünitz in seinem Lexikon beschriebene Methode enthält andere Fehlerquellen, die bei größeren Distanzen zu noch weit größeren Abweichungen geführt hätten.[78]

Nach einem Erfolg der *Auseinandersetzungskonvention*, die von Christian Ludwig und Adolf Friedrich III. im Jahre 1748 abgeschlossen wurde, wäre eine Achse zwischen Ludwigslust und Neustrelitz nicht erforderlich geworden. Auch nach dem Tode des Neustrelitzer Herzogs im Jahre 1752, der Flucht des Thronfolgers und während der Verhandlungen zum Erbvergleich mit den Ständen, der den Austausch zwischen den beiden herzoglichen Familien eingeschränkt, gar zeitweilig völlig unterbrochen hatte, hätte die Planung einer solchen Allee keinerlei politische Bedeutung besessen. Am 8. September 1761 heirateten jedoch Georg III., König von Großbritannien und Irland, zugleich Kurfürst von Braunschweig-Lüneburg, und die Strelitzer Prinzessin Sophie Charlotte, eine Nichte des Herzogs Adolf Friedrich III.; eine Verbindung wurde folglich geschlossen, durch die sich das reichspolitische Gewicht der beiden Teil-Herzogtümer Mecklenburgs nachhaltig veränderte. *„Spätestens ab dem Jahr 1761 wurde es für die Schweriner Linie geradezu unumgänglich, die Verwandtschaft in Mecklenburg-Strelitz in höchstem Maße zu umwerben und die enge Verbindung beider Häuser zu betonen."*[79] Das Projekt einer Allee zwischen den beiden mecklenburgischen Residenzstädten, mithin also auch deren Einführung als Schlossstraße in Ludwigslust, könnte mithin in der veränderten Beziehung der beiden mecklenburgischen Höfe begründet liegen. Ungewöhnlich wäre eine solche *Avenue* zwischen zwei Schlössern nicht gewesen, allenfalls deren immense Länge. Die Abbildung ... zeigt, wie sie im Ludwigsluster Stadtgebiet hätte eingeführt werden müssen, um als Schlossachse fungieren zu können. Allerdings kann diese Variante der Wegeführung nicht durch Akten oder Pläne belegt werden. Doch die Chronologie der Planung der Residenzstadt Ludwigslust ist nicht nur, wie Dettmann bemerkt hatte, „unsicher", sondern sie weist große Lücken auf, die allein durch Befragung des überlieferten Quellenmaterials geschlossen werden können.

6. Die Residenzstadt Ludwigslust als Ort des Rückzugs, nicht der Machtentfaltung

Die Verhandlungen zum Landesgrundgesetzlichen Erbvergleich wurden am 18. April 1755 in Rostock abgeschlossen; 271 Mitglieder der Ritter- und Landschaft, der regierende Herzog Christian Ludwig II. und, als Versprechen für die Vertragstreue des herzoglichen Hauses in der Zukunft, seine beiden Söhne Friedrich[80] und Ludwig[81], unterzeichneten das umfangreiche Vertragswerk. Die Stände hatten ihr Ziel, die dauerhafte, unveränderbare Festschreibung ihrer feudalen Rechte, durchzusetzen vermocht: Christian Ludwig beteuerte im § 2., *„Unserer gesammten Ritter- und Landschaft vollkommene Sicherheit und Erhaltung bey ihren Rechten, Gerechtigkeit, Freyheiten, Vorzügen, Gebräuchen, und Gewohnheiten"*[82] zu verhelfen. Die *„unzertrennliche Union"* aller Mecklenburgischen Landesteile wurde in den §§ 138–144 beschworen.[83] Um eventuellen späteren ‚absolutistischen' Bestrebungen vorzubeugen, wurde ausdrücklich die Möglichkeit der Anrufung von Reichsgerichten eingeräumt:

abgesehen von geringeren Geldbeträgen und „Schmäh-Sachen", wurden nach § 392. *„Appellationen an die höchsten Reichs-Gerichte allemahl völlig und unweigerlich deferiret"*.[84] Mit diesem umfänglichen Paragraphenwerk verzichteten die Obodriten nicht nur unwiderruflich auf die Souveränität gegenüber Ritterschaft und Städten, sondern auch gegenüber dem Heiligen Römischen Reich; den Habsburgern in Wien wurde nicht das Recht genommen, jederzeit wieder mit Reichsexekutionen oder Hofkommissionen in die mecklenburgische Innenpolitik einzugreifen. Der Erbvergleich insgesamt, insbesondere aber die die Festschreibung der ständischen Rechte der Ritterschaft, musste politische und kulturelle Wirkungen auf den Herzog und seinen Hofstaat zeigen. Weil das Vertragswerk der herzoglichen Politik definierte, enge Grenzen setzte, entzog es letztlich der Residenzplanung auch die bisherigen politisch-ikonographischen Grundlagen.

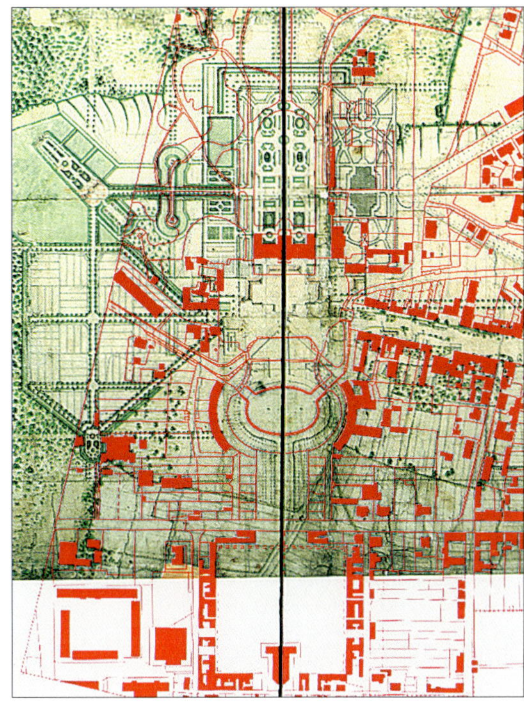

Abb. 18: Planungen von Klenow/Ludwigslust: Residenzlandschaft um 1735/41 mit den Eintragungen durch Legeay (grün), Planungen unter Herzog Friedrich und die heutige Situation (rot)

Christian Ludwig II., der Erbauer des Jagdhauses Klenow und Namensgeber für Schloss und Stadt Ludwigslust, starb am 30. Mai 1756, ein Jahr nach dem Vertragsschluss, und der 38-jährige Erbprinz Friedrich, der den Vertrag in Rostock hatte mitunterzeichnen müssen, wurde Herzog. Ein Vierteljahr nach dessen Thronübernahme begann der Siebenjährige Krieg, als am 29. August 1756 preußische Truppen ohne formelle Kriegserklärung die sächsische Grenze überschritten. Am 17. Januar 1757 wurde der Reichskrieg gegen Preußen erklärt, weil dessen König Friedrich II. den Landfrieden gebrochen hätte. Herzog Friedrich war im März 1757, ohne über eigene ausreichende Verteidigungskräfte verfügen zu können, ein Bündnis mit Schweden und Frankreich eingegangen. Gegen Zahlung von Subsidien, mit denen er seine prekäre Finanzlage zu verbessern suchte, sollte schwedischen Truppen gestattet werden, mecklenburgisches Territorium als Aufmarschraum gegen Preußen nutzen zu dürfen. Als am 12. September dann schwedische Soldaten von Stralsund aus in preußisches Territorium eindrangen, musste Herzog Friedrich fliehen – zunächst nach Lübeck, später in das schwedisch okkupierte Wismar. Zwischen dem Dezember 1757 und dem Mai 1762 durchzogen abwechselnd schwedische und preußische Truppenkontingente mecklenburgische Gebiete. Ob nun durch Verbündete oder Gegner verursacht, weite Teile des Herzogtums waren bei Friedensschluss verwüstet. Die Kosten der verfehlten, leichtfertigen Bündnispolitik, die später nur geschätzt werden konnten, betrugen mindestens 15 Millionen Reichstaler.[85] Erst der Hamburger Friedensvertrag zwischen Preußen und Schweden, der am 22. Mai 1762 abgeschlossen wurde und dem Mecklenburg beigetreten war, beendete Herzog Friedrichs außenpolitisches Abenteuer, und er konnte im Sommer 1762 endlich nach Ludwigslust zurückkehren.[86] Gründe genug bestanden also für den Herzog, sich dauerhaft zurückzuziehen, dort der Politik zu entsagen, mit

Abb. 19: Blick vom Schlossvorplatz auf die Hofkirche, Aufnahme 2023

dem Schicksal zu hadern und seine pietistischen Neigungen auszuleben.

Es waren wahrlich keine glücklichen Jahre für Mecklenburg, in denen der Ausbau der Residenzstadt Ludwigslust hätte vorangebracht werden können. Wird jedoch Dettmanns Recherche[87] vertraut, so wurden während des Siebenjährigen Krieges dennoch einige vorbereitende Arbeiten erledigt. Zwar hatte Jean-Laurent Legeay Mecklenburg-Schwerin verlassen, um wieder in preußische Dienste zu treten, doch einige Beamte, die er in seinem Büro ausgebildet hatte, verfügten über hinreichende Kenntnisse, um die geplanten Projekte weiterzuführen zu können. Unter jenen Fachleuten befand sich auch Johann Joachim Busch, der 1757 zunächst zum „Hofsculpteur", 1758 dann zum „Hofbaumeister" ernannt worden war.[88] Besonders dringlich dürfte die Vermessung des gesamten Geländes, insbesondere aber das Nivellement gewesen sein, um das Wasser über Kanäle, die eigens zum Füllen des Bassins und zur Bewässerung der ausgedehnten Gartenanlagen zu graben waren, heranführen zu können. Ob Busch diese Vorbereitungen, weil sie Spezialkenntnisse in Vermessungstechnik und Wasserbau erforderten, allein hatte ausführen können, ist fraglich; vermutlich aber war ihm die Vollmacht übertragen worden, die Arbeit der Feldmesser zu überwachen. Zu diesem Zweck bedurfte er aber eines maßstäblichen Plans, auf dem genau verzeichnet war, wohin das Wasser fließen sollte. Dettmann hatte 1929 angenommen, dass der „*erste Entwurf*" für den Ausbau der Residenz „[...] *schon bald nach 1756 und vor Anlage des Kanals angefertigt*" worden sei. „*Die Ausführung dieses ersten Planes Legeays ist jedenfalls nicht in Angriff genommen worden, wenn es sich überhaupt schon um einen festen Entwurf gehandelt hat.*"[89] Es kann jedoch mit einiger Plausibilität gefolgert werden, dass der Plan der Residenzlandschaft von 1735/41, der 1750/53 auch Jean-Laurent Legeay als Grundlage für seine umfangreichen Planungen gedient hatte, gleichfalls von Busch für die Arbeiten, die während des Siebenjährigen Krieges erledigt wurden, genutzt worden war.

Wird auf jenem Planwerk von 1735/41 mit den Eintragungen von Legeay um 1750/53 (in grüner Farbe) der heutige Zustand (rot markiert) projiziert, dann fällt auf, dass die Symmetrieachse des Schlosses samt der *patte d'oie* und dem Bassin realisiert worden ist (Abb. 18). Allerdings waren auf dem ursprünglichen Plan die Kanäle noch nicht eingetragen, weil deren genauer Verlauf erst nach Abschluss des Nivellements festgelegt und kartiert werden konnte. Die Brücken über den Kanal wurden aber genau dort angelegt, wohin Legeay die beiden äußeren Wege des Dreistrahls geführt hatte: auf die abgeschrägten Ecken, die den inneren Repräsentationsraum des alten Schlosses begrenzen sollten. Die Projektierung der Kaskade, die nicht auf dem Plan von 1735/41 und auch nicht auf der Tektur von 1750/53 zu

Abb. 20: Herzog Friedrich/Johann Joachim Busch, Entwurf der Hofkirche [?] als Pyramide, 1763/64

finden ist, setzte gleichfalls den Abschluss des Nivellements voraus, weil erst die Berechnung des Gefälles die Möglichkeit eröffnet hatte, das Wasser an dieser Stelle dramatisch inszeniert fallen zu lassen. Weder der Baumeister Künnecke oder der Obergärtner Gallas hatten indes die Symmetrieachse des Schlosses auf ein Ziel, einen point de vue ausgerichtet. Legeays griff insoweit in die vorgefundene Planung der Residenzlandschaft von 1735/41 ein, indem er, womöglich erst nach dem Tode Christian Ludwigs und im Auftrag des neuen Herzogs, die Blicke vom Altan des Schlosses auf eine Kirche führte (Abb. 19).[90]

Abb. 21: Projektion der Pyramide in Abb. 19

Er folgte damit dem Vorbild der badischen Residenzstadt Karlsruhe, wo gleichfalls gegenüber dem Schloss eine Kirche gebaut worden war. Der ‚Hofbaumeister' Johann Joachim Busch projektierte dann 1763/64 als point de vue der Ludwigsluster Symmetrieachse die Kirche zunächst in Form einer Pyramide, auf deren Spitze das Christusmonogramm nicht fehlen durfte (Abb. 20 und 21).[91] Er folgte damit sicherlich einem früheren Entwurf seines Lehrmeisters Legeay, der mit dieser Wahl und der Disposition der Baukörper um Jahrzehnte der städtebaulichen Planung des badischen Architekten Friedrich Weinbrenner für Karlsruhe voraus gegangen wäre. Weinbrenner hatte erst 1823 an der Stelle der abgerissenen Konkordienkirche eine Pyramide entworfen, die allerdings dann nicht als christliches Gemeindehaus, sondern als Grablege für den Markgrafen Karl Wilhelm, den Gründer der Stadt, errichtet worden war.

Die dritte Phase der Ludwigsluster Residenzplanung begann im Sommer 1762, als Herzog Friedrich aus dem Exil zurückgekehrt war. Im Jahre 1765, vor dem Legen der Fundamente für die neue Kirche, die schließlich von Johann Joachim Busch als Saalbau mit breitem Portikus projektiert worden war, muss sie abgeschlossen gewesen sein, weil die Realisierung der drei großen Projekte, die Errichtung der Kirche, die Anlage der Schlossstraße und schließlich der Neubau des Schlosses selbst, räumlich und logistisch miteinander verbunden waren. Während aber die Einordnung der Kirche Künneckes und Legeays Planung von 1735 bzw. 1750/53 ergänzte, so brachen die neue Führung der städtischen Hauptstraße und die Verschiebung des Schlossstandortes, wie dies Mumford formuliert hatte, dem ersten Plan der Residenzlandschaft endgültig *„ästhetisch das Rückgrat"*.[92] Wiederum ist, wie schon bei der Gründung der Neustrelitzer Residenz und den vorangegangenen Entscheidungen in Klenow/Ludwigslust, eine wechselseitige Abhängigkeit von Schloss- und Stadtplanung zu konstatieren. Sie zielte aber nicht mehr darauf, den Zusammenhang zwischen Stadt und Herrschersitz geometrisch-ästhetisch hervorzuheben, sondern umgekehrt, deren direkte, optisch-räumliche Beziehung zu verhindern. Die Verschiebung der beiden Fluchtlinien des Straßenraums nach Süden und dessen immense Aufweitung auf 120 mecklenburgischen Fuß (entspricht 34,39 m) störten nachhaltig die räumliche Bindung von Schlossstraße und Schlosskörper. Für jene Verschiebung der Fluchtlinien könnten zwei unterschiedlich gewichtige Begründungen angeführt werden: Entweder sollte für ausreichend große Hofstellen gesorgt werden, weil durch den Kanalbau Bauparzellen, die an der nördlichen Seite der Schlossstraße lagen, beschnitten worden waren, oder aber Herzog Friedrich hatte selbst darauf bestanden, das Schloss bewusst aus der Straßenachse zu rücken. Die Gestaltung des Ehrenhofes, insbesondere die später noch projektierte Verlängerung der Seitenflügel, deuten darauf hin, dass die gesamte Planung des herzoglichen Repräsentationsraumes bewusst darauf ausgerichtet worden war, unter allen Umständen eine Ablenkung des Blickes vom Altan des alten, dann auch des neuen Schlosses auf die Kirche zu verhindern.

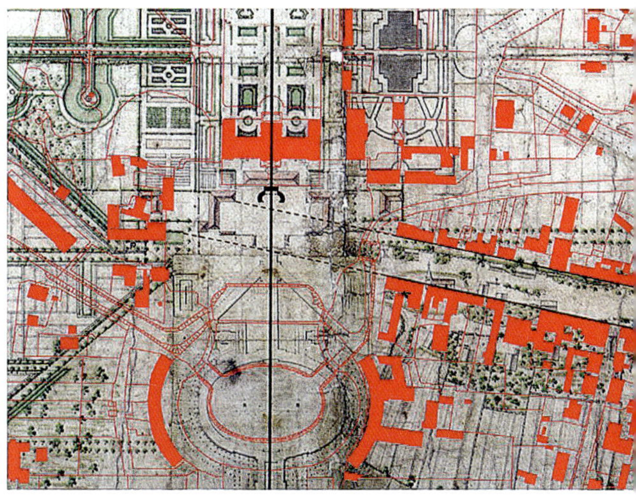

Abb. 22 Aufweitung der Ludwigsluster Schlossstraße, Eintragung der Fluchtlinien in den Ausschnitt aus Abb. 7 (grün) und die heutige Situation (rot)

Die Residenzplanung der ersten beiden Phasen hatte ausdrücklich das alte Dorf geschont. Die *Avenue* im Winkel von 2,155° in Richtung Neustrelitz berührte es zwar, so dass Teilabrisse schon unumgänglich geworden wären. Doch erst die Verschiebung der Straße nach Süden und ihre Verbreiterung stellte es endgültig zur Disposition (Abb. 22). Es musste vollständig abgetragen und an anderer Stelle die Hofstellen wieder eingerichtet werden. Es ist völlig unbestritten, dass die breite Schlossstraße dort entlangführt, wo einige Gehöfte und die alte Kirche des Dorfes gestanden hatten (Abb. 23). Allerdings ist es fraglich, ob es transloziert wurde, weil es der Achse nach Neustrelitz im Wege stand, oder ob die Schlossstraße dort projektiert worden war, um die Richtung der alten Dorfstra-

Abb. 23: Johann Dietrich Findorff, Dorfstraße in Klenow, 1767

ße aufzunehmen. „Die alte Kleinower Dorfstraße bestimmte die Lage der neuen Hauptstraße", hatte Dettmann 1929 kategorisch formuliert,[93] und dieser Erklärung sind andere Autoren gefolgt.[94] Als Herzog Friedrich und sein Baumeister Johann Joachim Busch sich entschlossen, mit beträchtlichem finanziellem Aufwand ein Dorf zu verlagern, wollten sie wohl unbedingt Planungsfreiheit gewinnen. Sie waren nach dem Abriss von Kirche und Bauernkaten, also unbehindert durch bestehende Baulichkeiten und Infrastrukturen, in die Lage versetzt, nach frei gewählten politischen oder gestalterischen Überlegungen die Hauptstraße der Residenzstadt Ludwigslust auszurichten und zu bebauen. Es ist kein Grund erkennbar, warum sie dann ihre somit gewonnene Planungsfreiheit ausgerechnet dazu genutzt haben sollten, die städtische Achse an der ungefähren Richtung jener alten versandeten Dorfstraße zu orientieren, ohne zu versuchen, sie auf einen markanten Punkt auszurichten. Andernfalls hätten sie sie wenigstens strikt nach Osten führen oder rechtwinklig mit der Symmetrieachse des Schlosses kreuzen lassen können.

Den gravierendsten Eingriff in das Achsensystem des Residenzplans von 1735/41 samt den Eintragungen Legeays von 1750/53 stellte jedoch die Aufgabe des alten Schlossstandortes dar. Die Frontlinie des neuen Schlosses, dessen Pläne vermutlich um 1768 vorlagen,[95] aber erst 1772–76 gebaut worden war, wurde gegenüber der des alten corps de logis um ungefähr 22 m nach Norden verschoben. Dieser Planungsschritt musste das wichtigste Gebäude einer Residenzstadt endgültig so weit räumlich separieren und isolieren, dass es von der städtischen Hauptstraße her nicht mehr wahrgenommen werden konnte. Auch dessen Spiegelung, für die Legeay eigens das Bassin an der genau berechneten Stelle projektiert hatte, konnte dann nur noch partiell erfolgen; das Sockelgeschoss und die Beletage samt Altan verschwinden im Wasser, weil die Standortverschiebung die Brechungswinkel unwiderruflich verändert hatten. Eine Vergrößerung der Schlossanlage wäre verständlich gewesen, um die Repräsentation der herzoglichen Würde zu steigern; die Aufgabe des alten Standortes begründete jedoch den Verzicht auf die Zuführung einer Achse, zumindest aber kann eine Gleichgültigkeit Friedrichs gegenüber dem Schlossbau Christian Ludwigs und Legeays axialer Führung der *Avenue* angenommen werden. Der alte Schlosskomplex, errichtet 1731–33, war für Christian Ludwig zunächst ein Ort der Selbstbehauptung gegenüber seinem Bruder Karl Leopold, dann wurde er zur Behausung, in der er ungehindert vom „Uebel" oder dem „Bösen" nach „Lust" und „Glückseligkeit" zu suchen begann, um seinen epikuräisch orientierten Lebensentwurf zu verwirklichen. Der Fachwerkbau besaß mithin für seinen Sohn Friedrich keine positive politische Bedeutung, weil hier nicht eine Dynastie begründet oder Macht konstituiert, sondern nur Ohnmacht kompensiert und worden war und ein unchristlicher, epikuräischer Weltentwurf ausgelebt werden sollte. Friedrich hatte, wie sein Bruder Ludwig auch, den Erbvergleich unterzeichnen müssen. Die Unterschriften begrenzten seine politische Handlungsfähigkeit schon zu einem Zeitpunkt, als noch nicht abzusehen war, wann er die Regierung übernehmen konnte. Und so schätzte er vermutlich weder den Standort noch das alte Schloss selbst, als er einen Platz suchte, um sein persönliches Desaster, die Verantwortung für die Verwüstung Mecklenburgs im Siebenjährigen Krieg, zu bewältigen.

„Tatsächlich hatte das Schloß als Gehäuse der in einer Person konzentrierten Macht während der Regierungszeit Friedrichs seine reale und seine semiotische Funktion verloren", so beschrieb Michaela Völkel die Ansichten des alten Ludwigsluster Schlosses, die von Findorff in Kupfer gestochen worden waren. Gleichzeitig mit der Einsicht, dass auch der Regent selbst keinen persönlichen Überblick über alle politischen Belange haben, er also sozusagen nicht mehr von einem seiner Geburt zu verdankenden Logensitz aus auf das „Theatrum Europaeum" blicken kann, verschwand der künstliche Überblick auch aus der bildlichen Wiedergabe der fürstlichen Bauten (Abb. 24).[96]

Obwohl Friedrich das alte Schloss trotz der Kriegswirren im Jahre 1757 hatte reparieren und renovieren lassen[97], ließ er es abgetragen. Er bezog das neue Schloss, als erst der Innenausbau der ersten Etage fertiggestellt war. Er lebte mit seinem kleinen Hofstaat auf einer Baustelle; der Zwang zur Repräsentation blieb auch für einen Herzog übermächtig, der auf die souveräne Regierung verzichtet hatte. Aber auch das neue Schloss ist ein Bau mit ikonographisch-politischer Bedeutung. Nicht nur durch die Herzogskrone in der Mitte der Attika, sondern allein schon durch seine Größe versucht es auszudrücken, dass es die Wohnung des Herzogs beherbergt. Die Maße seiner Frontlänge übertreffen auch beträchtlich die des Neustrelitzer Schlosses, um wenigstens symbolisch darzustellen, wer der erste Fürst des gemeinsamen Landes sei. Andererseits betonen die Figuren, mit denen die Dachzone geschmückt worden war,[98] dass der Herzog seine politischen Intentionen auf die Förderung der Tugenden, der Künste und Wissenschaften auszurichten gedachte. Ein solches Regierungsprogramm konnte, weil es nicht mit den politischen Interessen der Stände kollidierte, auch in der ländlichen Abgelegenheit erfolgreich verwirklicht werden. Es bedurfte nicht im gleichen Umfang der Inszenierung, solange wenigstens der innere, vom Schloss dominierte Herrschaftsraum nicht in Frage gestellt wurde. Ob Friedrich der Fromme aber tatsächlich mit jenen Figuren „ein weltanschauliches, auf

Abb. 24: Blick ins Leere – die heutige Schlossstraße (Schlosssilhouette oben rechts noch im Bild), Aufnahme 2021

Vernunft und Erkenntnisgewinn abhebendes Spiegelbild seines Herrscheramtes"[99] vermitteln wollte, muss hinterfragt werden (Abb. 25). Des frommen Herzogs Friedrichs Intentionen können mit denen des Friedrich Wilhelm II. verglichen werden; der preußische König suchte zwar ebenfalls die Wissenschaften und den technologischen Fortschritt zu befördern und ließ erhebliche Schritte zur architektonischen Modernisierung seiner Hauptstadt Berlin unternehmen, andererseits aber gehörte er dem obskuren Orden der Rosenkreutzer an, beschwor religiöse Phantasien, führte die Zensur ein und beabsichtigte überhaupt, die Aufklärung energisch zu bekämpfen.[100]

Ludwigslust ist im eigentlichen Sinne keine Stadt, sondern besteht aus kunstvoll bearbeiteter Landschaft. Es finden sich nirgendwo wirkliche urbane Räume, sondern überall nur geometrisch geformte Garten- und Wasserflächen. Die Gestaltungselemente, die in einer Residenzstadt des 18. Jahrhunderts erwartet werden, können mühelos gefunden werden. Doch ihr räumlicher Zusammenhang lässt sich nicht klar erfassen: anstelle der strikten Wechselbeziehung der Baukörper dominiert die Weite und Leere. Zwei Doppelreihen von Bäumen verwandeln selbst die Schlossstraße als Wohn- und Geschäftsgegend der Bürger in eine Parkallee. Die Bauten in der gesamten Anlage unterstützen die geo-

Abb. 25: Spiegelung des Schlosses Ludwigslust im Bassin, Aufnahme 2023

metrische Formung der Landschaft, treten aber gegenüber den Naturelementen so weit zurück, dass sie keinesfalls die Weite zu stören vermögen. Die Entfernungen sind mitunter kaum zu erfassen. Alleen durchziehen das Planungsgebiet; sie zerteilen und erschließen einen künstlerisch gestalteten Lebensraum, in dem der Unterschied zwischen Stadt und Landschaft nachhaltig aufgehoben ist. Dem Schloss, das sonst kein anderes Bauwerk in seiner Sichtachse duldet, steht in der Ferne die Kirche gegenüber. Deren breite Schauwand, die von einem Christusmonogramm bekrönt wird, belegt die Absicht, die Weite zu unmittelbarer ästhetischer Wirkung bringen zu wollen und zugleich zu zeigen: Hier lebt ein frommer Monarch, der nicht die umtriebigen, „Lust" suchenden Menschen, sondern nur das Zeichen des HERRN zu sehen wünscht. Die Kirche ist zwar ein christliches Gemeindehaus, doch in der theatralisch wirkenden Komposition von Stadt, Gärten und Schloss dient sie vor allem als Staffagebau, der hilft, die Weite der Landschaft zu gliedern. Ludwigslust ist also im Grunde keine Stadt, sondern eine Parklandschaft. Der Stadtplan erinnert an Marc-Antoine Laugiers Forderungen, man müsse die Stadt „wie einen Wald" sehen, sie daher *„nach dem Vorbild unserer Parkanlagen"* planen.[101] Und er könnte auch auf Johann Peter Willebrands Forderungen in seinem *Grundriß einer schönen Stadt* von 1775 beruhen, nach denen die Straßen der Stadt *„einem durchgehauenen Thiergarten"*, einem *„regelmäßig durchgehauenen Wald"* ähnlich sein sollten.[102] Ludwigslust offenbart die Einflüsse der philosophisch-kulturkritisch begründeten Feindschaft der Aufklärung gegenüber dem Leben in verdichteten städtischen Räumen, andererseits kündigt die Stadt aber wie keine andere deutsche Residenz das Ende eines Politikmodells an, das auf der Souveränität des Territorialfürsten gegenüber den Ständen beruhte. Das macht sie einzigartig, weil in ihrer Planung die grundlegenden Widersprüche des Zeitalters gespiegelt worden waren.

Anmerkungen

1 Vgl. Christof Baier und Ulrich Reinisch, *Schußlinie, Sehstrahl und Augenlust. Zur Herrschaftskultur des Blickens in den Festungen und Gärten des 16. bis 18. Jahrhunderts*, in: *Visuelle Argumentationen. Die Mysterien der Repräsentation und die Berechenbarkeit der Welt*, hg. v. Horst Bredekamp und Pablo Schneider, München 2006, S. 35ff.

2 Lewis Mumford, *The city in history: its origins, its transformations, and its prospects*, New York 1961, Deutsch: *Die Stadt. Geschichte und Ausblick*, Bd. 1, München 1984, S. 457.

3 Vgl. Hans-Joachim Ballschmieter, *Andreas Gottlieb von Bernstorff und der mecklenburgische Ständekampf (1680–1720)*, Köln 1962.

4 1716 hatte Herzog Karl Leopold in Danzig Katharina Iwanowna, eine Nichte des russischen Zaren Peter I. geheiratet. Dem Ehevertrag wurde eine Bündnisvereinbarung beigefügt, die es Russland gestattete, Truppen im Mecklenburg zu stationieren. Bis zu 50 000 Soldaten sollen geholfen haben, die Widerstände gegen die Steuerpläne des Herzogs zu brechen.

5 Karl Goß, *Geschichte der Stadt Ludwigslust*, Parchim 1852. Neu herausgegeben und fortgesetzt von Otto Kausel, Ludwigslust 1927. Vgl. auch: Friedrich Schlie, *Die Kunst- und Geschichtsdenkmäler des Grossherzogthums Mecklenburg-Schwerin*, III. Bd., Schwerin 1900, S. 331.

6 Gerd Dettmann, *Das alte Schloß in Kleinow*, in: *Jahrbücher des Vereins für Mecklenburgische Geschichte und Altertumskunde* 86 (1922), S. 1–18. Die folgende Darstellung zur Geschichte des „alten Schlosses" folgt Dettmanns Forschungen.

7 Mecklenburgisches Fußmaß: 1 Fuß = 28,657 cm. Das Schloss hatte demnach eine projektierte Länge von 40,69 m. Für die Landmessung, also für das Abstecken landwirtschaftlich genutzter Flächen wurde aber auch der Fuß = 29,101 cm verwendet.

8 So zitiert bei Dettmann, *Das alte Schloß in Kleinow* (wie Anm. 6), S. 3–4.

9 Ebenda.

10 Johann Friedrich Künnecke (? –1738) gehörte zur Entourage des Reichsgrafen v. Bothmer, der am Hof in Hannover diente. Nach der Krönung Georgs I. war er ihm nach England gefolgt und wurde anschließend nach Klütz gesandt, um den Familiensitz der Bothmers zu errichten. Es existieren keine gesicherten Daten über Herkunft, Ausbildung und Beteilung an anderen Großprojekten. Vgl. Sigrid Puntigam, *Ludwigslust – ein Schlossensemble zwischen Behauptung und Rückzug*, in: *Schloss Ludwigslust*, hg. v. den Staatlichen Museum Schwerin/Ludwigslust/Güstrow und den Staatlichen Schlössern und Gärten Mecklenburg-Vorpommern, Berlin/München 2016, S. 13.

11 Hans Caspar von Bothmer (1656–1732, 1696 Erhebung zum Reichsfreiherrn, 1713 zum Reichgrafen) stand im Dienst des Kurfürsten Georg Ludwig von Hannover, für den er in London den Anspruch auf den englischen Thron aushandelt hatte. 1714 wurde Georg Ludwig als Georg I. zum englischen König gekrönt. Bothmer wurde zum Minister ernannt und war beauftragt worden, die kurhannoverianischen und englischen Interessen im Heiligen Römischen Reich wahrzunehmen. Dazu gehörte die Lösung der mecklenburgischen Angelegenheiten; als Minister Georgs I. wird er im engen Kontakt zum kaiserlichen Kommissarius Christian Ludwig gestanden haben. Denkbar ist deshalb, dass er dem künftigen Herzog von Mecklenburg-Schwerin seinen Baumeister Künnecke empfohlen hatte. Nicht ausgeschlossen sind auch Besuche des Kommissarius in Klütz, wo er das Schloss Bothmer hatte besichtigen können. Zum Schlossbau vgl. Carsten Neumann, *Schloß Bothmer, Berlin 1997*. Ders.: *Johann Friedrich Künnecke. Bauten und Projekte für den Grafen von Bothmer und Christian Ludwig zu Mecklenburg*, in: *Der Mecklenburgische Planschatz. Architekturzeichnungen des 18. Jahrhunderts aus der ehemaligen Plansammlung der Herzöge von Meck-*

lenburg-Schwerin, hg. v. Sigrid Puntigam, Band 2, Essays. Dresden 2020, S. 259ff.

12 15 000 Reichstaler Apanage hatte Karl Leopold 1708 erhalten, ehe er anstelle seines verstorbenen älteren Bruders Friedrich Wilhelm zum Herzog gekrönt worden war.

13 47,27 m Länge, 11,46 m Tiefe.

14 Dettmann, *Das alte Schloß in Kleinow* (wie Anm. 6), S. 6f.

15 William III. hatte sich 1685 das Lustschloss von Het Loo bei Apeldoorn errichten lassen. Es ist anzunehmen, dass von hier aus, durch den Londoner Hof vermittelt, die englische Herrenhaus-Kultur am Ende des 17., Anfang des 18. Jahrhunderts beeinflusst worden war.

16 Z. B. Beaconsfield, Belton, Blenheim Palace, Eaton Hall usw.

17 Z. B. Nordkirchen/Westfalen, zwischen 1703 und 1734 von Fürstbischof Friedrich Christian Plettenberg-Lenhausen errichtet.

18 Die Linie Mecklenburg-Güstrow war 1695 ausgestorben, so dass Herzog Friedrich Wilhelm von Schwerin die Gelegenheit zu nutzen versuchte, sich die Oberherrschaft über das gesamte Herzogtum zu sichern. Doch gegen die mecklenburgische Vereinigung hatten sich ausländische Mächte, z. B. Dänemark und Braunschweig-Celle, mit der einheimischen Ritterschaft verbündet, um einen neuen starken Staat in Norddeutschland zu verhindern. Nach längeren Streitigkeiten wurde von Kaiser Leopold I. der Hamburger Teilungsvergleich („die dritte Hauptlandesteilung") vom 8. März 1701 vermittelt. Adolf Friedrich erhielt die Herrschaften Stargard und Mirow und zusätzlich das Fürstentum Ratzeburg; er wurde zum Stifter der Linie Mecklenburg-Strelitz, die bis zur Abdankung 1918 bestand. Die Landstände wurden jedoch nicht geteilt, auch das Appellationsgericht blieb für alle Landesteile zuständig.

19 Im Hamburger Teilungsvergleich von 1701 war auch vertraglich festgelegt, dass die Strelitzer Herzöge 8.000 Reichstaler für den Ausbau ihrer Residenz erhalten sollten. Hinzu kam die Mitgift, die Sophia Dorothea aus dem Hause Holstein-Plön mitbrachte, als sie mit 1709 mit Adolf Friedrich III. verheiratet wurde. Vgl. Torsten Pöschk, *Neustrelitz – Geburt eines barocken Residenzensembles. Eine Untersuchung der Entwicklungsprozesse einer Residenzbildung in Mecklenburg von der Entstehung des Fürstentums Mecklenburg-Strelitz im Jahre 1701 bis zur Verfestigung der Stadtgestalt,* Magisterschrift Humboldt-Universität zu Berlin 2004, S. 11. Veröffentlicht bei GRIN, 2008.

20 Ebenda, S. 41.

21 Karl Albert von Kamptz, *Versuch einer Topographie der herzoglichen Residenzstadt Neustrelitz*, Neubrandenburg 1792, zitiert bei Pöschk, *Neustrelitz* (wie Anm. 19), S. 15. *„Ob bei diesem Neubau des Lusthauses das vorhandene Amtsschreiberhaus mitgenutzt wurde [. . .] ist nicht eindeutig geklärt."* Torsten Foelsch, *Das Residenzschloss zu Neustrelitz. Ein verschwundenes Schloss in Mecklenburg*, Groß Gottschow 2016, S. 52.

22 1 Rheinländischer (Preußischer Fuß) = 0,31385 m

23 Pöschk, *Neustrelitz* (wie Anm. 19), S. 44, 55. Einige Arbeiten über Neustrelitz folgen jedoch der Datierung von Georg Krüger, nach der 1726 mit dem Umbau begonnen wurde. Vgl. Georg Krüger, *Das Land Stargard*, I. Abteilung, Neubrandenburg 1921, S. 32.

24 Pöschk, ebenda, S. 46.

25 *„Es [das Schloss] steht auf einem angenehmen etwas erhabenen und trockenen Boden, vorne ist ein Tiergarten und hinten ein großer Garten, an einem schönen See."* Thomas Nugent, *Reisen durch Deutschland und vorzüglich durch Mecklenburg*, neu hg., bearb. u. kommentiert von Sabine Bock, Schwerin 2000, S. 176f.

26 Siehe Pöschk, *Neustrelitz* (wie Anm. 19), S. 69.

27 Zitiert bei: Karl August Endler, *Die Geschichte der Landeshauptstadt Neustrelitz 1733–1933*, Neustrelitz 1933, S. 7.

28 *Von Gottes Gnaden Adolph Friedrich, Hertzog zu Mecklenburg/Fürst zu Wenden/Schwerin und Ratzeburg/auch Graff zu Schwerin/ der Lande Rostock und Stargard HERR.* Faksimiledruck des Gründungsaufrufes, hg. v. Museum der Stadt Neustrelitz, o. J.

29 Vgl. Mariembourg, heute in Belgien gelegen. Die Festungsstadt wurde um 1530 von Kaiser Karl V. gegründet und nach seiner Schwester Maria, Königin von Ungarn, benannt. Sie diente der Sicherung der Reichsgrenze gegenüber Frankreich, das bereits unter den Valois nach Osten zu expandieren versuchte. Mariembourg wurde über einem Grundriss erbaut, der grundsätzlich und in vielen Details der Neustrelitzer Disposition entspricht, also eine quadratische Place d'Armes und acht radial abstrahlende Straßen aufweist.

30 Pöschk, *Neustrelitz* (wie Anm. 19), S. 59.

31 Die architektonisch-städtebauliche Beziehung zwischen dem Schloss und der Stadt wurde, weil sie nicht betont herausgearbeitet worden ist, zumeist übersehen. Sabine Bock verglich die Stadtfigur von Neustrelitz: Wie in Ludwigslust „bezieht sich die städtische Hauptachse ebenfalls nicht auf das Schloss, sondern tangiert den Schlossplatz und läuft hier

wie dort ins scheinbare Nichts". Vgl. Sabine Bock, „Zwischen Bothmer, Christianensburg und Ludwigslust. Herrschaftliches Bauen in Mecklenburg", in: *Verfassung und Lebenswirklichkeit. Der Landesgrundgesetzliche Erbvergleich von 1755 in seiner Zeit*, hrsg. v. Matthias Manke und Ernst Münch, Lübeck 2006, S. 283.

32 Wilhelm Gundlach, *Geschichte der Stadt Charlottenburg*, Charlottenburg 1905, S. 273.

33 Walter Ohle, *Schwerin-Ludwigslust*, Leipzig 1960, S. 114.

34 Im Landeshauptarchiv Schwerin wurde der *„Plan von dem Jagdhaus Kleinow und Umgebung"* zunächst ohne Autorenangabe *„zwischen 1755–1760"* datiert. Sigrid Puntigam schrieb ihn dem Gärtner Gallas zu und nahm an, dass er *„um 1741/50"* entworfen worden wäre. Sie folgte damit dem Nationalmuseum Stockholm, in dessen Besitz sich eine vergleichbare Karte befindet, die *„um 1741"* katalogisiert wurde. Die Tekturen, die nur auf dem Plan im Landeshauptarchiv Schwerin zu finden sind, wären um 1750 hinzugefügt worden. Vgl. Puntigam, *Ludwigslust* (wie Anm. 10), S. 55–99. Nach Johann Erichsen sei der Plan frühestens 1741 (Realisierung des Gartenparterres) und spätestens 1754 (Umbenennung Klenows in Ludwigslust) angefertigt worden. Johannes Erichsen, *Jean-Laurent Le Geay in Mecklenburg*, in Puntigam, *Planschatz* (wie Anm. 11), S. 294.

35 Norbert Elias, *Die höfische Gesellschaft. Untersuchungen zur Soziologie des Königtums und der höfischen Aristokratie*, Frankfurt/Main 1992, S. 98/99.

36 Vgl. Torsten Pöschk, *„Hier ist mein eigener Grund; der mir ist Angestorben …" Die Gestaltung barocker Gutshäuser, Höfe und Gärten des Adels in Mecklenburg-Schwerin im Kontext des innerstaatlichen Machtkonflikts im 18. Jahrhundert*, Norderstedt 2011.

37 Matthias Asche, *‚Friedrich, Ruhm und Trost der Deinen, O, warest Du so gut.' Herzog Friedrich von Mecklenburg-Schwerin (1756–1785) – Möglichkeiten und Grenzen eines frommen Aufklärers*, in: Ohle, *Schwerin-Ludwigslust* (wie Anm. 36), S. 232.

38 Dettmann nahm an, dass *„Erbprinz Friedrich in Paris die ersten Beziehungen zu Legeay angeknüpft"* habe. Dettmann, *Das alte Schloß in Kleinow* (wie Anm. 6), S. 13. Friedrich hatte sich während seiner Reise, die ihn 1737–39 nach Holland, England und Frankreich führte, auch längere Zeit in Paris aufgehalten.

39 Zur Ausbildung, den Wirkungsstätten und den Lebensdaten des Jean-Laurent Legeay, siehe: Gilbert Erouart, *Architettura com pittura. Jean-Laurent Legeay un piranesiano francese nell'Europa die Lumi*, Milano 1982. Allerdings liegen unterschiedliche Angaben für das Geburts- und Sterbedatum vor. Nach 1710 soll er in Paris geboren und nach 1786 in Rom gestorben sein, aber es werden auch 1708 als Geburts- und 1790 als Sterbejahr angegeben. Vgl. https://structurae.de/personen/jean-le-gay (03. 05. 2023).

40 Legeay gestaltete z. B. die Festbeleuchtung für das Versöhnungsfest der Berliner Freimaurerlogen [das Johannisfest] vom 24. Juni 1761. Er gehörte der Loge L' Amitié an und wurde in den Akten als „altes Mitglied" geführt. Vgl. Karlheinz Gerlach, *Die Freimaurerei im Alten Preußen 1738–1806. Die Logen in Berlin*, Teil 1, Innsbruck/Wien/Bozen 2014, S. 86, 524.

41 Wenn Prinz Friedrich (später Friedrich der Fromme) in Paris die Begegnung mit Legeay gesucht haben sollte, könnte dies allerdings als ein Hinweis gedeutet werden, dass nicht nur sein Vater Christian Ludwig, sondern auch er selbst Verbindungen zu Freimaurerlogen aufgenommen hatte. Die erste Loge in Schwerin wurde allerdings erst 1756, also nach dem Tod Christian Ludwigs am 30. Mai 1756 (!), gegründet – was mit dem verstärkten Einfluss des Pietismus in den deutschen Freimauererlogen nach 1750 korrespondieren könnte. In Hamburg, dem Einkaufs- und Vergnügungsort des Schweriner Hofes, bestand bereits seit 1737 die Loge „Absalom zu den 3 Nesseln".

42 Dettmann, *Das alte Schloß in Kleinow* (wie Anm. 6), S. 13.

43 Ursachen, Umstände und das genaue Datum des Ausscheidens Legeays aus den herzoglichen Diensten sind unbekannt. Die Unterzeichnung des Erbvergleichs 1755 oder der Tod Christian Ludwigs beendeten seine Wirkungsmöglichkeiten in Mecklenburg-Schwerin. Es kann deshalb nicht ausgeschlossen werden, dass sich Legeay mit dem pietistisch gesonnenen Herzog Friedrich wegen religiöser oder philosophischer Differenzen überworfen hatte. Er ging zurück nach Preußen, um u. a. an der Planung der Communs am Potsdamer Neuen Palais mitzuwirken.

44 Vgl. Johannes Erichsen, *Jean-Laurent Le Geay in Mecklenburg*, in: Puntigam, *Planschatz* (wie Anm. 11), S. 275ff.

45 Dettmann, *Das alte Schloß in Kleinow* (wie Anm. 6), S. 14.

46 Ebenda.

47 Heike Kramer, *Schloß Ludwigslust*, Schwerin 1997, S. 8.

48 Das Blatt wurde von Dettmann dem ihm nicht näher bekannten A. W. Horst [der Landbaumeister Anton Wilhelm Horst] oder vom Staatlichen Museum Schwerin Johann Joachim

Busch zugeschrieben. Puntigam hingegen nahm an, dass der Entwurf zum Umbau des Schlosses Legeays Arbeit war. Puntigam, *Ludwigslust* (wie Anm. 10), S. 88. Vgl. Erichsen, *Le Geay in Mecklenburg* (wie Anm. 44), S. 294.

49 Die folgenden Überlegungen sind durch die Studie von Gabriele Baumgartner, *Die Verhandlungen zum Landesgrundgesetzlichen Erbvergleich – Politik und Wirken der Geheimen und Regierungsräte Christian Ludwigs*, angeregt worden. In: *Verfassung und Lebenswirklichkeit* (wie Anm. 31), S. 23–81.

50 Vgl. Ernst Münch, *Ein Friedensfürst in friedloser Zeit. Herzog Christian Ludwig II. Von Mecklenburg-Schwerin*, in: Puntigam, *Planschatz* (wie Anm. 11), S. 93.

51 Zusammenrufung der Mitglieder eines Gremiums, hier: der Stände und des Landtages.

52 lat. con-dominium, gemeinschaftliches Eigentum. Hier: gemeinsame Herrschaft mehrerer Personen über ein Gebiet.

53 Die Auseinandersetzung wurde öffentlich geführt. Die Ritterschaft hatte 1749 eine Schrift veröffentlicht, in der die rechtliche Unzulässigkeit der Separation bewiesen werden sollte. Daraufhin ließ 1750 der Minister Christian Ludwigs eine Gegenschrift drucken: *„Vertheidigte Gerechtigkeit der Herzoglich-Mecklenburgischen Maaß-Reguln in Ansehung der Mecklenburgischen Ritterschaft überhaupt: Wodurch die sogenannte wahrhaftige und mit vollständigen Acten allenthalben bestärkte Erzählung der Ritterschaft entglaubiget, hingegen die Actenmäßigkeit der herzoglichen Nachrichten behauptet, und zugleich das Mecklenburgische Staatsrecht den wichtigsten Hauptstücken nach erläutert wird. Mit ein hundert und zehn, größtenteils nie gedruckten Urkunden*, in: *Eine Sammlung der Schriften in Betref Herzogl. Mecklenb. Auseinandersetzungs-Convention …, 1748–1751*. Universitätsbibliothek Rostock, PPN 328037648.

54 Sie war am 3. August 1748 abgeschlossen worden.

55 Zitiert bei: Baumgartner, *Verhandlungen* (wie Anm. 49), S. 69/70.

56 Ebenda, S. 75.

57 *Mecklenburgische Nachrichten: Fragen und Anzeigen*, Schwerin 1754, 35. Zitiert bei Kramer, *Ludwigslust* (wie Anm. 47), S. 8.

58 *Johann Heinrich Zedlers Grosses vollständiges Universallexikon aller Wissenschaften und Künste …*, Bd. 49, S. 949, www.zedler-lexikon.de, 24. 07. 2022. Das Lexikon war 1732 bis 1754 in Halle und Leipzig erschienen.

59 Ebenda, Bd. 18, S. 640.

60 341 v. Chr.–271 oder 270 v. Chr.

61 Malte Hossenfelder, *Epikur*, München 1991, S. 65f.

62 Dorothea Kimmich, *Epikureische Aufklärung. Philosophische und poetische Konzepte der Selbstsorge*, Darmstadt 1993, S. 160.

63 Robert Harrison, *Gärten. Ein Versuch über das Wesen der Menschen*, Kapitel 7. *Die Gartenschule Epikurs*, München 2010, S. 109.

64 Harrison, *Gärten* (Anm. 63), S.121.

65 Prinz Friedrich soll von seiner Großtante Auguste (1674–1756), der letzten Herzogin aus der Linie Mecklenburg-Güstrow, auf Schloss Dargun an den Pietismus Hallenser Prägung herangeführt worden sein.

66 Wilhelm Rave, *Die Achse in der Baukunst*, Münster/Westfalen 1929, S. 26.

67 Ebenda, S. 27.

68 Ebenda, S. 31.

69 Vgl. Cornelia Jöchner, *Die „schöne Ordnung" und der Hof. Geometrische Gartenkunst in Dresden und anderen deutschen Residenzen*, Weimar 2001, S. 40ff.

70 D. Johann Georg Krünitz, *Oekonomische Encyklopädie, oder allgemeines System der Staats- Stadt- Haus- u. Landwirtschaft*, Erster Theil, Berlin 1782. (Ab Bd. 9 unter dem Titel *Oekonomisch-technologische Encyklopädie …*), Stichwort Allee. http://www.kruenitz1.uni-trier.de. (23. 07. 2022).

71 Diese Geraden, die durch die Landschaft geschlagen wurden, *„haben den Effekt, ein größeres Territorium, das im einzelnen […] aufgrund seiner Größe kaum zu formen und visuell ordnend zu durchdringen ist, dennoch zu strukturieren und sich auch symbolisch anzueignen"*. Stephan Hoppe, *Was ist Barock. Architektur und Städtebau Europas 1580–1770*, Darmstadt 2003, S. 133.

72 Ebenda, S. 132.

73 Johann Moritz von Nassau-Siegen, der kurbrandenburgische Statthalter am Niederrhein, hatte für seine Residenz in Kleve ein großräumiges System von Alleen und Kanälen geschaffen, die Gartenanlagen und Landschlösser miteinander verbanden.

74 Jöchner, *Die „schöne Ordnung"* (wie Anm. 69), S. 73ff.

75 Die Klever Anlagen von Nassau-Siegen gelten als Vorbild für den Berliner Residenzraum, der in den Regierungszeiten des Großen Kurfürsten, Friedrich III./des Königs Friedrich I. und Friedrich Wilhelm I. geschaffen worden war. Vgl. Susan Prösel und Michael Kremin, *Berlin um 1700. Die Idealstadt Charlottenburg. Die Bedeutung Charlottenburgs für die Entstehung von Groß-Berlin*, Berlin 1984, Abb. 1, 15, 64. Vgl. auch

Clemens Alexander Wimmer, *Sichtachsen des Barock in Berlin und Umgebung: Zeugnisse fürstlicher Weltanschauung, Kunst und Jägerlust*, Berlin 1985.

76 Der Aufschlagpunkt der Achse kann nicht präzise genug bestimmt werden, weil der genaue Standort des alten Schlosses unbekannt ist. Nach Auskunft des Kreisdenkmalamtes wurden nach dessen Fundamente bislang nicht gegraben. Für die Rekonstruktion der Planungsschritte wurde deshalb mit historischen Karten gearbeitet, die aber, in vielen Details ohnehin nicht vollständig kompatibel, verschiedene Ungenauigkeiten aufweisen.

77 Für die Winkelberechnung wurde der Sinussatz genutzt: sin α = Gegenkathete geteilt durch Hypotenuse. Gegenkathete = 3919 m, Hypotenuse = 104,235 km, also sin α = 3,919 km/104,235 km = 2,155°. Die Erdkrümmung kann bei dieser Berechnung vernachlässigt werden.

78 Vgl. Krünitz, *Oekonomische Encyklopädie* (wie Anm. 70), Stichwort Allee. Krünitz gab als Quelle seiner Überlegungen den VI. Band des *„Allgemeinen öconomischen Forstmagazins"* an, erschienen in Frankfurt und Leipzig 1765, S. 1–35.

79 Friederike Drinkuth, *Der Stachel der Linienkonkurrenz. Mecklenburg-Strelitzer Baupolitik als Stein des Anstosses für die Schweriner Herzöge*, in: Puntigam, *Planschatz* (wie Anm. 11), S. 127ff.

80 (1717–1785).

81 (1725–1778).

82 Landesgrundgesetzlicher Erbvergleich, in: Baumgartner, *Verhandlungen* (wie Anm. 49), S. 413.

83 Ebenda, S. 435/36.

84 Ebenda, S. 471.

85 „Friedrich (Herzog von Mecklenburg-Schwerin)" in: *Allgemeine Deutsche Biographie*, hg. v. der Historischen Kommission bei der Bayerischen Akademie der Wissenschaften, Bd. 7 (1878), S. 558f.

86 Nach Ohle kehrte Friedrich erst 1763 nach Ludwigslust zurück. Ohle, *Schwerin-Ludwigslust* (wie Anm. 33), S. 113.

87 Gerd Dettmann, *Johann Joachim Busch. Der Baumeister von Ludwigslust*, Rostock 1929, S. 12.

88 Johann Joachim Busch (1720–1802). Nach Dettmann ist Buschs Tätigkeit erstmalig für 1748 nachweisbar. *„Seine letzte Ausbildung in der Baukunst erhielt Busch dann bei seinem ersten Chef Jean Legeay."* 1753 habe er *„unter Legeay ‚Zierrathen' am alten Schloß in Kleinow verfertigt"*. Ebenda, S. 10.

89 Ebenda, S. 12.

90 Puntigam, *Planschatz* (wie Anm. 11). Band 1, Katalog, S. 121.

91 Vgl. Sigrid Puntigam, *„mit eigenhändigen Bemerkungen". Herzog Friedrich von Mecklenburg-Schwerin als dilettierender Architekt und sein Hofbaumeister Johann Joachim Busch*, in: Puntigam , *Planschatz* (wie Anm. 11) Band 2, S. 311ff. Der Kirchenbau in Form einer Pyramide, zu deren Gestaltung Herzog Friedrich beigetragen haben soll, stützt die Hypothese seiner Verbindung zu Freimaurerlogen.

92 Mumford, *Die Stadt* (wie Anm. 2).

93 Dettmann, *Johann Joachim Busch* (wie Anm. 85), S. 14.

94 *„[...] ihre genaue Richtung wurde durch Richtung der Kleinowschen Dorfstraße bestimmt."* Ohle, *Schwerin-Ludwigslust* (wie Anm. 33), S. 116.

95 *„Von Busch dafür ausgearbeitete Pläne müssen um 1768 vorgelegen haben, weil in diesem Jahr bereits die erste Bestellung von Steinen in Pirna erfolgte [...]."* Ebenda, S. 119.

96 Michaela Völkel, *Das Bild vom Schloß. Darstellung und Selbstdarstellung deutscher Höfe in Architekturstichserien 1600–1800*, München/Berlin 2001, S. 214.

97 *„Zum letzten Male wurde 1757 am Schloß gearbeitet. [...] Nun wurde es neu gestrichen und repariert und außerdem der linke Flügel, der bisherige Pferdestall, zu einer Wohnung für den Prinzen Ludwig, den Bruder des neuen Herzogs ausgebaut [...]."* Dettmann, *Das alte Schloß in Kleinow* (wie Anm. 6), S. 14.

98 Neben dem Genie, dem Fleiß, der Belohnung, dem Überfluss, der Freude, der Klugheit, der Gerechtigkeit, finden sich Figurationen der Katoptrik, der Rechenkunst, der Geometrie, der Optik, der Astronomie, der Geographie, der Gnomonik (Lehre von der Sonnenuhr), der Hydraulik, der Hydrostatik, der Aerometrie, der Mechanik, der Architektur, der Algebra, der Trigonometrie, der Perspektive, der Chronologie, der Hydrotechnik, des Ackerbaus, der Gärtnerei, der Kräuterkunst, der Chemie, der Philosophie, der Rhetorik, der Poesie, der Historie, der Musik, der Bildhauerkunst, der Malerkunst, der Nivellierkunst, der Feldmesskunst, der Artillerie, der Fortifikation. Nugent, *Reisen durch Deutschland* (wie Anm. 28), S. 474.

99 Puntigam, *Bemerkungen* (wie Anm. 91, S. 336.

100 Vgl. den Aufsatz *„Die Revision des Rousseau. Aufklärung, Gegenaufklärung und der Neubau des Brandenburger Tores in Berlin 1789/93"* in diesem Band.

101 Marc-Antoine Laugier, *Das Manifest des Klassizismus* [Essai sur l'architecture, 1753], Zürich und München 1989, S. 176/177.

102 Johann Peter Willebrand, *Grundriß einer schönen Stadt*, Hamburg und Leipzig 1775, § 84., S. 127.

Die Revision des Rousseau.
Aufklärung, Gegenaufklärung und der Neubau des Brandenburger Tores in Berlin 1789/93

Als Friedrich Wilhelm II. am 18. September 1786 die Führung der preußischen Staatsgeschäfte übernahm, fand er eine gut gefüllte Staatskasse vor. Sein Onkel, Friedrich der Große, hatte nach dem Siebenjährigen Krieg begonnen, einen riesigen Schatz als Vorsorge gegen neuerliche Kriegsgefahr, als Fonds für Wiederaufbauprogramme nach Stadtbränden und Überschwemmungen, zur planmäßigen Landesverbesserung anzuhäufen. Mehr als 50 Millionen Reichstaler[1] sollen es am Ende gewesen sein, die, in Holzfässern eingelagert, zum großen Teil im Keller des Berliner Stadtschlosses aufbewahrt wurden. Der Aufstieg Preußens zur europäischen Großmacht, der die wirtschaftlichen Möglichkeiten des unterentwickelten Landes überfordert hatte, war nicht ohne beträchtliche Belastungen der gesamten Bevölkerung erreicht worden: Die rigide Eintreibung der Akzise an den Toren der Städte, dazu hohe Einfuhrzölle für das gesamte Königreich, schließlich 1766 die Einführung der Regie,[2] um ‚Luxuswaren' des täglichen Gebrauchs (z.B. Wein, Branntwein, Kaffee, Tabak) zu besteuern, aber auch eine akkurate Rechnungsführung und die Ausgabenkontrolle hatten es Friedrich ermöglicht, jenen riesigen Staatsschatz zusammenzutragen. Als Friedrich Wilhelm II. also im September 1786 die Regierungsgeschäfte übernahm, hofften Berlins Bürger auf leichtere, bessere Zeiten. Zugleich aber wurden in den Gesprächskreisen der Aufklärer deutliche Besorgnisse über den künftigen Regierungskurs geäußert:

„In den letzten Jahren der vorigen Regierung erhoben die Wächter auf der Zinne des philosophischen Zion ein mächtiges Geschrei, daß ein feindliches Heer von Fanatismus, von Schwärmerei, Jesuitismus und Katholizismus im Anmarsch sei, um das Reich der Philosophie anzugreifen und unter dem Panier des Glaubens die Vernunft gefangen zu nehmen, und uns alle samt und sonders in die Fesseln des schröcklich tyrannisirenden Aberglaubens zu schmieden."[3]

Denn die Persönlichkeit des neuen unterschied sich grundlegend von der des verstorbenen Königs. Friedrich Wilhelm II. liebte im Gegensatz zu Friedrich II. den Luxus, die Frauen und das Theater; er verwandelte die Dispositionskasse (in der die Überschüsse aller Kassen des Staates gesammelt wurden) allmählich in seine Privatschatulle. Sie diente fortan zur Finanzierung von allerlei Geschenken für seine Günstlinge; gleichfalls entnahm er daraus die Mittel für Ausstattung und Abfindung seiner Mätressen, und er gab Feste, zu denen er, freigeberisch veranlagt, die Berliner Bürgerschaft einlud. Aus der Dispositionskasse wurde auch der Kauf von Gütern finanziert, mit denen er seine engsten Vertrauten, darunter einige Rosenkreuzer, an sich zu binden suchte. Die Ausgabenpraxis fußte nicht nur auf dem Charakter des neuen Königs, sondern signalisierte einen grundlegenden Wandel in der Gesellschaftspolitik. Friedrich II. hatte seine sprichwörtlich bekannte Sparsamkeit seit den 1770er Jahren bis zum offenen Geiz gesteigert. Er blieb bis zu seinem Lebensende Freimaurer, eher Skeptiker als ein gläubiger Christ, im Inneren vielleicht Agnostiker, wenn nicht gar Atheist; aber er hatte dafür seinen Untertanen weitgehende Glaubensfreiheit gewährt und die Aufklärung auf vielfältige Weise befördert. Friedrich Wilhelm, der zeitweilig der gegenaufklärerischen

Loge der Gold- oder Rosenkreuzer[4] angehörte, wollte hingegen die Dominanz der Religion über alle geistigen Belange wiederherstellen und die Aufklärer aus ihren Positionen in Staat und Gesellschaft verdrängen. Er galt als weich und mitfühlend, war nicht ungebildet, sicherlich auch musisch veranlagt; er unterstützte daher die Künste, insbesondere das Theater.

Und er wollte bauen, seine Residenz verschönern.

Für jene noch ganz und gar barocke Absicht, durch Verschönerung der Residenz das politische Gewicht des preußischen Staates in der Machtbalance der europäischen Mächte zu stärken, bedurfte er eines tatkräftigen, nicht zögerlichen Vertrauten. Friedrich Wilhelm berief den Pfarrer Johann Christoph Woellner, den er nach der Krönung unverzüglich nobilitiert hatte, zum Intendanten des Hofbauamtes. Woellner gehörte in führender Position der Berliner Loge jenes geheimen Rosenkreuzer-Ordens („Jesuitische Freimaurerey") an; er hatte den Thronfolger Friedrichs des Großen in den 1770er Jahren zielgerichtet durch religiösen Mystizismus und theatralische Geisterbeschwörungen umgarnt, um Einfluss auf dessen politische Konzeption, vor allem in der Religionspolitik zu gewinnen. Die Gegenaufklärung ging zwar in Berlin, im gesamten preußischen Staat und den anderen protestantischen Ländern seit der Mitte des 18. Jahrhunderts von der pietistischen Geistlichkeit aus, wurde dann aber von den Rosenkreuzern aufgenommen und zu einer militanten politischen Ideologie geformt. Aus der Aufklärung, da sie den Unglauben befördert habe, wären unangenehme und widerliche Gedanken, Erscheinungen und Verhaltensweisen entsprungen. Jedenfalls schrieb das Joachim Heinrich Campe (1746–1818), ursprünglich selbst ein der Aufklärung verpflichteter Freimaurer, Theologe, Philosoph und Pädagoge:

„Eine fast allgemeine schändliche Ausgelassenheit, Zügellosigkeit und Schamlosigkeit hat sich durch alle Stände und durch beide Geschlechter verbreitet. Dinge, die eine reine und keusche Seele mit Abscheu erfüllen, sind in den feinsten Gesellschaften eine Lieblingsmaterie der Unterhaltung und ein Gegenstand des Scherzes geworden [...] *Unsere Bildergalerien strotzen von schlüpfrigen Vorstellungen, bei denen die Unschuld erröten muß; unsere öffentlichen Schauspiele ertönen von der frechen Sprache der Unzucht und von schmutzigen Zweideutigkeiten; unsere Büchersäle sind voll von Ausgüssen einer unreinen Einbildungskraft* [...]"[5]

In pietistischen Kreisen, insbesondere innerhalb der Geistlichkeit in kleineren Städten, aber auch bei einigen Mitgliedern des Oberkonsistoriums, hatte sich in den letzten Regierungsjahren Friedrichs II. die Ablehnung der Aufklärung verfestigt, weil sie die christliche Religion verdrängt und an deren Stelle ‚Deismus und Naturalismus' eingeführt habe.[6] Pfarrer Woellner hatte wenige Monate vor dem Tod Friedrich II. in einem privaten Brief an *‚seinen Herzens Freund'* und Ordensbruder v. Bischoffwerder deutlich seine Hoffnungen und Ziele bei der erwarteten Thronübernahme Friedrich Wilhelms formuliert: Er wünsche *„im geistlichen Fache angestellet zu werden"*, wo er seinen *„nähern Beruf als Ordensbruder* [...] *erfüllen könnte: die Religion Jesu wieder empor zu bringen,* **und die Aufklärer zu dehmütigen**."[7] Der gegenaufklärerische Orden der Gold- und Rosenkreuzer vertrat zwar eine dem orthodoxen Pietismus verwandte strenge Glaubenslehre und verfolgte vergleichbare kulturelle Ziele, aber er ließ sich von einer Gottesvorstellung leiten, die sich erheblich von jener der protestantischen Kirchen unterschied: Nur ein kleiner Kreis von Auserwählten könne sich Gott z. B. durch Gebete und Fasten soweit nähern, dass der Kontakt zur Welt der Geister ermöglicht werde und die verborgenen Kräfte der Natur beherrscht werden könnten. Die Hoffnung, zu jenem Kreis der Auserwählten zu gehören, entsprach der romantisch-religiösen Natur des Thronanwärters Friedrich Wilhelm in dem Maße, wie ihn der Skeptizismus und Agnostizismus Friedrichs abgestoßen hatte. In seiner Regierungszeit (1786–1797) eine

Epoche der *„Reformideen“*[8] sehen zu wollen oder ihn gar als *„Bürgerkönig“*[9] zu bezeichnen, weist mithin in eine falsche Richtung.

Hinter der orthodoxen Religiosität und dem offenen Mystizismus verbarg Woellner jedoch ein durchaus modernes, d.h. ein nicht-ständisches Gesellschaftskonzept. Zwar wollte er die Macht, unverkennbar, dauerhaft in die Hände eines kleinen Kreises von ‚Auserwählten' legen, zu dem auch der Monarch nur Zugang bekommen sollte, wenn er sich in die Ordenshierarchie einfügte und sich leiten ließ. Theokratische Ambitionen können deshalb vermutet, aber nicht durch Dokumente belegt werden. Andererseits hatte Woellner bereits in den 1760er Jahren, als er noch als Stellvertreter des Großmeisters der Freimaurerloge „Zu den drei Weltkugeln“ fungierte, Gesellschaftsentwürfe konzipiert, die letztlich auf die Aufhebung der Vorzugsstellung des Geburtsadels in Staat und Gesellschaft zielte.[10] Sein Vorschlag, die „Gemeinheiten“ (z.B. den landwirtschaftlich genutzten Grundbesitz der Städte in ihrem Umland) als Relikte feudaler Bindungen und die Güter als wirtschaftliche Basis der adligen Gesellschaft aufzulösen und die Erträge der Landwirtschaft durch ein System von Bauern- und Pächterhöfen zu steigern, basierten letztlich auf der physiokratischen Wirtschaftstheorie, von der in der zweiten Hälfte des 18. Jahrhunderts von Frankreich aus auch das ökonomische Denken in Preußen beeinflusst worden war.[11] Jene agrarische Despotie, auf die der Physiokratismus letztlich hinauslief, sollte die wirtschaftliche Grundlage bilden, auf der sich auch Handel und Gewerbe entwickeln, die Gründung gar von Manufakturen mit staatlicher Hilfe ermöglicht werden könnte. Zugleich entsprach sie den autoritären Vorstellungen der Rosenkreuzer-Ideologie vom Leben nach den göttlichen Geboten, die in der bürgerlichen Emanzipation nur Gefahren für die wahre Religion zu sehen vermochte: Die Rosenkreuzer neuerer Prägung hätten sogar, wurde in zeitgenössischen Briefen vermutet, den Jesuiten-Staat von Paraguay zum Vorbild für ihre Reformen genommen:

„Dieses ist aber auch ein Plan, nach dem ein grosses politisches Gebäude aufgeführt wird, das, wenn es anders keine große Erschütterung leidet, wenigstens so massiv werden kann, als dasjenige, so in unserem Jahrhunderte, durch die Herrn Jesuiten in Paraguay aufgeführt worden.“[12]

Jener Absicht, die preußische Gesellschaft und die staatlichen Institutionen auf eine radikale, gleichzeitig autoritär-religiöse wie überraschend wirtschaftsliberale Weise modernisieren zu wollen, stand die gemäßigte Berliner Aufklärung grundsätzlich entgegen. Aus deren Umfeld wurde sowohl gegen das physiokratische System[13] an sich, als auch besonders gegen die ‚Schwärmerei', also gegen Mystizismus und Aberglauben heftig polemisiert. Woellner benötigte also eine längere Vorbereitungszeit, um seinen umfassenden Plan, die informelle Macht der Berliner Geheimen Aufklärergesellschaften auszuhöhlen, durch sichtbare Zeichen vorbereiten zu können.

Friedrich Wilhelm II. hatte Woellner, seinen wichtigsten Vertrauten seit den Tagen der gemeinsamen Geisterbeschwörung und Vorgesetzten in der Rosenkreuzer-Loge, nach der Krönung 1786 nicht sofort ein Ministeramt im Generaldirektorium übertragen, sondern ihn zunächst zum Intendanten des Oberhofbauamtes ernannt. Woellner hielt sich zunächst bewusst im Hintergrund auf, ohne aber auf seine politischen Einflussmöglichkeiten zu verzichten. Er steuerte ohnehin seit seiner Zeit als Sekretär des kronprinzlichen Kabinetts die Personalpolitik des Thronfolgers Friedrich Wilhelm und verwaltete zudem die Dispositionskasse, die, wie erwähnt, allmählich zur Privatschatulle verwandelt worden war. Außerdem war er zum Geheimrat im Generaldirektorium ernannt worden, um die Entscheidungen der zentralen Verwaltungsbehörde überhaupt, besonders aber die Steuer- bzw. Zollpolitik von innen her zu reorganisieren. Die Abschaffung der verhassten Regie, die auf Woellners Rat hin erfolgte, kann als Indiz für die Absicht der Regierung Friedrich Wilhelms genommen werden, das friderizianische Merkantilsystem zugunsten der physiokratischen Kreislauftheorie umgestalten zu wollen. Aus der verzögerten Berufung Woellners zum Minister zu schließen, dass dessen Einfluss auf die Politik bis 1788 begrenzt gewesen sei, verkennt aber auch die Bedeutung von Verschönerungs- und Bauprojekten im 18. Jahrhundert. Die Intendantur des Oberhofbauamtes war vielmehr eine der wichtigsten Positionen, die 1786 zu vergeben war. Denn Bauen hieß auch immer, Geschmack zu zeigen und bilden zu wollen, Hierarchien, Wertesystem und Geschichtsverständnis sichtbar zu machen, Bewegungen im Raum zu steuern u. a. m. Johann Christoph v. Woellner erhielt die Aufsicht über die staatlichen Bauprogramme, weil ihm vermutlich der König bereits 1786 den Auftrag gegeben hatte, die Residenz radikal umzugestalten.[14] Hinter diesem Projekt lässt sich die Dringlichkeit erahnen: Durch neue Bauten und moderne Architektur sollte der Bruch mit dem friderizianischen System allen Bürgern vor Augen geführt werden. Geld war dank Friedrichs Staatsschatz im Keller des Berliner Stadtschlosses, wenigstens in den ersten drei Jahren nach der Thronübernahme, reichlich vorhanden, so dass unverzüglich mit dem Bauen hätte begonnen werden können. Doch Bauen mit programmatischen städtebaulichen Zielen zwingt immer zu Vorbereitungen und Abstimmungen, die umso längere Zeit benötigen, je umfangreicher die Projekte in den vorgefundenen Stadtkörper eingreifen sollen. Nachvollziehbar ist deshalb die Absicht, mit einer neuen Gestaltung des Eingangs in die Stadt am *Quarré* und der Promenade *Unter den Linden* beginnen zu wollen: Wo in Berlin, wenn nicht an dieser Stelle, konnte den europäischen Mächten und zugleich den Berliner Bürgern gezeigt werden, welche politischen und kulturellen Ziele das Königreich künftig verfolgen würde?

Der Neubau des Brandenburger Tores stellte vermutlich Auftakt und Herzstück einer umfassenden Modernisierungsabsicht dar, zu deren Realisierung neue Künstler hinzugezogen werden mussten. Langhans wurde umgehend aus Schlesien nach Berlin mit dem Auftrag gerufen, zunächst als Vizedirektor des Oberhofbauamtes die Bauvorhaben Friedrich Wilhelms zu gestalten, und zugleich das ästhetische Programm seiner Regierung auszuarbeiten. Die Daten sind keinesfalls eindeutig, die Aktenlage ist dürftig. Das erste gesicherte Datum, der 11. April 1788, findet sich auf einem Schreiben Woellners an das Königlich Preußische Gouvernement, dass *„auf Allerhöchsten Befehl"* hin sofort mit dem Bau des Tores begonnen werden solle. Es bleibt jedoch zweifelhaft, *„daß König Friedrich Wilhelm II. den Bau im April 1788 befohlen und eine Zeichnung dazu genehmigt habe"*.[15] Eine solche Datierung des Auftrags an Langhans unterschätzt die Schwierigkeiten der Entwurfsarbeiten. Da der Architekt keine Erfahrung mit Torbauten besaß, auch eine bislang unübliche Gestalt gewählt wurde, benötigte er sicherlich längere Zeit, um stilistische Unsicherheiten zu überwinden und die genauen Proportionen und die Statik des Bauwerks zu berechnen. Vermutlich fing er, der Planungspraxis des 18. Jahrhunderts entsprechend, mit Ideensskizzen an, die er dem Intendanten v. Woellner und dem König vorzulegen hatte. Nicht auszuschließen sind Diskussionsrunden im Hofbauamt und im Oberbaudepartement mit anderen preußischen Staats-Architekten, um deren Sachverstand z. B. für die Abklärung der stilistischen und statischen Probleme seines Entwurfs zu nutzen. Vorträge im Zivilkabinett, Beratungen mit Geheimräten, Ministern, mit dem König selbst, werden wohl mehrfach stattgefunden haben. Womöglich musste Langhans seinen Entwurf mehrmals grundlegend ändern, bis sich klare Alternativen, zu den anderen, noch unter Friedrich II. geplanten oder bereits im Bau befindlichen Toren, gezeigt hatten. Zwei oder gar drei Varianten wird es wenigstens gegeben haben, die als Skizzen oder gar als maßstäbliche Reinzeichnungen zur Entscheidungsfindung vorgelegt worden waren. Als Woellner am 11. April 1788 die Baumaßnahmen anordnete, war dies sicherlich das Ende einer längeren Planungsphase, die vermutlich bereits im Herbst 1786, spätestens jedoch im Frühjahr 1787 begonnen hatte.

In welchem städtebaulichen und stilistischen Zusammenhang das neue Brandenburger Tor mit anderen Projekten stand, ist bislang nicht eindeutig geklärt worden. Unklar ist bis jetzt auch geblieben, wer der Initiator des Bauprogramms war, welche Anteile der König persönlich an der Ideenfindung hatte. Friedrich Wilhelm, auch wenn es um gewichtige politische Entscheidungen ging, verhielt sich eher zaudernd, als dass er streng seine Vorstellungen durchgesetzt hätte. Die Tätigkeit Woellners im Staatsbauwesen, des Mannes mit dem ausgeprägtesten Willen zur Macht in der Umgebung des Königs, wurde bislang nicht gesondert untersucht. Ob er der Organisator der Planungen oder doch nur der Makler zwischen Friedrich Wilhelm und Langhans war, könnten nur neue Forschungen herausfinden. Doch zur gleichen Zeit, als Carl Gotthard Langhans aus Schlesien gerufen wurde, waren Friedrich Wilhelm v. Erdmannsdorff aus Dessau/Wörlitz und David Gilly aus Stettin nach Berlin geholt worden. Erdmannsdorff hatte den Auftrag erhalten, sowohl das Schlaf- als auch das Arbeitszimmer Friedrichs II. in Sanssouci und die sogenannten Königskammern im Berliner Stadtschloss umzugestalten; er sollte mit neuer, moderner, also klassizistischer Architektur den spätbarocken friderizianischen Geist des Skeptizismus aus den Bauten und damit aus dem Staat heraustreiben. Und David Gilly, als neues Mitglied des Oberbaudepartements, war gar beauftragt worden, dem gesamten preußischen Staatsbauwesen zu einer neuen praktischen Ästhetik zu verhelfen. Die Berufungen der drei Architekten verraten eine Zielgerichtetheit, hinter der sich ein ästhetisch genau reflektierender, strategisch denkender politischer Kopf befunden haben muss.

Die Architekturen der öffentlichen Gebäude aus den 1970er und 80er Jahren, von Friedrich II. bei Karl von Gontard und Georg Christian Unger in Auftrag gegeben, verharrten in einem schwerfälligen, auffällig barocken Klassizismus, der nun wirklich als veraltet gelten musste. Das Bauprogramm für das Oranienburger, das Rosenthaler oder das Hamburger Tor, noch von Friedrich veranlasst, aber teilweise erst im ersten Jahr der Regierung Friedrich Wilhelms II. begonnen, zeigen deshalb jene barock-repräsentative Triumph- und Machtsymbolik, mit der seit Ludwig XIV. die Autorität des Staates an den Grenzen zahlreicher europäischer Städte ausgedrückt worden war (Abb. 1). Auch Langhans hatte noch 1787 mit jenen traditionellen, barockklassizistischen Mitteln das Schönhauser Tor konstruiert. Das neue Brandenburger Tor, um als Zeichen einer neuen Epoche gelesen werden zu können, musste folglich eine solche Gestalt erhalten, dass es sich von allen anderen, vorhandenen und geplanten Toren grundlegend unterschied. Das Tor sei *„auf Königlichen Befehl, nach der alleinigen ersten Idee Sr. Majestät des Königs"* aufgeführt worden und Langhans habe dann das Projekt ausgearbeitet, berichtete der Akademiekatalog von 1793.[16] Wo aber der König Entscheidungen traf, dort waren seine engsten Berater v. Bischoffwerder und v. Woellner, die beide stets zum Kabinett Zugang erhielten, in unmittelbarer Nähe. Die entscheidende Idee, die Propyläen von Athen zu zitieren, mag von Langhans in die Diskussion gebracht worden sein; deren Umformung zu einem neuartigen Stadttor bedingte jedoch eine kühl kalkulierende Abwägung, die die städtebaulichen und geistigen Konsequenzen einer solchen Zeichensetzung zu ziehen bereit war (Abb. 2). Das erforderte nicht nur eine ästhetische, sondern eine eminent politische Strategie. Am Anfang der Planungen für das neue Tor am *Quarré*, so ist zu schließen, standen deshalb die kulturellen und politischen Absichten des Königs oder seiner Umgebung, für die der Architekt eine städtebauliche-räumliche Form zu finden hatte.

Sicherlich war die Wahl der Propyläen von Athen als Anregung für den Neubau des Brandenburger Tores nicht zufällig, weil außer den römischen Triumphtoren und den nach römischen Traditionen gefertigten Festungstoren des 16. bis 18. Jahrhunderts, keine andere verfügbare moderne Typologie für Stadteingänge existierte. Doch die Propyläen, die monumentale Vorhalle

Abb. 1: Karl von Gontard, Oranienburger Tor in Berlin, Aufnahme von Friedrich Albert Schwartz, um 1867

des heiligen Bereichs der Athener Akropolis (um 435 v. Chr.), verfügten nur über einen schmalen Durchlass, kaum über Ein- oder Durchblicke. Die Propyläen waren im letzten Drittel des 18. Jahrhundert zu einer allgemein verständlichen Metapher für eine „höhere Sphäre" (der Gesinnung, der Gesittung, des Geschmacks) geworden;[17] über sie, als appliziertes Architekturzeichen, konnte deshalb unabhängig von konkreten Zielen prinzipiell verfügt werden. Doch für ein modernes Stadttor schien die Konstruktion ohne gravierende Veränderungen kaum geeignet zu sein: Weil es in Berlin den Weg öffnen sollte, der auf dem Athener Tempelberg abgeschlossen worden war. Langhans solle, so lautete vermutlich der Auftrag, *„die großen und schönen Partien der Stadt und des daran liegenden Thiergartens dergestalt miteinander* [...] *verbinden, daß dem Thor soviel mögliche freye Öffnung und viel Durchsicht gegeben werde"*.[18] Eine Kabinettsordre, die diesen königlichen Auftrag belegt, wurde bislang nicht aufgefunden. Insoweit ist es nicht dokumentiert, ob sich hinter der Forderung nach Öffnung und *Durchsicht* das Interesse des Königs, oder vielmehr der Einfluss des Intendanten v. Woellners auf die Planung der Hauptstadt verbirgt.

Woellner war zweifellos ein intelligenter und gebildeter Mann, der die Tragweite zu erkennen vermochte, den z.T. noch im Bau befindlichen anderen, abschließenden Berliner Stadttoren die ganz und gar neuartige, öffnende Architektur des Brandenburger Tores entgegenzusetzen. Er kannte sicherlich auch die neuen Zollhäuser an der Pariser Stadtmauer, *le mur des Fermiers généraux* (die Mauer der Generalpächter), die in ganz Europa Furore gemacht hatten (Abb. 3). Claude Nicolas Ledoux, architecte du roi, entwarf und baute sie 1784–89, um den Schmuggel an der unübersichtlichen, teilweise verfallenen Pariser Zollgrenze zu verhindern. Ihre Ikonographie ist deshalb vergleichsweise leicht zu entschlüsseln: Sie sind das letzte fiskalische und ästhetische Aufgebot, um das französische Königtum, das vor dem vollständigen Bankrott stand, finanziell zu sichern. Die Architektur ist unerhört modern, mitunter kristallin und hart, an einigen Gebäuden fast schon hochmütig und arrogant. Die Zollhäuser, hinter der eigentlichen Schranke auf der Stadtseite gelegen, beherbergten Wachlokale, Arreststuben und Aufbewahrungsräume für die konfiszierten Waren. Der Architektur fiel die Aufgabe zu, den königlichen Stadtzoll mit moderner ästhetischer Autorität auszustatten (Abb. 4). Und als ausbeutende, unterdrückende Autorität sind die Zolltore offensichtlich auch verstanden worden: 1789 wurden viele von ihnen von den revolutionären Bürgern in Brand gesteckt, so dass nur wenige überdauerten. Das neue Brandenburger Tor, obgleich auch ein Zolltor, wirkt nicht durch eine abschreckende kantige Härte, sondern, trotz der dorischen Säulen, einladend, offen und geläutert. Intendant v. Woellner hatte aus gutem Grund Langhans vermutlich nicht aufgefordert, sich mit jenen Pariser Zollhäusern auseinander zu setzen, damit dessen Entwurf von deren Bildwirkung profitiere. Langhans wäre hierzu ohne Zweifel in der Lage gewesen, da er, der große Historist der preußischen Architektur zwischen 1790 und 1800, alle verfügbaren Stile – Neorenaissance, Barockklassizismus, Rokoko, Neogotik[19] – gleichermaßen beherrschte. Auch die Verarbeitung des Athener Propyläen-Motivs, wie es Ledoux nach 1775 als Eingang in die Salzfabrik bei Arc-et-Senans genutzt hatte, blieb ohne Wirkung auf das Brandenburger Tor. In jener Saline, die wohl eher eine Strafanstalt als eine utopische Gemeinschaftssiedlung war, wurde Salz, die heimliche Zweitwährung der Franzosen, unter harten Arbeitsbedingungen

Abb. 2: Johann Carl Richter, Athener Propyläen (nach 437 v. Chr.) und Brandenburger Tor in Berlin, Stich von 1795

gewonnen. Ledoux, der geniale Architekt und unmenschliche Ausbeuter, hatte die Anlage mit einer undurchdringlichen Mauer umgeben, um jeglichen Salzschmuggel zu unterbinden. Die dorischen Säulen verschatten den Zugang, eine Grotte mit Eichentür, in der Mitte. Kolonnade und Grottenarchitektur vermitteln den Eindruck eines abgeschlossenen, geheimnisvollen, unterirdischen Reiches, das nicht jedermann Zugang und schon gar nicht wieder Ausgang gewährt (Abb. 5).[20]

Langhans ging, wozu ihn schon der Auftrag des Königs verpflichtet hatte, einen völlig anderen Weg, die dorische Architektur, also das Motiv der Propyläen, für einen modernen Entwurf zu nutzen. Er beschrieb seine Entwurfshaltung in einem unmissverständlichen *„Pro Memoria"*:

Die Lage des Brandenburger = Tores ist in ihrer Art ohnstreitig die schönste von der ganzen Welt,

Abb. 3: Claude Nicolas Ledoux, Rotonde de la Villette, Paris 1788, Aufnahme 2008

Abb. 4: Ledoux, die Rotonde de la Villette, Detail

um hiervon gehörig Vortheile zu ziehen und dem Thore so viel Oefnung zu geben, als möglich ist, habe ich bey dem Bau des Neuen Thores, das Stadt = Thor von Athen zum Modelle genommen, so wie solches von le Roy und Stuart et Revett nach denen noch gegenwärtig in Griechen = Land befindlichen Ruinen, umständlich beschrieben wird. Nach dem 1. Plane sind die 4 Oefnungen an der Seite 12 Fuß 4 Zoll, also bald soweit, als das gegenwärtige Thor, welches 12 Fuß 10 Zoll hält, die Mittlere Oefnung hingegen ist 18 Fuß 4 Zoll weit."[21]

Zu diesem Zweck der Öffnung fasste er auch die dorischen Säulen schlanker, eleganter, befreite sie von jener gedrungenen Gestalt, jener Schwere und Würde, die die des Originals kennzeichneten. Langhans' Tor schließt dadurch nicht ab, sondern lädt ein hindurchzuschauen, hindurchzugehen, zu verweilen. Selbst der Abstand der Eisenstäbe im abschließenden Gitter, nicht unter fünf Zoll (ca. 13 cm), wurde so berechnet, dass der Blick selbst aus größerer Entfernung nicht verstellt wird. Der Ausdruck der Ursprünglichkeit, des ‚sittlichen Ernstes', dem die dorische Architektur ihre Rezeption in der zweiten Hälfte des 18. Jahrhunderts verdankte, ist zugunsten einer heiteren Gelassenheit aufgebrochen worden, die durch weite Interkolumnien unterstützt wird. In der großen Öffnung nur die Folge einer beabsichtigten Umschaltung der Verkehrswege sehen zu wollen, greift daher zu kurz.[22] Durch jene Gestaltung des Tores wurden letztlich Erfahrungen in Frage gestellt, die zu den nahezu zivilisatorischen Konstanten des europäischen Stadtlebens zu zählen sind: Die Trennung von Stadt (innen) und Natur (außen), die das Überleben der städtischen Lebensform in feindlichen Umgebungen überhaupt erst möglich gemacht hatte, wurde sichtbar aufgehoben.

Die Abbildungen des Brandenburger Tores aus der Zeit um 1800 zeigen einzelne Personen zu Fuß, zu Pferde, Familien, selten kleinere Gruppen, beim Spaziergang, beim Spazierritt auf dem *Quarré*, zwischen den Säulen, im Tiergarten. Sie wirken voneinander isoliert, als fürchteten sie, sich zu nahe zu kommen; so sind sie selbst auf lange Distanzen hin noch als Individuen erkennbar (Abb. 6). Die Öffnung des Tores forderte die Bürger nun geradezu heraus, auf die Promena-

Abb. 5: Ledoux, Portalgebäude der Königlichen Saline Arc-et-Senans, um 1775–78, Aufnahme 2008

de *Unter den Linden* zu kommen und die beiden Sphären, die Stadt und die Natur, bei einem Spaziergang zu erleben.

„Beyde Arten von Lustwandeln, im Freyen der Natur und auf öffentlichen Spatziergängen einer Stadt", konnte der gebildete Bürger 1802 lesen,

„erfüllen den Zweck des Lustwandelns; nur erfüllt ihn jede nicht ganz. Es müssen beyde mit einander verbunden werden, wenn das Lustwandeln alle die Vortheile gewähren soll, welch sich davon für unsere geistige Existenz versprechen lassen. Wer stets nur auf öffentlichen Spatziergängen lustwandelte, würde wenig Sinn für die Natur verrathen, und derjenige müßte die Vortheile der Gesellschaft für allseitige Bildung wenig zu schätzen wissen, welcher, im einsamen Umgange mit der Natur, alle öffentlichen Spatziergänge geflissentlich miede."[23]

Der Spaziergang zwischen Stadt und Natur beruhe *„auf einem ergötzenden Ideenspiele"*, an dem *„Interesse an der Menschheit"*; es gäbe Menschen *„welche eines solchen Interesse's an der Menschheit kaum fähig zu seyn scheinen"*; wer sich beim Lustwandeln *„in moralische[n] und intellektuelle[n] Betrachtungen über Luxus, Verfall der Sitten, Fortschritte der Kultur"* verliere, der wird kaum Möglichkeiten finden, *„sein krankes Gemüth zu erheitern". „Dieß war gewissermaßen ein Fehler Rousseaus, und daher erklärt sich sein zu einseitiger Umgang mit der Natur."*[24]

Umland und Stadt, Natur und Geist sind versöhnt, dies war die Botschaft des neuen Brandenburger Tores, die jeder selbst erfahren könne. Rousseau habe sich geirrt, zumindest seine Naturvorstellung bei weitem zu radikal gefasst. Es sei daher an der Zeit, eine Revision vorzunehmen. Wer wirklich Interesse an der Menschheit habe, der gehe also *„Unter den Linden"* entlang in den Tiergarten, ergötze sich an einem *„Ideenspiele"*. Die Gefahr sei endgültig gebannt: Der Einzug der Friedensgöttin beweise, dass die Kentauren von den Lapithen besiegt wurden. Der Kampf zwischen der Kultur und der Barbarei sei beendet, die Ziele (der Aufklärung?) wären erreicht, es bestehe folglich kein Anlass mehr, weiterhin erbittert zu streiten. Auch die Taten Friedrichs wären Geschichte, auch dies könne jeder beschauen: Der alte König habe als Herkules die letzten Kentauren, die ewigen Barbaren getötet. Geht also durch das Tor, das war die Aufforderung, traut euren Augen. Die aufgeregten aufklärerischen Gemüter sollten sich endlich beruhigen. Warum weiterhin aufklären, so hieß jetzt die Frage, weitere Schritte gefährdeten nur die göttliche Ordnung, führten ins Chaos, womöglich gar in eine Republik.

Der Spaziergang wurde zur geselligen Einrichtung; auf der Promenade, im Park (und im Theater, im Museum, im Kaffeehaus) konstituierte sich die Öffentlichkeit als gesonderte Sphäre außerhalb der bürgerlichen Privatheit. Die kulturelle Grundlage dieser Trennung der Sphären von Öffentlichkeit und Privatheit bestand in der bürgerlichen Individuation, auf der Ausbildung von festen, stabilen Grenzen des Ichs, das im öffentlichen Raum seine Interessen zu artikulieren und durchzusetzen versucht. Indem der Bürger zwischen Natur und Stadt hin und her lustwandelte, wurde er vor aller Augen sichtbar; er zeigte seine Denkungsart im Gespräch, mit seinem Gestus und Habitus als kultiviertes, charakteristisches, eigenständiges Individuum. Die Abschließung im Haus, in Lesezirkeln, in geheimen Gesellschaften hatten ihn hingegen unsichtbar gemacht, in einer ungeklärten Atmosphäre der Halb-Öffentlichkeit verborgen. Der kulturelle und politische Diskurs sollte durch die Entstehung der Öffentlichkeit mithin ent-häuslicht werden, damit der informellen Macht der geheimen Aufklärerzirkel ihr Fundament entzogen werden kann. Jetzt konnte jeder sehen, wer mit wem sich besprach, wer welche Begegnung mied; andererseits wurde den Gegensätzen, weil die Personen unmittelbar im öffentlichen Raum aufeinandertrafen, ihre Zuspitzung genommen. Öffentlichkeit zwang jeden Bürger, die Leidenschaften zu beherrschen, sich selbst zu kontrollieren. Und erst im Aggregatzustand der Öffentlichkeit ließ sich schließlich ein politischer Zwang aufbauen, der dem mächtigen Staat die Kontrolle über die Verhaltensweisen der Bürger ermöglichte. Hierdurch wurde letztlich ein neuer Gesellschaftsvertrag begründet, in dem die Bedingungen des gesellschaftlichen Handelns neu definiert worden waren, andererseits aber die staatliche Macht mit der Öffentlichkeit der Bürger konfrontierte und damit die Entwicklung neuer Herrschaftsstrategien erforderte. Das Konzept, das Absondern einer öffentlichen Sphäre von der Privatheit durch die Einladung zum Spaziergang zu befördern, war nicht romantisch-beruhigend, schon gar nicht feudal-reaktionär, sondern von einer weitblickenden, atemberaubenden Modernität. Das Brandenburger Tor, der Ort und zugleich das Symbol dieser Verbindung von Natur und Stadt und jener Trennung von Öffentlichem und Privatem, brach mit der bisherigen Architekturgeschichte, indem es die verbindliche Ikonographie jeglicher städtischen Torbauten aufhob: Es war modern, nicht nur weil es sich dorisch-antikisch gab, sondern auch, weil es weit öffnete, was vorher aus gutem Grund abgeschlossen werden sollte. Nicht Claude-Nicolas Ledoux, sondern Carl Gotthard Langhans schuf eine Architektur der Revolution, allerdings war es eine gegenaufklärerische Kulturrevolution, die zu gestalten er beauftragt worden war.

Eineinhalb bis zwei Jahre nach dem Tod Friedrichs, im Frühjahr und Sommer 1788 also, zeichnete sich die grundlegende politische und kulturelle Wende in Preußen ab, wobei allein schon die Konkordanz der politischen Daten mit den Terminplanungen des Brandenburger Tor auffallen muss:

Am 11. April 1788 hatte der Indendant v. Woellner dem Gouverneur der Residenz den Auftrag erteilt, Abstimmungen wegen des Abbruchs der alten Wachgebäude und der Errichtung eines Interims-Tores einzuleiten. Am 5. Mai 1788 wurde mit den Abbrucharbeiten der Nebengebäude und wenig später mit denen des alten Tores begonnen, im Juni/Juli begann die Aushebung der Baugruben. Und am 3. Juli 1788 berief Friedrich Wilhelm den Intendanten v. Woellner zum Minister in das Generaldirektorium. Sein Geschäftsbereich umfasste zunächst alle lutherischen Religions- und Schulfragen. Das Religionsedikt, dessen Autorschaft unumstritten ist, mit dem Woellner seinen alten Plan, *„die Aufklärer zu dehmütigen"*, verwirklichen wollte, wurde von Friedrich Wilhelm am 9. Juli verkündet.[25] Woellner inspizierte im Juli 1788 mehrfach die Baustelle des Tores, gab am 23. Juli sein Missfallen über die langsamen Arbeiten zu Protokoll, drängte mit allen Mitteln auf Beschleunigung.[26] In der zweiten Jahreshälfte 1788 ging der Bau voran, und das Religionsedikt begann zu wirken: Die Prediger waren angewiesen worden, Listen zu führen, um die Teilnahme an den sonntäglichen Gottesfeiern, vorrangig der aller Staatsbediensteten, zu kontrollieren. Inspektoren wurden in Kirchen, Schulen und Universitäten entsandt, um die Rechtgläubigkeit der Lehrenden prüfen. Und da in einigen Zeitungen und Büchern dennoch wider diese ‚Heuchelei' polemisiert wurde, auch aus den Kirchen selbst Widerspruch zu vernehmen war, wurde am 19. Dezember 1788 ein Zensuredikt verkündet. Den Entwurf der Kabinettsordre über die Zensur, *„wodurch alle die elenden Scribenten wider die Religion im Zaume können gehalten werden"*, hatte gleichfalls, selbstverständlich, der Minister v. Woellner verfasst.[27] Da in den Wintermonaten nicht gebaut werden konnte, erfolgte nur die Durchsuchungen der Buchhandlungen, der Verlage, sogar der ‚Lesegesellschaften' in verschiedenen Städten nach verbotenen Büchern. Im Frühjahr/Sommer 1789 mögen die Baumaßnahmen am Brandenburger Tor und die Umbaumaßnahmen des preußischen Staates wieder parallel verlaufen sein. So dass am 16. August 1789, als Woellner anlässlich der öffentlichen Ausstellung des Gipsmodells vom Brandenburger Tor in der Akademie seine Abhandlung über die Verschönerung der Residenz verlesen hatte, die Berliner Bürger also die Auferstehung Athens in der märkischen Landschaft bewundern, die Durchlässigkeit der Grenze von Stadt und Natur erfahren konnten und sich gleichzeitig davor fürchten mussten, als „Naturalist" oder, weit schlimmer, als „Deist" denunziert zu werden.

Nicht alle Reformprojekte, die von der Aufklärung getragen worden waren, wurden von Friedrich Wilhelm und seinem Minister bekämpft. All jenes, was praktisch nutzbar war, konnte weitergeführt, die Modernisierung gegenüber dem letzten Regierungsjahren Friedrichs II. sogar spürbar beschleunigt werden. Die Gesundheits- und Industriepolitik, auch die Architekturausbildung gehörten dazu. Aber das emanzipatorische Herzstück der Aufklärung, jenes *„Sapere aude! Habe Mut, dich deines eigenen Verstandes zu bedienen!"*,[28] wurde herausgebrochen. Friedrich Wilhelm II., sein Kultusminister Johann Christoph von Woellner und der zeitweilige Generaladjutant und Außenminister Hans Rudolf von Bischoffwerder (der die Annäherung an Österreich und die zweite Teilung Polens betrieb) drängten Preußen von seinem Weg ab, der, in längeren Evolutionsprozessen, womöglich eine moderne Gesellschaft hervorgebracht hätte. Sogar die Reformer Stein und Hardenberg, die Preußen nach dem Zusammenbruch von 1806 wieder handlungsfähig zu machen versuchten, wagten es nicht, die emanzipatorischen Implikationen der aufklärerischen Ideen zu reaktivieren. Aber auch das politische und ästhetische Programm, das Friedrich Wilhelm und seine Berater aus der Rosenkreuzer-Loge initiiert hatten, blieb stecken, nicht nur, weil es überall im Land auf offene und versteckte Widerstände gestoßen war. Schon der Krieg von 1787/88 in Holland, der sechs Millionen Taler gekostet haben soll, veränderten die finanziellen Rahmenbedingungen. Auch die Rüstungen für den Krieg gegen Österreich und Russland, dessen Ausbruch 1790 in letzter Minute verhindert werden konnte, lähmten die Staatskasse. Aber erst die Teilnahme am Koalitionskrieg 1792–95 gegen das revolutionäre Frankreich wuchs sich zum Desaster aus, erst die Teilungen Polens von 1793 und 1795 blockierten die Handlungsfähigkeit der Staatsverwaltung nachhaltig. Ein gewaltiger Schuldenberg von ca. 40 Millionen Talern war die Folge dieser Politik; die Finanzkrise, verbunden mit einer Identitätskrise, wuchs sich zu einer umfassenden Gesellschaftskrise aus. Das Projekt, die Residenz zu verschönern, wurde neuen Pri-

Abb. 6 Daniel Berger nach Peter Ludwig Lütke, Brandenburger Tor um 1796

oritäten der Politik geopfert. Schließlich löste der König im Ärger den Minister v. Woellner als Intendanten ab und übergab die Leitung des Oberhofbauamtes Georg Friedrich Boumann: *„Wölner konte ihm* (dem Hofbauamt, U. R.) *nicht länger vorstehn, er hat nicht gegen die ehrlichkeit dabei gefehlt aber er wahr der sache nicht gewachsen, und verseumte darüber seine weit wichtigere Bestimmung.“*[29]

Und so blieb das Brandenburger Tor der Torso eines gegenaufklärerischen Programms, dessen Deutung immer wieder herausfordert.

Anmerkungen

1 Vgl. Albert Naudé, *Der preußische Staatsschatz unter König Friedrich Wilhelm II. und seine Erschöpfung. Beiträge zur preußischen Finanzgeschichte im 18. Jahrhundert*, in: *Forschungen zur brandenburgischen und preußischen Geschichte. Neue Folge*, 5. Band, Leipzig 1892.
Der um 1764 in der Berliner Münze geprägte Reichstaler wog 22,272g, bei einem Silbergehalt von 750/1000 enthielt er mithin 16,70g Feinsilber. Der Tagespreis von einem Gramm 999er Silber betrug am 8. Juni 2023 genau 0,71 €, d. h. der Metallwert eines Reichstalers entsprach ca. 11,86 €. Der Schatz Friedrichs II. kann heute daher auf mehr als 592 Millionen Euro geschätzt werden.

2 Vgl. Walther Schultze, *Geschichte der Preussischen Regieverwaltung von 1766 bis 1786*, Leipzig 1888, MDZ, Digitale Bibliothek, Die Regie war auch deshalb verhasst, weil ihre Erhebung von französischen Beamten vor Ort [Kaffeeschnüffelei] vorgenommen wurde.

3 *Journal von Berlin, Neue Auflage I*, hg. v. A[ugust] F[riedrich] Cranz, S. 108/109, Leipzig 1790.

4 Zur Geschichte und den Zielen der Rosenkreuzer vgl. Ro-

land Edighoffer, *Die Rosenkreuzer*, München 2002, zu den Geheimbünden 18. Jahrhundert vgl. auch Gerhard Steiner, *Freimaurer und Rosenkreuzer. Georg Forsters Weg durch die Geheimbünde*, Berlin 1987.

5 J[oachim] H[einrich] Campe, *Väterlicher Rat für seine Tochter*, in: *Journal, I*, (1788), zitiert bei Paul Schwartz, *Der erste Kulturkampf in Preußen um Kirche und Schule (1788–1798)*, Berlin 1925, S. 15.

6 Woellner polemisierte heftig gegen den Minister Karl Abraham von Zedlitz (1731–1793), der unter Friedrich II. das geistliche Departement im Generaldirektorium geleitet hatte: *„Zedlitz – ‚der gröste Freidenker und ein Feind des Nahmens Jesu' mißbrauche sein Ansehen dazu, die christliche Religion im Land auszurotten und den Deismus und Naturalismus ‚recht Planmäßig' in Preußen einzuführen."* Zitiert bei Uta Wiggermann, *Woellner und das Religionsedikt. Kirchenpolitik und kirchliche Wirklichkeit im Preußen des späten 18. Jahrhunderts*, Tübingen 2010, S. 37.

7 Johann Christoph Woellner am 18. März 1786 an seinen Ordensbruder und späteren Generaladjutanten Hans Rudolf von Bischoffwerder. Zitiert ebenda, S. 85. Hervorhebung U. R. Angeführt auch bei Schwartz, *Kulturkampf* (wie Anm. 5), S. 39.

8 Christoph Martin Vogtherr, *Hauptstadtausbau und Reforminstitutionen unter Friedrich Wilhelm II.*, in: *Friedrich Wilhelm II. und die Künste. Preußens Weg zum Klassizismus*, Ausstellungskatalog Stiftung Preußische Schlösser und Gärten Berlin-Brandenburg 1997, S.125.

9 Gerd Heinrich, *Friedrich Wilhelm II. von Preußen. Bürgerkönig in der Zeitenwende*, in: ebenda, S.23.

10 J[ohann] Ch[ristoph] Woellner, *Unterricht zu einer auserlesenen ökonomischen Bibliothek*, Berlin 1764/65. Ders. *Die Aufhebung der Gemeinheiten in der Mark Brandenburg, nach ihrem großen Vorteil ökonomisch betrachtet*, Berlin 1766.

11 Der Hauptvertreter der physiokratischen Schule war François Quesnay, der seine volkswirtschaftlichen Anschauungen in einem *„Tableau économique"* niedergelegt hatte. Vgl. François Quesnay, Ökonomische *Schriften*, übers. und hg. v. Margherita Kuczynski Bd. 1, Berlin 1971, Bd. 2, Berlin 1976.

12 [Johann von Borcke ?], *Geheime Briefe über die Preußische Staatsverfassung seit der Thronbesteigung Friedrich Wilhelms des Zweyten*, Utrecht 1787.

13 G. F. Trott, *Etwas über das physiokratische System*, in: *Berlinisches Magazin der Wissenschaften und Künste*, hg. v. Wilhelm Jacob Wippel, Bd. 2, St. 1, Berlin 1784, S. 155ff.

14 Am 16. August 1789, anlässlich der öffentlichen Ausstellung des Gipsmodells vom Brandenburger Tor in der Akademie, soll Woellner eine Denkschrift: *„wie die Residenzstädte Berlin und Potsdam durch vortreffliche Gebäude verschönert werden"* verlesen haben. Vgl. Laurenz Demps, *Zur Baugeschichte des Tores*, in: *Das Brandenburger Tor 1791–1991*, hg. v. Willmuth Arenhövel und Rolf Bothe, Berlin 1991, S. 42.

15 Ebenda, S. 40.

16 So zitiert bei Ralph Paschke, *Das Tor und seine architekturgeschichtliche Stellung*, in: ebenda, S. 16.

17 Johann Wolfgang von Goethe gab 1798 bis 1800 eine Zeitschrift für bildende Kunst unter dem Titel ‚Propyläen' heraus.

18 Mit diesen Worten gab Woellner 1793, also im Nachhinein, die Intentionen wieder. Paschke, *Tor* (wie Anm. 16).

19 Z. B. die Mohrenkolonnaden, das Belvedere im Schlosspark Charlottenburg, das Anatomische Theater der Tierarzneischule, der Turmhelm der Marienkirche in Berlin.

20 Zur Grottensymbolik bei Ledoux vgl. Bruno Reudenbach, *Natur und Geschichte bei Ledoux und Bollée*, in: *IDEA. Jahrbuch der Hamburger Kunsthalle VIII/1989*, hg. v. Werner Hofmann und Martin Warnke, München 1989, S. 31–56.

21 *„Pro Memorial"* von Carl Gotthard Langhans, in: Arenhövel, *Brandenburger Tor* (wie Anm. 14), S. 319. Das *„Pro Memoria"* ist nicht datiert. Es kann schon 1787 oder Anfang 1788 verfasst worden sein.

22 Laurenz Demps, *Das Brandenburger Tor*, Berlin 1991, S. 24.

23 Karl Gottlieb Schelle, *Die Spatziergänge oder die Kunst spatzieren zu gehen*, Leipzig 1802, S. 64f.

24 Ebenda, S. 53f.

25 Intention und Text des Religionsediktes fußen auf der *„Abhandlung über die Religion"*, 68 eng beschriebene Foliohalbseiten, die Woellner am 15. September 1785 dem damaligen Kronprinzen übergeben hatte. Vgl. Schwartz, Kulturkampf (wie Anm. 5), S. 72.

26 Angaben nach Demps, Laurenz: Zur Baugeschichte des Tores, S. 40–45.

27 Zitiert bei Schwartz, Kulturkampf (wie Anm. 5), S. 114.

28 Immanuel Kant, *Beantwortung der Frage: Was ist Aufklärung?*, in: *Berlinische Monatsschrift*, hg. v. F[Friedrich] Gedicke und J[ohann] E[rich] Biester, Berlin ,1784, H. 12, S. 481–494.

29 Zitiert bei Schwartz, *Kulturkampf* (wie Anm. 5), S.259.

Moderne und Historismus in der Architektur um 1800.
Zur Architekturtheorie der preußischen Oberbauräte David Gilly und Philipp Berson

In den Jahren 1787/88 wurden der Pommersche Baudirektor David Gilly[1] als Oberbaurat und der Bauinspektor Philipp Berson[2] vom Hofbauamt als Assessor (die Ernennung zum Oberbaurat erfolgte 1790) in das Baudepartement des Generaldirektoriums[3] berufen. Die beiden Architekten, die von jungen Jahren an eine Laufbahn im Baufach verfolgt hatten, entwickelten sich in den 1790er Jahren zu den führenden Mitgliedern der obersten preußischen Baubehörde. Sie gehörten derselben Generation an und stammten beide von hugenottischen Einwanderern ab, so dass durch Verweis auf Herkunft und Alter ihre unterschiedlichen künstlerischen Handschriften und architekturtheoretischen Intentionen nicht erklärt werden können. In ihrer Ausbildung als auch bei ihrer Spezialisierung waren sie jedoch verschiedene Wege gegangen. Gilly hatte, nachdem er 1761/62 seine Arbeit zunächst als Eleve im Neumärkischen Baudepartement begonnen hatte, in verantwortlichen Stellungen Erfahrungen vor allem im Wasser-, Land- und Ökonomiebau gesammelt. Er hatte lernen müssen, mit holzsparenden Technologien zu bauen, die Kosten für alle Bauvorhaben zu kalkulieren und Bauanschläge für verschiedene Gebäudetypen anzufertigen, schließlich den Bauablauf vom Legen der Fundamente über die Dachdeckung bis zum Innenausbau zu überwachen. Es werden wohl eher seine technologischen Kenntnisse, die Fähigkeit kostensparend zu bauen und die Ergebnisse seiner verschiedenen Experimente, nicht aber auffällige ästhetische Neuerungen gewesen sein, die ihn für den Aufstieg in der Staatsverwaltung qualifizierten. Als Beamter in einem preußischen Provinzial-Baudepartement musste er zwar auch abgebrannte Städte zu regulieren wissen und Grund- und Aufrisse von Bürgerhäusern anfertigen können, doch die wenigen überlieferten Zeichnungen aus seiner Dienstzeit in der Pommerschen Kammer – z.B. der Stadt-Regulierungsplan von Jakobshagen oder seine Entwürfe für einige Bürgerhausbauten in Stettin und Stargard – unterschieden sich kaum von den sonst damals in Preußen üblichen Haltungen.[4]

Berson, dessen Leben und Werk bislang nur unzureichend erforscht worden ist,[5] wurde vermutlich im Umfeld des Oberhofbauamtes, entweder im Büro von Carl Philipp Christian von Gontard oder in dem von Georg Christoph Unger, unterrichtet. Seit dem Jahr 1775 ist seine Tätigkeit als Baukondukteur nachweisbar. Die Vermutung liegt also nahe, dass es vor allem seine Ausbildung in der ‚höheren Baukunst' war, der Berson die Berufung in die oberste preußische Baubehörde verdankte. Diese Fähigkeiten schlossen ausgewiesene Kenntnisse im Bauanschlagswesen, in kostensparenden Bautechnologien, in Statik, Wasser- und Wegebau usw. keineswegs aus, sondern setzten sie unbedingt voraus. „*Gut, solide und nach Möglichkeit mit Geschmack*" solle gebaut werden, so hieß spätestens seit Beginn der 1780er Jahre unmissverständlich der Auftrag des Generaldirektoriums an seine Bausachverständigen. Dabei solle auch bei den Bauten der Bürger und der Provinzial-Städte „*für einige Zierde*" gesorgt werden. Die Anwendung „*der besten Regeln der Architektur und Symmetrie*" müsse, so lautete dann das Selbstverständnis der Geheimen Bauräte selbst, zu einer Geschmacksverbesserung führen, um überall im Land „*den unförm-*

lichen Zierrat, die zu einförmigen Gestaltungen, die willkürlichen und unschicklichen Einteilungen der Fassaden" zu überwinden.[6] Berson verfügte, so kann angenommen werden, über ausgewiesene Fähigkeiten, Gebäude mit ausgewogenen *Proportionen*, *Ebenmaß* und *schicklichen Verzierungen* zu entwerfen. Und er schien begabt genug zu sein, das normative architektonisches Zeichensystem des (spätbarocken) Klassizismus, von dem die Baukunst in beiden preußischen Hauptstädten – Berlin und Potsdam – variantenreich seit der Regierungszeit Friedrich-Wilhelm I. (1713–1740) bestimmt worden war, für Bürgerhäuser und Amtsgebäude der Provinzstädte im Interesse der Kostenersparnis soweit zu reduzieren, dass es in der gebildeten Welt noch verstanden werden konnte.

Es trafen also im Jahre 1788 der Pommersche Baudirektor und der Bauinspektor aus dem Hofbauamt im Oberbaudepartement zusammen. Sie mussten, wozu sie schon die Instruktion des Generaldirektoriums verpflichtete, „*kollegialisch*" zusammenarbeiten, d.h. ihre Entwürfe auf der wöchentlichen Sitzung vorlegen, kritisch diskutieren lassen und gegebenenfalls Änderungen vornehmen, so dass sie als abgestimmte Arbeitsergebnisse der Behörde das Haus verlassen konnten.

Gilly

In seinem „*Handbuch der Land-Bau-Kunst vorzüglich in Rücksicht auf die Construction der Wohn- und Wirthschaftsgebäude*", dessen erster Teil 1797, und dessen zweiter Teil 1798 in Berlin erschienen waren, fasste David Gilly seine langjährigen Berufserfahrungen zusammen (Abb. 1). Ein dritter Teil, aus verschiedenen, nachgelassenen Texten zusammengestellt, wurde in zwei Abteilungen von D.G. Friderici 1811 in Halle herausgegeben (Abb. 2). Unübersehbar ist die Intention des gesamten Werkes: Die drei Bände stellen den Versuch dar, das im letzten Drittel des 18. Jahrhunderts rasch angewachsene technologische Wissen allgemein verfügbar zu machen. Dazu hatte Gilly die neueste Literatur ausgewertet, über die eigenen Experimente, z.B. über den Lehmbau und neue Dachkonstruktionen berichtet und bisher nur regional bekannte Bautechniken zum allgemeinen Gebrauch aufbereitet. Es handelt sich bei dem *Handbuch* um eine große Anstrengung, die dem alleinigen Ziel dienen wollte, das Königreich Preußen mit seinen verstreuten, ganz unterschiedlich entwickelten Provinzen mit verschiedensten Baukulturen wirtschaftlich und kulturell voranzubringen.

Um die Zivilbaukunst „*ordnungsgemäß und einigermaßen systematisch*" darzustellen, pflege man, so formulierte es Gilly in der Einleitung seines Werkes, die Materie nach drei Grundsätzen zu gliedern: „*der erste betrift die Dauerhaftigkeit, der zweite die Bequemlichkeit, und der dritte hat die Schönheit der Gebäude zum Gegenstande*".[7] Unschwer lässt sich erkennen, dass die drei Kategorien Vitruvs aus den „Zehn Büchern über die Baukunst", nämlich *firmitas, utilitas, venustas*, die spätestens seit der Renaissance zu den Fundamenten der europäischen Architekturtheorie gehörten, nach wie vor das Denkgerüst der preußischen Baubeamten bestimmten. Da sich die öffentlichen Bauaufgaben innerhalb weniger Jahrzehnte jedoch dramatisch gewandelt hatten, mussten sie auf neue Weise gegeneinander abgegrenzt und zudem der preußischen Verwaltungspraxis entsprechend gedeutet werden. So übersetzte Gilly, durchaus in der Tradition der Architekturtheorie des 17. und 18. Jahrhunderts stehend, *firmitas* als Dauerhaftigkeit und *utilitas* als Bequemlichkeit oder gelegentlich auch als Nützlichkeit, *venustas* aber nicht mehr als Geschmack, Zierde, Zierlichkeit oder Auszierung, sondern schnörkellos als Schönheit.[8] Sie wurde von Gilly als Eigenschaft der Baukunst also keineswegs geringgeschätzt, aber für die *Land- oder Oekononomiebauten*, von deren Konstruktion er in seinen Büchen vor allem berichten wollte, verlangte der Baubeamte nur, dass sie ansehnlich sein, d.h. „*ein gefäl-*

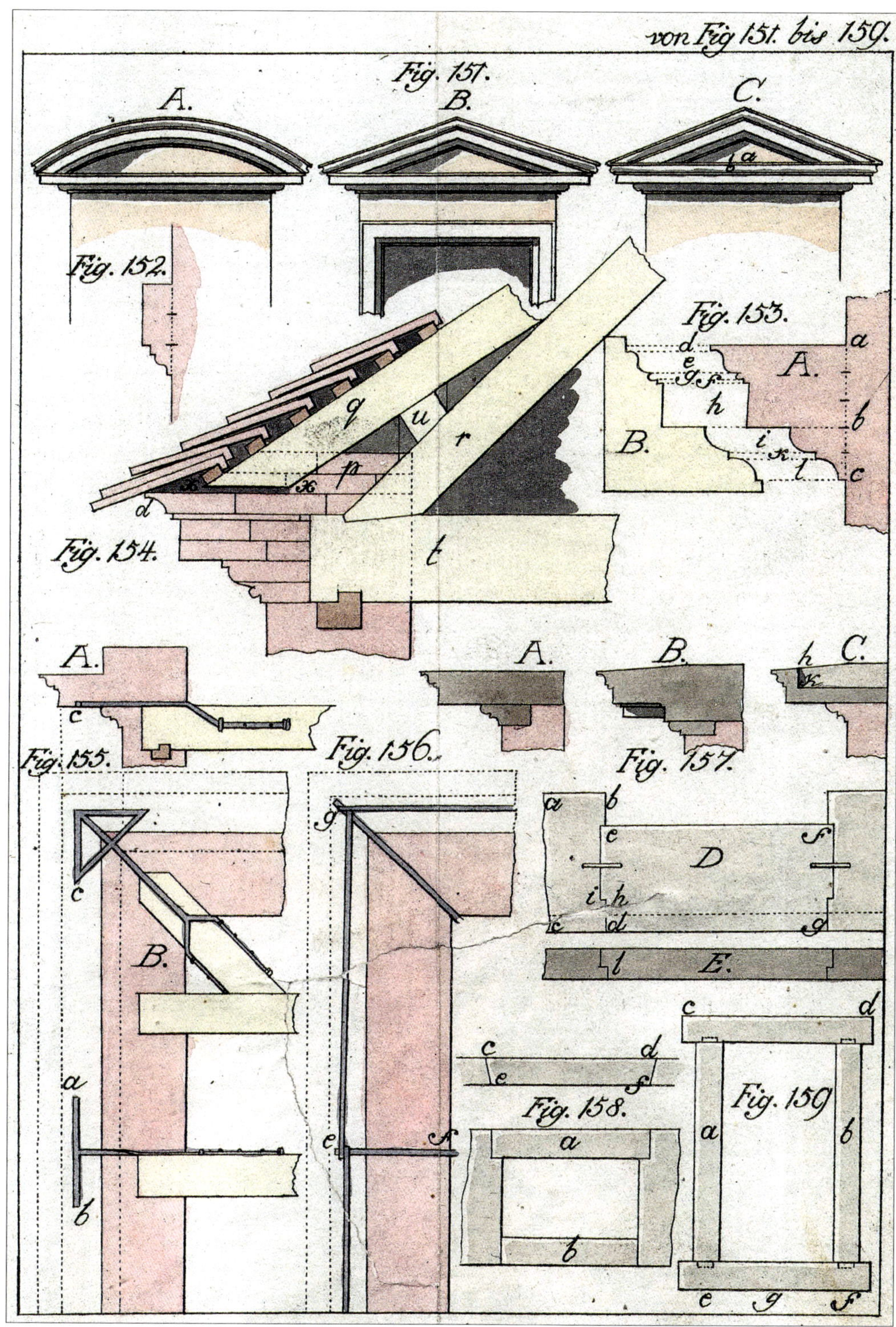

Abb. 1: David Gilly, Handbuch der Landbaukunst […], Erster Theil, von Fig. 151. bis 159.

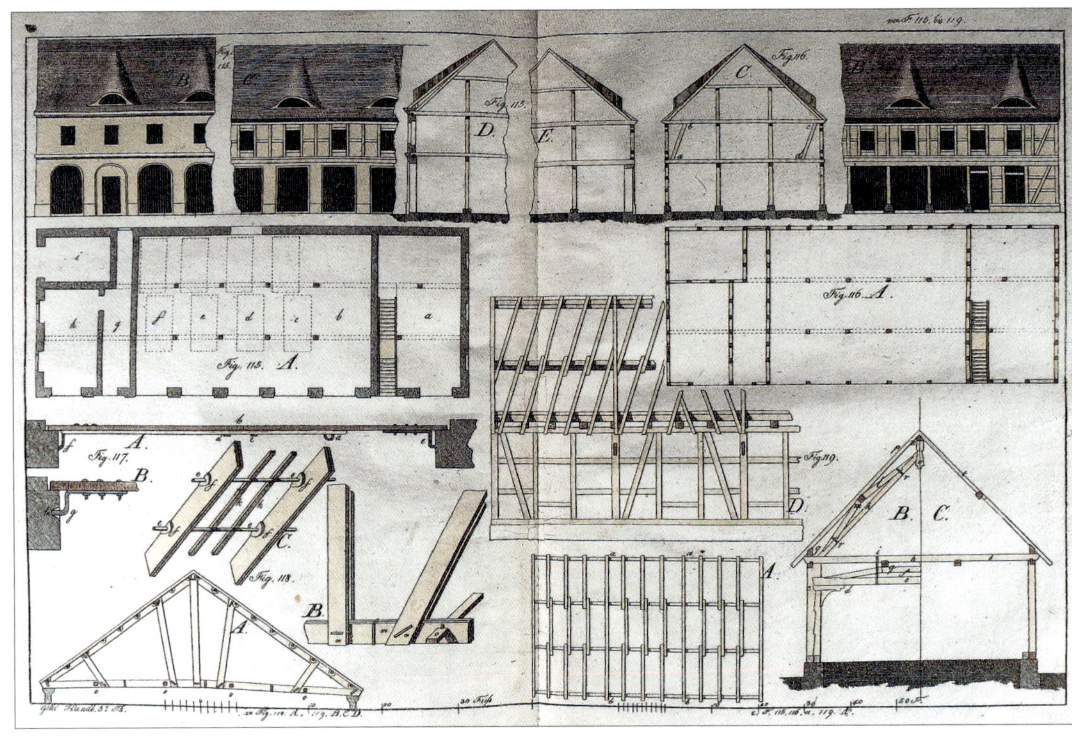

Abb. 2: David Gilly, Handbuch der Landbaukunst [...], Dritter Theil, erste Abtheilung, von Fig. 115. bis 119.

liges Aussehen"[9] erhalten sollten. *Ansehnlichkeit* war, wie Symmetrie und Proportion auch, traditionell in der Architekturtheorie als eine Eigenschaft der *Schönheit* begriffen worden, Gilly aber schied in seinem Werk den Bedeutungsgehalt von *gefälligem Aussehen* konsequent von dem der *Schönheit*. Die *Ansehnlichkeit* von Reitställen, Remisen, Schafställen, Werkstätten u. a. lag damit für ihn außerhalb der Grenze, die von der Kategorie *venustas* gezogen wurde. Ihre Eigenschaften konnten, so ist zu folgern, nicht mehr oder wenigstens nicht mehr vollständig aus dem Formenkanon der klassischen Architektur abgeleitet werden. Mit der *Land-Bau-Kunst*, wie sie Gilly verstand, wurde mithin begonnen, die theoretische Reflexion über das alltägliche Bauen aus den jahrhundertelang bestimmenden Normen der antiken Architektur (bzw. der Architekturtheorie der Renaissance, z. B. der von Serlio, Palladio, Scamozzi und Vignola u. a.) zu lösen. Genau zu jener Zeit, in den Jahren um 1800, als die Konturen eines neuen ‚Klassizismus' in der städtischen Architektur Preußens, insbesondere Berlins, sichtbar zu werden begannen, wurden die kulturellen Bindungen an das ‚Klassische', zumindest zunächst der *Land- oder Oekononomiebauten*, in der Folge dann auch der städtischen Zweckbauten, deutlich gelockert.

Nur mehr Reste der tradierten klassizistischen Formgebung, die Gilly zudem stets kritisch nach ihrer Wirkung auf die *Dauerhaftigkeit* der Gebäude überprüfte, können in seinem Werk aufgefunden werden. Bei der Bemessung der Fenster z. B. folgte er noch unausgesprochen der klassischen Proportionslehre; so war das Größenverhältnis von 2:1 nach Leonhard Christoph Sturm, dem eine zentrale Stellung in der deutschsprachigen

Architekturtheorie der ersten Hälfte des 18. Jahrhunderts zukam, das erste der siebzehn *„auserlesene[n] Verhältnisse"*, die für *„die Harmonie in der Sing-Kunst, und die Proportion in der Meß- und Bau-Kunst"* grundlegend wären.[10] Gilly orientierte die Fenstermaße an jener Proportion, befand allerdings, dass bei geringen Geschosshöhen von ihr abgewichen werden könne:

„Das gute Aussehen eines Gebäudes erfordert, dass die Höhe der Fenster mit ihrer Breite in einem guten Verhältniß stehe; man macht daher die Fenster ganz oder beinahe noch einmal so hoch als sie breit sind. Bei gewöhnlichen Gebäuden muß aber wegen der mäßigen Höhe der Etagen öfters hiervon abgegangen werden".

Die Reduktion der Fensterbreite von Wohngebäuden unter ein bestimmtes Maß, selbst wenn bei deren geringer Höhe gute Proportionen nicht zu erreichen waren, lehnte er im Interesse der Nutzbarkeit ab: *„3 Fuß 6 Zoll* [ca. 1,10 m] *ist dasjenige Maas, wobei zwei Personen zugleich, bequem in einem Fenster liegen können"*.[11]

Auch bei der Konstruktion von Gesimsen und Dächern kann jene eigentümliche Mischung von funktionaler Betrachtungsweise und Forderung nach Ansehnlichkeit beobachtet werden: So unterschied er bei den Gesimsen, um systematisieren zu können, *‚das Hauptgesimß'* von den *‚Thüren oder Fenster-Verdachungen'*: *„Beide Arten sind nicht sowohl der Zierde als des Nutzens wegen vorhanden"*. So hielte das Hauptgesims zwar das Wasser, das vom Dach herabfällt, von den Mauern fern und die Fensterverdachungen schützten die Fenster vor direktem Regenschlag. *„Indessen ist ersterer Zweck"*, die Zierde, *„reeller als der letztere"*.[12] reeller mithin als der praktische Nutzen für die *Dauerhaftigkeit* des Gebäudes. Gilly, keineswegs gewillt, sich auf baugeschichtliche Debatten einzulassen, drängte sein ästhetisches Unbehagen an Verzierungen, die die Bauten nicht dauerhafter, bequemer oder feuersicherer machten, in Nebensätzen zusammen. Auf Gesimse und Fensterverdachungen, wenigstens bei den Cameral- und Ökonomiebauten, konnte also, so kann geschlossen werden, verzichtet werden, solange das Dach mit einer entsprechend vorkragenden Deckung versehen werde.

Und so ist nicht verwunderlich, dass Gilly sogar bei seinen Landschlössern und Amtshäusern, z. B. in Paretz, Kleinmachnow, Gütergotz, Steglitz, Marienwerder usw. zwar nicht ohne Gesimse auskam, die Fenster aber ohne Verdachungen in die kahle Wand einfügte. Wenn dennoch jene *Verzierungen* bei Gebäuden, die zur *höheren Baukunst* gehörten, erforderlich blieben, dann achtete er dann peinlichst genau auf deren Formgebung:

„Nichts beleidiget den guten Geschmack mehr", als wenn sie *„sehr hoch sind"*, d. h. sie sollten eher flächig gehalten werden.[13] Die Figur 157 gibt Beispiele dafür, die Figur 154 hingegen zeigt auf gleichem Blatt die Dachdeckung, die solchen *Zierrat* überflüssig macht.

Diese Methode, die konstruktive Form kritisch aus dem Zweck abzuleiten, dabei auch auf *Ansehnlickeit* zu achten, wandte Gilly gleichfalls in dem Abschnitt *„Von den Dächern"* an. So lehnte er deren landesweit übliche Neigung von 45° (= ½ der Haustiefe) oder noch steiler ab, weil eine sorgsame doppelte Deckung mit Ziegeln oder sogar gut gefertigte Rohr- bzw. Strohdächer bereits bei einer wesentlichen flacheren Neigung der Sparren (1/3 der Haustiefe = 34,5°) die Wasserableitung garantiere. Der geringere Neigungswinkel diene, so Gilly, der Kostenersparnis und zugleich der Ansehnlichkeit:

„Außer dem besseren Ansehen haben die flachen Dächer auch noch den Vortheil, daß die Dachflächen derselben kleiner sind, als bey hohen Dächern und dass sie mithin etwas weniger an Baumaterialien erfordern", außerdem böten sie dem Sturm eine geringere Angriffsfläche.

Und so lehnte er auch die Mansarddächer nicht wegen ihres barocken, also schlechten Aussehens ab; da sie aber *„viele Dachfenster"* erforderten, widersprächen sie dem Zweck der Dauerhaftigkeit. Dachfenster wären zudem selbst *„bey der besten Construction derselben, doch beständige Regenlöcher"*, auch ließen sie sich, wenn die Sparren verschalt worden wären, nur beschwerlich reparieren.[14]

Die Gliederung der drei Bände der *Land-Bau-Kunst* verrät den Einfluss des rationellen, auf eine Hierarchie von Zwecken gerichteten Handelns als allgemeine Praxis der preußischen Staatsverwaltung. Englische oder französische Anregungen wurden, wie Gilly in Fußnoten nachwies, aufgenommen und verarbeitet, doch insgesamt stellte die Systematik des Werkes eine eigenständige preußische Leistung dar. Wie eine zentrale Staats-Behörde, die den Staatskörper gedanklich zergliedert, so abstraktifizierte und systematisierte David Gilly das Wissen über das Bauen schlechthin. Das jahrzehntelange Training der Beamten, das spätestens mir der Gründung des Generaldirektoriums durch Friedrich Wilhelm I. begonnen hatte, Wesentliches vom Unwesentlichen, Übergeordnetes vom Untergeordnetem zu scheiden, das Allgemeine im Mannigfaltigen erkennen und Einzelerscheinungen verallgemeinern zu können, zeigte seine Wirksamkeit für das Denken der Baumeister. Das zerstreute Staatsgebiet Preußens im 18. Jahrhunderts, das von Litauen bis zum Niederrhein reichte, mithin Territorien unterschiedlichster Bautraditionen, gravierender Unterschiede im Kulturniveau und der wirtschaftlichen Leistungskraft umschloss, erforderte eine entsprechende, differenzierende Behördenorganisation. Der allmähliche Aufbau eines Netzwerkes von definierten Verantwortlichkeiten mag die Fähigkeiten der Staatsbeamten zur Abstraktion begünstigt haben, um einerseits den Gesamtstaat verwalten zu können, andererseits die Herausbildung einer Staatsidee überhaupt erst zu ermöglichen.

Gilly begriff die Unterschiede in den Baukulturen der verstreuten Provinzen als Herausforderung seiner Landbaukunst. Die Unterschiede der Bodenfruchtbarkeit, der Größe des jeweiligen Betriebs, des Klimas, der erreichbaren Absatzmärkte usw. erforderten eigentlich, so schrieb er, *„eine sehr große Mannigfaltigkeit der Einrichtung und Anlage der Gebäude"*. Eine *„allgemeine Anweisung"*, für alle Gebäude wäre daher *„beinahe unter die Unmöglichkeiten zu rechnen"*. Es gebe indes Forderungen, die überall zu erheben sind, ohne dass die *„eigenthümliche Absicht"* des Bauherrn beschränkt werden müsse: *„mit den wohlfeilsten Mitteln dauerhaft, Feuersicher und bequem"* müsse gebaut werden, und dies ließe sich nur erreichen, wenn die Gebäude nach einer *„guten Construction"* errichtet würden. Diese wiederum beruhte *„auf gewissen allgemeinen Grundsätzen"*, deshalb scheine es *„weniger schwierig zu seyn, eine ziemlich allgemein brauchbare Anweisung zur landwirthschaftlichen Baukunst zu liefern"*.[15]

Gilly zerlegte die Gebäude in ihre Elemente, um für jedes die beste Konstruktion und Ansehnlichkeit zu gewinnen. Er begann folgerichtig seine Betrachtungen mit den Baumaterialien, der Grundlage allen Bauens, die er in I. Steine, II. Holz, III. Verbindungs-Materialien, IV. Metalle und V. Farben unterteilte. Von den Voraussetzungen jeglichen Bauens aus richtete er seine Aufmerksamkeit auf den Grund und Boden, in dem die Fundamente gelegt und auf denen dann die Wände errichtet werden. Der zweite Band folgte konsequent der eingeschlagenen Logik: der erste Abschnitt behandelte die Balken und Decken, der zweite die Dachkonstruktionen, der dritte die Dachdeckung, der vierte schließlich den Innenausbau, der von den Fenstern über die Fußböden bis zum Anstrich der Wände reichte. Auf diese Weise wurde, in dem er bewusst von ihren konkreten Zweckbestimmungen absah, in den Konstruktionen, für deren Errichtung Gilly das Wissen bereitstellte, der Bau als an jedem Ort und jederzeit Wiederholbares, als ‚Allgemeines' gedacht. Diese Aufbereitung und Darstellung einer komplexen Materie erinnert an die Logik der Begriffe in Immanuel Kants ‚Kritiken', die sich in seiner Bibliothek befanden.[16] Gilly, der Zeitgenosse des Königsberger Philosophen war, beherrschte die Methode der schrittweisen Abstraktion, um zu allgemeinen Aussagen zu gelangen. In dem es ihm gelang, von allen subjektiven Bedürfnissen der Bauherren abzusehen, wurde der Bau, vielmehr die Konstruktion ‚an sich' vorgestellt. Sie war damit die Projektion von

Abb. 3: David Gilly, Schloss Paretz, Hofseite, Aufnahme 2008

allgemeinen Zwecken, mithin ein bloßes Gedankenkonstrukt, das aber alle Bestimmungen enthielt, um der unendlichen Vielfalt von individuellen Nutzungen Raum und Gestalt zu verschaffen, also *konkret* werden zu können. Dazu musste den Baubeamten vor Ort, die einen Bau aufführen wollten, eine Methode in die Hand gegeben werden, nach der sie die verschiedenen Elemente verknüpfen konnten. Gilly entwickelte eine Art von Bau-Grammatik, die auf der Ableitung eines Elements aus dem anderen, auf dem Vergleichen von Ähnlichkeit und Verschiedenheit, auf dem Ein- und Unterordnen der Teile beruhte und durch die Systematik des Bauablaufs gekennzeichnet war. Auch hierin spiegelte sich die preußische Verwaltungspraxis, und wiederum lässt sich vermuten, dass die Stringenz dieser Methodik durch die Begriffslogik Immanuel Kants beeinflusst worden sein könnte.

„Es sind nämlich die beschriebenen Gebäude hier nicht nach ihrem ökonomischen Gebrauch", hatte er in der Einleitung zum dritten Teil hervorgehoben,

Abb. 4: Schloss Paretz, Gartenseite Detail, Aufnahme 2020

„sondern nur nach der Aehnlichkeit ihrer Construction geordnet, und daher oft Gebäude von sehr verschiedenartigem Gebrauch, als z. B. Scheunen und Reitbahnen, unter einerlei Klasse gestellt worden."[17]

Abb. 5: Schloss Paretz, Gartenseite, Aufnahme 2008

Und so zeigen die Figuren 115 bis 119 des dritten Bandes die gleiche Konstruktionsform, die, wenn ein „*Holzstall*", eine „*Remise*", eine „*Baukammer*", ein „*Spritzenhaus*", ein „*massiver Schuppen*", ein „*Getreidespeicher*" usw. gebaut werden soll, dem Raumbedarf angepasst werden kann. Durch unterschiedlich gelegte Fundamente, entsprechende Mauerstärken, verschiedene Höhen, das Einfügen der „*Thorwege*", und „*Ausfahrten*" u. a. verwandelte sich das Gedankenkonstrukt eines Baus ‚an sich' in die Konstruktion ‚für sich'.

„Es muß jedesmahl auf die Stellung und die Bequemlichkeit beim Gebrauch der Dinge, welche aufbewahrt werden sollen, vorzüglich Rücksicht genommen werden."[18]

Die Anwendbarkeit der imaginierten Konstruktionen blieb das Ziel des Werkes, diese aber, wie abermals betont werden muss, beruhte auf dem Abstraktionsvermögen der Baubeamten, das Allgemeine in der Vielzahl des Einzelnen erkennen und die Einzelform nach allgemeinen Grundsätzen gestalten zu können.

David Gilly war zu diszipliniert um abzuschweifen, seinen Gegenstand, die Landbaukunst, durch ästhetische Reflexionen zur Baukunst überhaupt zu überlasten. Der Bau *an sich*, vielmehr die Konstruktion *an sich*, wurde an keiner Stelle des Werkes zu einer Kunstform stilisiert; nur wenn ihre Anwendung dem Zweck (der *Bequemlichkeit* und der *Nützlichkeit*) diente, gewann der Baukörper *Ansehnlichkeit*, ein *gefälliges Aussehen*. Die Figur 115 belegt jedoch, dass eine solche Konstruktionsweise eine normative ästhetische Kraft zu entwickeln im Stande war, die, wenn die kulturellen Umstände es begünstigten, auch zu neuen Formen in der *höheren Baukunst* führen konnten. Gilly hatte in seiner *Land-Bau-Kunst* an keiner Stelle diese Grenze überschritten. In seiner Entwurfstätigkeit in den beiden höchsten Baubehörden des preußischen Staates, dem Oberbaudepartement und dem Oberhofbauamt, gelang ihm allerdings der erstaunliche Schritt, jene wiederholbaren, überall anwendbaren Konstruktionen als Grundlagen einer neuen Baukunst sichtbar zu machen. Das Landschloss Paretz, das er für den Kronprinzen Friedrich Wilhelm umgebaut und eingerichtet hatte, kann als künstlerische Spiegelung der konstruktiven Gestaltungsprinzipien angesehen werden (Abb. 3). Gilly verzichtete nahezu vollständig auf Schmuckelemente und Würdezeichen; an die Stelle von Pilastern und Säulen, Fensterverdachungen, Akroterien, Eierstäben, Guttae, Zahnschnitten u. a., die dem klassischen Formenkanon entnommen wurden und dazu dienten, den Baukörpern zu gliedern und zugleich die gesellschaftliche Position des Bauherren zu präsentieren, trat die unterschiedliche Färbung der Wände (Abb. 4). Sie half, die höchstens einen halben Stein vorspringenden vierachsigen Eckrisalite hervorzuheben, der Fassade damit den Anschein von Plastizität zu geben. Allein die Eingänge sowohl an der Hof- als auch an der Gartenseite erinnern ganz entfernt noch an das Palladiomotiv bzw. die Serliana, zudem erhielt der Eingangsbereich vom Garten aus noch ein sparsames Dekorum (Abb. 5). Auf der Hofseite zentrieren zwei lombardische Pappeln, die um 1800 als Zypressen des Nordens angesehen worden waren, den Blick auf die Mitte des Gebäudes und rahmen die Tür, zwei Fenster und die darüber liegende, zusammenfassende Segmentbogenöffnung. Dieser Bau kündet durch seine schmucklose Sparsamkeit keineswegs den Beginn eines neuen Klassizismus an. Auch seine stilistische Einordnung in eine kunstgeschichtliche Hilfskonstruktion, den sogenannten Frühklassizismus, hilft nicht wirklich, der kühnen Gestaltung des gesamten Baukörpers begrifflich

Abb. 6: David Gilly, Dorf Paretz, Kirche, Aufnahme 2020

gerecht zu werden. Das Landschloss im Havelland, mit dem Gilly konsequent die konstruktiven Prinzipien seiner *Land-Bau-Kunst* ästhetisiert hatte, begründete vielmehr eine Architektur jenseits allen Stilzwangs, mithin eine Moderne vor dem Historismus.

Doch David Gilly plante und baute in Paretz nicht nur ein Sommerschloss für die kronprinzliche Familie, sondern nach dessen Fertigstellung noch ein Musterdorf in unmittelbaren Nachbarschaft. Die Dörfer, die im Ancient Régime unter dem Einfluss der englischen Gartenbewegung, Rousseaus ‚Rückkehr zur Natur' oder der physiokratischen Wirtschaftstheorie in der Nähe von Residenzen angelegt worden waren – z. B. ‚Le Hameau de Chantilly' (1774) oder ‚Le Hameau de la Reine in Versailles' (1783) –, dienten dem

Abb. 7: David Gilly, Dorf Paretz, Aufriss des Wohnhauses und Staelle des Schulzen Boernicke, aus: Paretzer Skizzenbuch, gezeichnet von Friedrich Rabe

höfischen Zeitvertreib und gleichzeitig einer neuartigen fürstlichen Repräsentation. Der Abriss der alten Kossätenkaten und der Neubau von Bauernhäusern und Wirtschaftsgebäuden zielte in Paretz hingegen auf eine umfassende Reform der Landwirtschaft und die Verbesserung der Lebensverhältnisse. Die Absicht zeigte sich schon im Gebäudeprogramm. Es waren keine windschiefen, strohgedeckten Fachwerkbauten, Wassermühlen an stehenden Seen, zerborstene Schornsteine oder rissige Fassaden vorgesehen, um, wie bei dem Dörfchen der Marie Antoinette in Versailles, eine ländliche, ärmliche Authentizität vorzutäuschen. Sondern Gilly plante solide steinerne Gehöfte, Familienhäuser für Leineweber (mit Werkstätten), für Müller und Fischer, auch sogar für Tagelöhner. Er fügte ein Spritzenhaus, einen Schüttboden, Schulstuben und die Wohnung für den Lehrer hinzu, vergaß auch nicht den Schafstall und die Unterkunft des Schäfers u. a. Die Bauten wurden *gut, solide* und *mit Geschmack* errichtet. Da sie zu den Land- und Ökonomiebauten gehörten, also ohne *Zierrat* auszukommen hatten, schien eine weitere Reduktion ihrer äußeren Erscheinung ausgeschlossen. Um dennoch Unterscheidbarkeit der Bauten und Plastizität des Baukörpers zu erreichen, nutzte Gilly, wie schon beim Landschloss, den gezielten Gebrauch von Farbe oder unterschiedlich gekörnten Putz. Wurde aber die wiedererkennbare Bildhaftigkeit eines Gebäudes angestrebt, dann applizierte er doch Fassadenelemente, die er dem klassischen oder gar dem gotischen Formenkanon entnahm. Erweiterung und Umbau der Kirche erfolgten in gotischer Manier, wobei sich Gilly aber nicht an heimischen, märkischen Formen orientierte, sondern Spitzbögen, Maßwerk und Bauschmuck frei ent-

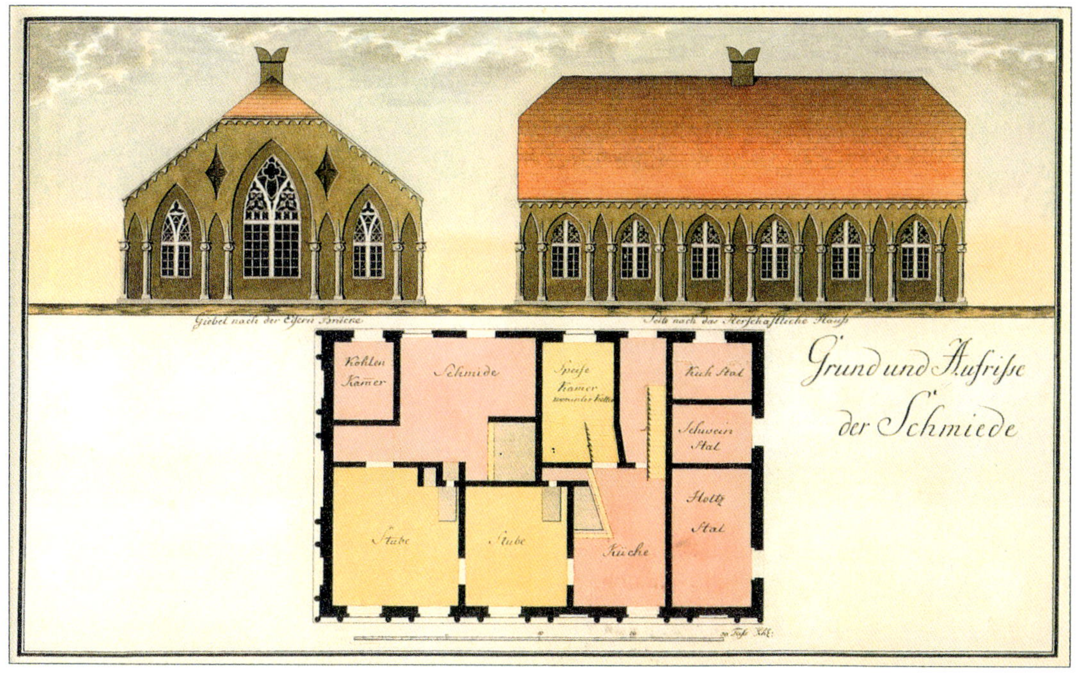

Abb. 8: David Gilly, Dorf Paretz, Grund und Aufriss der Schmiede, aus: Paretzer Skizzenbuch, gezeichnet von Friedrich Rabe

warf (Abb. 6). Ob er sich dabei von englischen Stichwerken hatte anregen lassen, bleibt ungewiss. Am Amtshaus des Schulzen brachte er gar ein Architekturelement an, das selbst am Schloss fehlte: Der Eingang erhielt einen Portikus, der auf vier toskanischen Säulen ruhte, sich also eher klassizistisch präsentierte (Abb. 7). Die Schmiede, am Rande des Dorfes gelegen, wurde dagegen in ein neugotisches Gewand gekleidet (Abb. 8). Die gedrungenen Säulen, die heute die Fassade bestimmen, stellen scheinbar ein Stützgerüst dar, das aber wohl durch die Arbeit der Maurer entstanden ist (Abb. 9). Nach der Abbildung im Paretzer Skizzenbuch sollte die Last der Spitzbögen von Pilastern aufgefangen werden, vor die nach klassischer Art Säulen gestellt waren. Die schlanken Stützen hatten mithin keine wirkliche statische Funktion, sondern sollten, indem sie an die englische Eisengotik des 18. Jahrhunderts erinnerten, nur Handwerk oder Industrie, Stabilität und Festigkeit imaginieren. Hinzugefügt wurden Rundbogenfriese und perspektivisch verzerrte Vierpässe, die gleichfalls farblich von der Wandfläche abgesetzt worden waren. Und auf dem Dach sollte zudem, um den Zeichengehalt des Bauwerks zu vollenden, eine Kerb- oder Schwalbenschwanzzinne aufgesetzt werden. Sie hatte im Mittelalter Verteidigungszwecken gedient, wurde in der späten Gotik und in der Renaissance jedoch als Schmuckform und als Zeichen zur Abgrenzung von Herrschaftsgebieten genutzt. Es handelt sich bei den verschiedenen Bauprojekten in Paretz also nicht nur um den Beginn der Ästhetisierung des Konstruktiven, sondern auch um Schritte zu einem stilpluralistischen Historismus, dessen Elemente jeweils zu freiem Assoziieren einluden. David Gilly gelang mithin das Kunststück, nicht nur die Moderne vor dem

Abb. 9 David Gilly, Dorf Paretz, Detail der Schmiede, Aufnahme 2020

Historismus, sondern auch den Historismus vor dem Klassizismus zu konzipieren (Abb. 10).

Das kulturelle Bedingungsgefüge des Paretzer Schlosses, das die Herausbildung einer *konstruktiven Moderne* überhaupt erst möglich gemacht hatte, muss anheimgestellt werden. Die kulturgeschichtliche Forschung, die hierfür erforderlich ist, müsste ein Bündel von Faktoren berücksichtigen, die hemmenden gegenüber den fördernden Einflüssen zu gewichten versuchen. Begünstigt wurde die Ausbildung jener normativen Kraft des Konstruktiven sicherlich durch das Zerbrechen des barocken Verbandes, das, von Ledoux, Boullée und Lequeu erfolgreich seit etwa 1770 betrieben, in Frankreich der Revolution vorangegangen war; die Ereignisse nach der Französischen Revolution aber, die endgültig auch die architektonische Zeichensprache der ständischen Ordnung, den barocken Klassizismus, unlesbar gemacht hatten, behinderten seit 1791/93 eher die Reformbereitschaft der preußischen Eliten als dass sie sie beförderte. Ebenso widersprüchlich war die innenpolitische Situation in Preußen unter Friedrich Wilhelm II. Die verschwenderische Ausgabenpraxis ermöglichte nach 1786, dem Todesjahr Friedrichs II., zunächst die Realisierung zahlreicher Bauprojekte. Die immensen Kosten der verworrenen Außenpolitik aber, die Finanzierung des Krieges in Holland und die Teilnahme am Koalitionskrieg gegen das revolutionäre Frankreich brachten den Gesamtstaat an den Rand des Bankrotts, so dass die Bauprojekte reduziert oder gar aufgegeben werden mussten. Die drastische Verschlechterung der wirtschaftlichen Lage in allen Provinzen Preußens zwang andererseits zur Sparsamkeit, ermöglichte damit aber, dass sich auch in der Architektur eine Kultur der Sparsamkeit zu etablieren vermochte.

Zur Widersprüchlichkeit der kulturellen Situation zwischen 1786 und 1806 trug sicherlich unmittelbar die Politik des Intendanten des Hofbauamtes und späteren Kultusministers Johann Christoph von Wöllner bei. Wöllner, der Theologie studiert hatte, gehörte der Berliner Loge des wiedergegründeten Rosenkreuzerordens an, der die Aufklärung von religiösen-monarchistischen Prinzipien aus bekämpfte: Wöllner verschärfte die Zensur, überwachte mit geheimdienstlichen Mitteln die Tätigkeiten der Aufklärerzirkel, andererseits trieb er aber energisch die ästhetische Modernisierung der Architektur voran. Bei Wöllner lag letztlich die konzeptionelle Verantwortung für die nachfriderizianische Bauästhetik, zu deren Leitbau das Brandenburger Tor in Berlin avancierte. Auch die zweite und dritte Teilung Polens (1793 und 1795) zeigten ihre Wirkungen: Sie lähmten den Staatsapparat, weil die Verwaltung in den verarmten polnischen Provinzen aufgebaut, zahlreiche qualifizierte Beamten versetzt und beträchtliche Mittel in die Infrastruktur investiert werden mussten. Gilly, dem im Oberbaudepartement die Zuständigkeit für Südpreußen und Neuostpreußen übertragen worden war, stand vor einer nahezu aussichts-

Abb. 10 David Gilly, Dorf Paretz. Wohnhaus eines Kossäten, Aufnahme 2008

losen Situation; er setzte folgerichtig auf verallgemeinerbare, konstruktive, kostengünstige Lösungen, um dem immensen kulturellen und wirtschaftlichen Gefälle zwischen den alten und den neuen Provinzen rationell begegnen zu können.[19] Keinesfalls kann ausgeschlossen werden, dass die Herausforderung, die Bauverhältnisse in den okkupierten polnischen Gebieten verbessern zu wollen, Gilly dazu gebracht haben könnte, sein konstruktives Wissen zu systematisieren und als *Handbuch der Land-Bau-Kunst* zu veröffentlichen.

Berson

Auch François Philipp Berson hatte ein Buch verfasst, mit dem er seine Erfahrungen als Baurat, zuständig für die preußischen Provinzen Kurmark, Ost- und Westpreußen, Magdeburg, Halberstadt und das Fürstentum Neuenburg (das nach 1848/1857 als Neufchâtel zur Schweiz gehörte) zusammenfasste. Vor allem aber der Wiederaufbau der abgebrannten Stadt Neuruppin (1788–1806), bei dem er in verantwortlicher Position tätig war, mag ihn dazu angeregt haben, die in den Provinzial-Baudepartements angesammelten Kenntnisse zum kleinstädtischen Bürgerhausbau zu systematisieren. Das Werk,[20] das 1804 zwar *„auf Kosten des Verfassers"* in Berlin gedruckt, aber sicherlich nicht ohne Zustimmung des Oberbaudepartements veröffentlicht worden war, spiegelte daher, wie schon die *Land-Bau-Kunst* des David Gilly, die ordnende, abstrahierende, und durchaus, innerhalb bestimmter Grenzen, auch kulturierende Vernunft der zentralen preußischen Staatsverwaltung wider. So wundert es nicht, dass David Gilly das Buch seines Kollegen lobend in der „Sammlung nützlicher Aufsätze" besprach:

„Das Haus des geringen, oder öfter verhältnismäßig unbemittelten Bürgers erfordert, dass jeder Winkel gehörig benutzt werde, und dies bedarf öfters weit mehrerer Ueberlegung als da, wo man für die blosse Bequemlichkeit und auch wohl für den Luxus, in Absicht des Raums, freier disponieren kann. Man muss daher dem Herrn Geh. Ob. Baurath Berson danken, dass er sein Augenmerk in diesem Buche, welches mit Wahrheit den Titel führen könnte: ‚der bürgerliche Baumeister', bloss auf jene bürgerlichen Nahrungen und Gewerbe richtete und zeigte, wie man, bey zum Theil eingeschränkten Baustellen dennoch eine zweckmäßige innere Einrichtung treffen könne."[21]

Nur in wenigen provinzialstädtischen Häusern wäre, so begründete Berson das Anliegen seiner Arbeit, der *„Raum, mit Rücksicht auf das Gewerbe des Bewohners"* eingerichtet worden, und *„noch seltener"* gäbe es Häuser, die den Anforderungen von *„Dauer und Feuersicherheit"* entsprächen. Es fänden sich, sogar in der Hauptstadt Berlin, überall *„überflüssig große Flure"*, *„steile unbequeme Treppen ohne Licht"*, schwarze, also feuergefährliche Küchen, *„hölzerne mit Lehm überzogene Rauchfänge"*, fehlende Brandmauern und statische Probleme aller Art.[22] Berson sah folglich seine Aufgabe darin, Grundsätze zu finden, *„welche bei der Einrichtung der Häuser überhaupt und bei den einzelnen Anlagen derselben"* zu beachten sind, und *„Vorschriften wegen der möglichsten Dauer*

Abb. 11–17: François Philipp Berson, Bürgerhäuser in Neuruppin, Details der Fassaden, 1788-98

Abb. 12

und Feuersicherheit" zu erlassen.[23] Seine *Instruktion* richtete sich, wiederum vergleichbar mit Gillys Intentionen, nicht an den regionalen Formen des bürgerlichen Hauses aus, sondern sie „*gründet sich auf allgemeine Regeln, Konstruktionen und Erfahrungen, die bei allen städtischen Gebäuden, ohne Ausnahme der, in manchen Provinzen üblichen Bauarten und verschiedenen Materialien*" angewendet werden können.[24] Im Text und auf den beigefügten Grund- und Aufrissen fanden sich auch konstruktive Details, allerlei Hinweise zur Stärke von Mauern, zur Lage der Balken, für die Anlage von Küchen und Schornsteinröhren usw. Berson empfahl den angehenden Bau- und Werkmeistern, das „*von dem Herrn Geheimen Ober-Baurath Gilly herausgegebene Handbuch*" zu nutzen, um sich „*über die beste Konstruktion aller einzelnen Theile in einem Gebäude*" unterrichten zu lassen. Trotz aller erkennbaren Bemühungen, Verallgemeinerungen zu finden und sie als Anleitungen praktikabel zu machen, hatte Berson seine Arbeit nicht darauf ausrichten können, auf eine der *Land-Bau-Kunst* vergleichbare Weise das Bürgerhaus als Abstraktallgemeines zu konstruieren. Zwei Faktoren, von denen Gilly abzusehen vermochte, musste Berson unbedingt in seine Analyse einbeziehen. Er hatte erstens die Häuser „*nach Verschiedenheit ihrer Größe und mit Rücksicht auf die bürgerlichen Gewerbe*" zu entwerfen,[25] also die Berufe und die soziale Stellung der Bürger zu berücksichtigen, und er musste zweitens deren Fassaden zwingend nach den Prinzipien der „*Schönheit*"[26] gestalten.

Die „*gehörige Klassifikation*"[27] der Bürgerhäuser, die Berson vorschlug, nahm die bei verschiedenen Retablissementsprojekten lange Zeit eingeübte Verwaltungspraxis auf, die Bürger nach Gewerbe, Stellung in der Stadtgemeinde, Einkommen und ihrem Beitrag zum Akziseaufkommen der Stadt in Gruppen einzuteilen, d.h. einer *Klasse* zuzuordnen. Dahinter kann die Absicht der Staatsbehörden erkannt werden, die sozialen Unterschiede zu definieren und somit überschaubar zu halten, andererseits aber für eine ausreichende *Nahrung* jedes Gewerbes sorgen zu wollen. Allerdings beruhte der Begriff der Klasse keineswegs auf einer alle Landesteile umfassenden Sozialstatistik. Die Zuordnung wurde, um ordnen und verwalten zu können, jeweils nach den örtlichen Bedingungen festgelegt. Berson suchte deshalb nach plausiblen, am Raumbedarf des Bauherrn orientierten Kriterien,

Abb. 13

Abb. 14

also nach einer einheitlichen Klassifizierung, d. h. nach einem am Haus selbst sichtbaren Maß. Er schlug vor, die Häuser schlicht in *„kleine, mittlere und größere"* einzuteilen. Deren Abmessungen könnten zwar *„unendlich verschieden seyn"*, doch hätte sich längst die Gewohnheit herausgebildet, deren Größe *„nach der Anzahl ihrer Fensteröffnungen zu schätzen"*.[28] Bei deren angenommenen mittleren Breite von 3¼ Fuß [1,02 m] und der Pfeiler von 3¼–3½ Fuß [1,02–1,10 m], könne, durch Multiplikation jener Maße mit der Anzahl der Fensterachsen, die Breite der traufständigen Häuser hinreichend genau bestimmt werden. Diese Schätzung ermögliche es dann leicht, so Berson, deren Einteilung in Klassen:

„Man kann hiernach die Häuser von 3 bis 4 Fenster zur Klasse der kleinen, von 5 bis 7 Fenstern zu den mittlern, und die von 8 und mehreren Fensteröffnungen zur größeren rechnen."

Durch die Anzahl der Fensterachsen wäre auch festgelegt, *„wie viel Stuben, zu 2 Fenstern gerechnet, nach Abzug der Eingangsöffnungen längs der Vorderfronte"* angelegt werden könnten. Die *Klassifikation* der Häuser nach ihrer Größe zog dann folgerichtig die Regelung der Grundrisse nach sich, und die ließe sich nicht erreichen, ohne den Raumbedarf der Eigentümer zu bestimmen:

„Sämtliche städtischen Gewerbe und Handthierungen lassen sich in Ansehung der Häuser oder des Raums, den sie zu ihrem Betriebe bedürfen, in [...] *drei Hauptklassen eintheilen."*[29]

Zur ersten Klasse der Gewerbetreibenden, die nur die kleineren Häuser von drei bis vier Fensterachsen benötigten, gehörten u. a. Strumpfmacher, Schlosser, Tischler, Schneider, Schuhmacher. Die Hutmacher, Bäcker, Stellmacher u. a. bildeten die zweite Klasse, Kaufleute, Apotheker, Brauer usw. dann die dritte Klasse, denen größere Häuser gebaut werden müssten. Berson systematisierte mithin die Methode der Klassifizierung und vereinfachte zugleich ihre Handhabung; ihm gelang es in seiner *Instruktion*, das abstrakte Wesen der stadtbürgerlichen Existenz, das Haus *an sich*, präziser als jemals zuvor herauszuarbeiten.

Das bürgerliche Haus ließ sich aber nicht allein durch eine kostengünstige und stabile Verbindung der konstruktiven Elemente herstellen, sondern dessen Bau schloss die Notwendigkeit ein, mit ihm den städtischen Raum zu formen und die soziale Ordnung auch sichtbar werden

Abb. 15

Abb. 16

zu lassen. Berson stellte, wie Gilly in seiner *Landbau-Kunst,* den Bau- und Werkmeistern eine Art von Bau-Grammatik zur Verfügung, damit sie die Berechnung des Hauses *an sich* zu einer konkreten, individuellen Gestaltung zu führen vermochten. Sein Buch beinhaltete zwar hierfür zahlreiche technische Vorschriften, zu Mauerstärken, Decken, Dachböden, Kellergewölben, Öfen usw., gleichfalls aber auch soziale und künstlerische Anweisungen. So musste er die *‚zweite Hauptklasse'* (die Häuser mittlerer Größe z. B. für Hutmacher und Bäcker) in zahlreiche *‚Unterabtheilungen'* gliedern, um der *„Verschiedenheit der Handthierungen oder Arbeiten und des dazu nöthigen Gelasses"* [30] gerecht zu werden. Anleitungen zum Einordnen von Läden, Werkstätten, Back- und Gießöfen, Durchfahrten usw. verwiesen auf die soziale und gewerbliche Ausdifferenzierung auch in den Provinzialstädten; Berson hatte erfahren müssen, dass es selbst ein erfahrener Baurat um 1804 nicht mehr vermochte, Größe und Raumprogramm des bürgerlichen Hauses allein durch Festlegung der entsprechenden Anzahl von Fensterachsen bestimmen zu können. Es ist nicht zu übersehen, dass die Methode, mittels der das Bürgerhaus als reines Gedankenkonstrukt, vom bloß *vorgestellten Sein* mit Hilfe einfacher Rechenoperationen zu einer konkreten, wahrnehmbaren Individualität überführt werden sollte, allmählich an ihre Grenzen stoßen musste.

Umso wichtiger war die Gestaltung der Fassaden geworden. Die *„Bau- und Werkmeister"*, schrieb Berson, hätten unbedingt auf eine

„gute Anordnung der Façaden oder Vorderwände der Wohnhäuser [...] *Rücksicht zu nehmen"*, weil *„das gefällige äußere Ansehen der neuzuerbauenden Häuser in den Städten nicht zurückgesetzt werden darf"*.

Bislang habe man *„an vielen Gebäuden überhäufte und geschmacklose Verzierungen angebracht"*; um *„in einem guten Geschmack zu ver-*

Abb. 17

zieren" bedürfe es des deshalb der „*Kenntnis und Uebung in der schönen Architektur*", die umso notwendiger sei, weil für die provinzialstädtischen Häuser „*nur ganz einfache Verzierungen*" erforderlich wären.[31] Grundsätzlich blieb also das bürgerliche Haus auch in den Provinzstädten dem Prinzip der *Schönheit* verpflichtet, d. h. es befand sich, im Unterschied zu den *Land- und* Ökonomiebauten, innerhalb der Grenzlinie, die Vitruvs Kategorie *venustas* gezogen hatte. Seine ästhetischen Eigenschaften konnten daher nicht ohne die klassischen, seit der Renaissance verbindlich gewordenen Schmuckformen gefunden werden. Sein Äußeres, sein öffentliches Gesicht, die Fassade, bedurfte einer „*symmetrischen Eintheilung der Fensteröffnungen*" und erforderte „*eine gute Proportion der Gesimse*".[32] Bersons umfänglicher ästhetischer Forderungs-Katalog, nach dem die Baumeister auf „*geschweifte oder gerade Tafeln*", „*krummlaufende Verdachungen*", auf „*geschnörkelte Schlusssteine, Gewände*" u. a., kurzum auf alle „*zweckwidrige[n] Verzierungen*"[33] verzichten sollten, zielte auf eine bewusste gestalterische Distanzierung zur barocken Verformung der klassisch-antiken Architekturelemente. Sein Buch kann deshalb als ein wichtiger Schritt hin zu einem neuen ,Klassizismus' gedeutet werden, auf den sich die preußischen Oberbauräte *kollegialisch* verständigt hatten.

Bersons Forderungen von 1804 standen dann aber in einen auffälligen Gegensatz zu seiner eigenen Entwurfspraxis in Neuruppin von 1788 bis ca. 1796/98 (Abb. 11–17). In der Vorbereitungsphase des Wiederaufbaus der märkischen Provinzialstadt war angewiesen worden, jedes Haus mit einer individuellen Fassade zu versehen. Das Oberbaudepartement, bei dem die Verantwortung für alle Entwürfe lag, hatte bei seinem jüngsten Mitglied eine *Mannigfaltigkeit* guter Einzelfassaden in Auftrag gegeben, mithin eine *Einförmigkeit* strikt abgelehnt. Hinter dieser Forderung verbarg sich ein gestalterischer und sozialer Paradigmenwechsel beim bürgerlichen Hausbau, der um 1760/70 eingesetzte hatte. Während bis zur Mitte des 18. Jahrhunderts die Forderung nach *Mannigfaltigkeit* vor allem für die *Verzierungen* galt,[34] wurde sie danach allmählich als Gegensatz zur *Simplicität, Einförmigkeit, Einfalt* begriffen. So hielt der Hallenser Philosoph Christian Gottfried Schmitz 1776 verallgemeinernd fest, dass

> „*Schönheit*" *nichts anderes als* „*Vollkommenheit in der Verbindung des Mannigfaltigen*" *sei,* „*die bloße Vielheit der Theile bey einer gänzlichen Einförmigkeit, ist zur Erzeugung der Schönheit nicht hinreichend*".[35]

Berson hatte vor keiner leichten Aufgabe gestanden, als er ab 1788, ohne sich zu wiederholen, die Fassadenrisse für mehr als 400 Häuser anfertigen sollte. Er variierte, zitierte, vergröberte und verfeinerte, kombinierte und reduzierte all jene Formen, mit denen sich der barocke Klassizismus im 17. und 18. Jahrhundert zu einem internationalen Stil ausdifferenziert hatte (Abb. 18–23). Ausgangspunkt, vor allem bei den wenigen großen, repräsentativen Häusern, blieb

Abb. 18–23: François Philipp Berson, Entwürfe für städtische Wohngebäude, 1802

Abb. 19

№ II.
40 Fuß
5
10
20
30 Fuß
entworfen d. Berson.
geäzt v. Schleuen.

Abb. 20

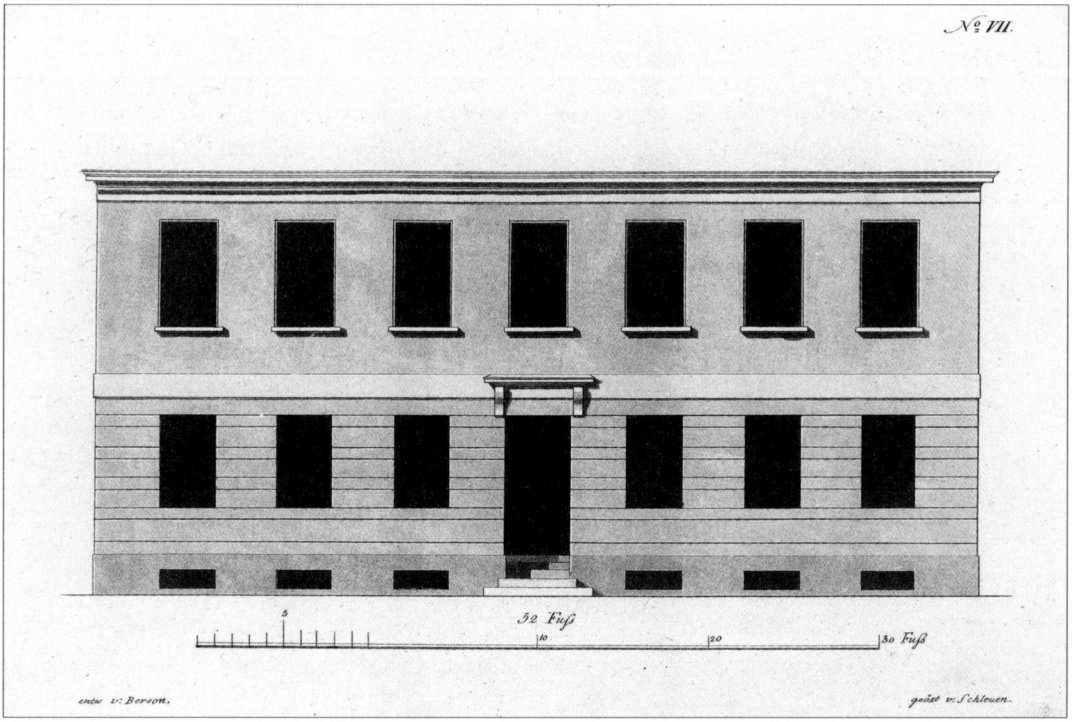

№ VII.
52 Fuß
5
10
20
30 Fuß
entw v: Berson,
geäzt v: Schleuen.

Abb. 21

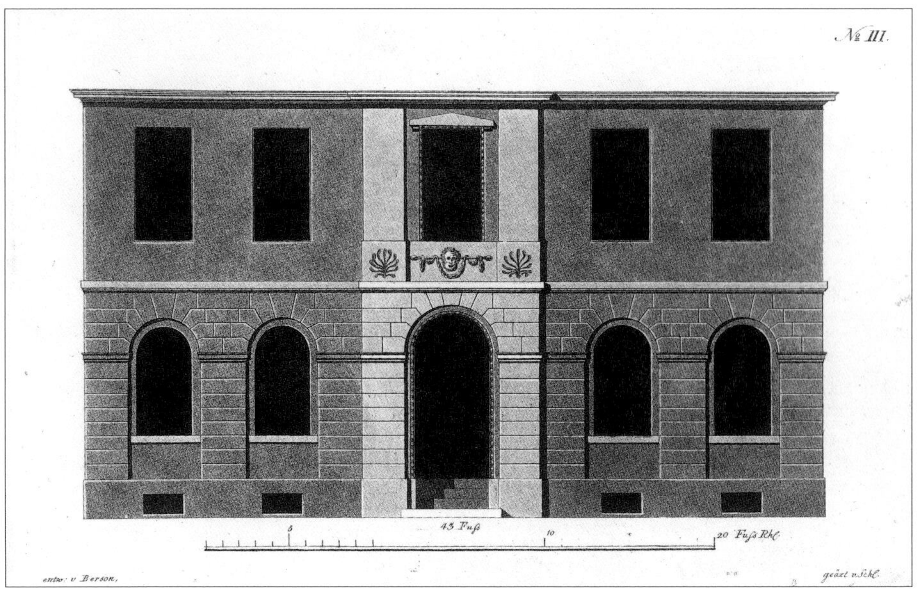

Abb. 22

die friderizianische Architektur, die er wohl bei Gontard oder Unger gelernt haben dürfte. Mit Kolossalpilastern in toskanischer, seltener in ionischer oder nur einmal in korinthischer Ordnung, formulierte er das stilistische Leitmotiv des Wiederaufbauprogramms. Mittelrisalite, nur geringfügig vorspringend, zentrieren häufig den prüfenden Blick auf die Eingänge der Häuser, wollen auf eine Hierarchie der dahinter liegenden Räume hinweisen, die funktional überhaupt nicht eingelöst werden sollte. Das klassische Formenrepertoire, von dem seit der Renaissance die europäische Palast- und Hauskultur variantenreich bestimmt worden war, stand Berson zur freien Verfügung: Kranz- und Gurtgesimse, Pilaster, Festons, Zahnschnitte, Guttae in allen denkbaren Größen, Dreiecks-, Segment- und Wellengiebel in gezogenen, gestauchten und gesprengten Formen zur Fensterverdachung u. a. verweisen auf die vielfältigen Erscheinungen der Antikerezeption im letzten Drittel des 18. Jahrhunderts. Allerdings finden sich auch Ablösungserscheinungen. So fällt bei vielen Häusern der Verzicht auf übergreifende, große Wandgliederungen auf, der schon aus Kostengründen unerlässlich war. Der Bauschmuck wurde zumeist deutlich reduziert, so dass die kahle, die glatte Wand zu dominieren begann. An einigen Häusern fehlt klassischer *Zierrat* vollständig; sie verkörpern eine zeitlose, schlichte Bürgerhauskultur. Manierismen finden sich an vielen Häusern; überdimensionierte Schlusssteine ohne konstruktiven Zweck, aufgesetzte Putz-Bandagen sind die ästhetischen Zeichen einer vorgestellten Festigkeit, die nicht durch eine besondere Konstruktionsweise legitimiert waren. Berson variierte mithin verschiedene Reduktionsformen der späten Renaissance und des barock-klassizistischen Stils, um in den späten neunziger Jahren, wenigstens an zwei Häusern, auch noch der beginnenden Gotikrezeption zu folgen. Hier endete in der Tat unwiderruflich der Barock, aber nicht mit einem neuen Klassizismus,[36] vielmehr in einem Durcheinander der verschiedenen stilistischen Strömungen. Die Forderungen, die Bürgerhäu-

Abb. 23

ser durch individuelle Fassaden kenntlich zu machen und dabei auf die *Mannigfaltigkeit* der Gestaltungen zu achten, hatten Berson geradewegs zu einem historisierenden Stilpluralismus geführt, der gar als frühe Form des Eklektizismus gedeutet werden könnte.

Das Entwerfen nach der ästhetischen Normativität des Konstruktiven, die sich in Gillys *Land-* und *Cameralbauten* angedeutet hatte, verbot sich bei Bürgerhäusern, weil sie der *Schönheit* verpflichtet blieben, also zur *höheren Baukunst* gerechnet worden waren. Dennoch findet sich der Einfluss einer solchen konstruktiven Ästhetik auch in Bersons späteren Fassadenzeichnungen, die er 1802 hatte drucken lassen. Wie schon Gilly in seiner *Land-Bau-Kunst*, so richtete Berson seine Aufmerksamkeit auf die Gesimse und Fensterverdachungen. Alle *„zweckwidrigen Verzierungen"* sollten vermieden werden, hatte er in seinem Buch von 1804 geschrieben, *„statt dessen erhalten die Fenster, entweder nur eine schmale vertiefte Einfassung von 3 bis 4 Zoll, oder einen glatten schmalen Architrav, 5 bis 6 Zoll breit"*. Eine *„gerade Verdachung"* ginge an, aber solche *„architektonischen Verzierungen"* dürften *„nicht zu breit und stark vorliegend angelegt werden"*.[37] Da aber die Gesimse *„bekanntlich den Säulen-Ordnungen entnommen"* wären, und sich für Bürgerhäuser *„nur einfache Gesimse mit wenigen Gliedern"* schickten, so wäre von ihm die toskanische und die dorische Ordnung bevorzugt worden. Beim Entwerfen habe er sich *„in der Hauptsache* [...] an *die Ordnung des Vignols"* gehalten, *„jedoch ohne sich genau an die einzelnen Theile derselben zu binden"*.[38]

In dem Berson 1802/1804 die Ästhetik des Konstruktiven mit einem freien Historisieren verband, verzichtete er darauf, eine Hauskultur jenseits allen Stilzwangs zu begründen. Die Beschränkung im Gebrauch von *Verzierungen*, die seine Möglichkeit zur Gestaltung von *Mannigfaltigkeit* einzuschränken drohten, versuchte er durch die Aufwertung des *„Abfärbens der Häuser"* zu kompensieren:

„Nach dem jetzt üblichen Geschmack färbt man die Häuser in einem dunklen Ton ab, und wählet

hierzu entweder Dunkelroth und Grün, Gelb und Hellgrün, Grau und Weiß, oder die Farben der verschiedenen Sandsteine, als Braungelb, Rothgelb, Braunroth und Grüngelb, in der Art, daß der Grund mit der Hauptfarbenmischung dunkel, und was vorsteht, nämlich die Gesimse und Verzierungen mit derselben Mischung, aber heller abgefärbt wird."[39]

Das Landschloss Paretz wird erst durch jene Anweisung zum architektonischen Gebrauch der Farbgebung vollends verständlich. David Gilly vermochte also, so kann geschlossen werden, seinen konstruktiven Ansatz erst dadurch konsequent zu ästhetisieren, als ihm die *höhere Baukunst* das Mittel des gezielten Abfärbens in die Hand gegeben hatte. Ohne die hellere Tönung der vorspringenden Teile, der angedeuteten Eckrisalite, die sich von dem im dunkleren Ton gehaltenen Mittelbau absetzten, wäre jenes Gebäude fast ohne Verzierungen in seiner langen Einförmigkeit erstarrt. Die konstruktive Moderne, die sich im Werk des David Gilly angedeutet hatte, und der Historismus Bersons, dessen Entwurfs-Methode auf der Forderung nach allgemein verständlicher Mannigfaltigkeit beruhte, stellten mithin keineswegs unüberbrückbare Gegensätze dar: Sie sind vielmehr als die Pole zu verstehen, innerhalb deren Spannungsgefüge sich die Architektur des 19. Jahrhunderts widerspruchsvoll zu entwickeln vermochte.

Anmerkungen

1 David K. Friedrich Gilly (1748–1808).

2 Philipp Bernard François Berson (1754–1835).

3 General-Ober-Finanz-Kriegs- und Domainen-Directorium, kurz: Generaldirektorium, die 1723 von Friedrich-Wilhelm I. geschaffene zentrale Regierungsbehörde in Preußen.

4 Vgl. Marlies Lammert, *David Gilly. Ein Baumeister des deutschen Klassizismus*, Berlin 1964.

5 Vgl. Christof Baier, *Biographische Notizen zum Leben des Geheimen Oberbaurates François Philipp Berson*, in: *Mathematisches Calcul und Sinn für Ästhetik. Die preußische Bauverwaltung 1770–1848*, Ausstellungskatalog. Berlin 2000, S. 47f.

6 Mit diesen Begriffen verständigten sich um 1790 die Baubeamten über die ästhetischen Ziele bei Bauprojekten. Vgl. Ulrich Reinisch, *Der Wiederaufbau der Stadt Neuruppin nach dem großen Brand von 1787 . . .*, Worms 2001, S. 190ff.

7 David Gilly, *Handbuch der Land-Bau-Kunst vorzüglich in Rücksicht auf die Construction der Wohn- und Wirthschaftsgebäude für angehende Cameral-Baumeister und Oeconomen. Erster Theil*, Berlin 1797, S. 1.

8 Vgl. Ulrich Schütte, *Ordnung und Verzierung. Untersuchungen zur deutschsprachigen Architekturtheorie des 18. Jahrhunderts*, Braunschweig/Wiesbaden 1986, S. 22ff.

9 Gilly, *Land-Bau-Kunst* (wie Anm. 7), S. 1.

10 Leonhard Christoph Sturm, *Die unentbährliche Regel der Symmetrie*, Augsburg 1768, S. 3.

11 Gilly, *Land-Bau-Kunst* (wie Anm. 7), S. 249.

12 Ebenda, S. 267.

13 Ebenda, S. 268.

14 David Gilly, *Handbuch der Land-Bau-Kunst [. . .]. Zweiter Theil*, Berlin 1798, S. 50.

15 David Gilly, *Handbuch der Land-Bau-Kunst [. . .]. Dritter Theil*, erste Abtheilung, Halle 1811, S. XIII.

16 Kants Schriften, z. B. die ‚Kritik der reinen Vernunft', befanden sich in der Bibliothek des David Gilly. Vgl. Klaus Jan Philipp (Hg.), *David Gilly's Bibliothek. Reprint des Auktionskataloges von 1808*, Berlin 2000.

17 Gilly, *Land-Bau-Kunst* (wie Anm. 15), S. XV/XVI.

18 Ebenda, S. 186.

19 Zum Zustand und zur Bauart der polnischen Städte in „Südpreußen" vgl. Denkschrift des Ministers v. Voß, enthaltend die Rechtfertigung seiner Verwaltung Südpreußens, Berlin 1796, in: *Das Jahr 1793. Historischer Verein der Provinz Posen*, S. 778–812.

20 François Philipp Berson, *Instruktion für Bau- und Werkmeister über die Einrichtung und Anlage der bürgerlichen Wohnhäuser in den Provinzialstädten, nebst den nöthigen Rissen, um sich derselben beim Entwerfen und Erbauen neuer Häuser als Beispiele bedienen zu können*, Berlin 1804.

21 David Gilly, in: *Sammlung nützlicher Aufsätze und Nachrichten, die Baukunst betreffend*, 6. Jg., 1. Bd. (Berlin 1805), S. 105.

22 Berson, *Instruktion* (wie Anm. 20), Vorbericht, S. III.

23 Ebenda, S. IV/V.

24 Ebenda, S. VI.

25 Ebenda, S. IV.

26 Ebenda, S. 40.

27 Ebenda, S. IV.

28 Ebenda, S. 2.

29 Ebenda, S. 3.

30 Berson, *Instruktion* (wie Anm. 20), Vorbericht, S. 4.

31 Ebenda, S. 82.

32 Ebenda, S. 40.

33 Ebenda, S. 82.

34 Schütte, *Ordnung und Verzierung* (wie Anm. 8), S. 33.

35 Christian Gottfried Schütz, *Lehrbuch zur Bildung des Verstandes und des Geschmacks*, Halle 1776, S. 63.

36 „Der Barock endigt in einem Klassizismus, die Romantik beginnt mit einem. Das stärkere Vordrängen der antikisierenden Strömung seit 1760 kündigt das Ende des Barock an." Sigfried Giedion, *Spätbarocker und romantischer Klassizismus*, München 1922, S. 9/10.

37 Ebenda, S. 83.

38 Ebenda, S. 40.

39 Ebenda, S. 84.

Johann Gottlieb Fichtes ‚Reden an die deutsche Nation' und Karl Friedrich Schinkels Entwürfe für einen ‚Befreiungsdom'.

Die ‚progressive Universalpoesie', das ‚Entwerfen von Bildern' und der Stilkonflikt in der Architektur um 1808/1818

1

August Neidhardt von Gneisenau, der Kommandant der Festung Kolberg bis zum Waffenstillstand vom 2. Juli 1807, ab 1808 Chef des Ingenieurcorps und zugleich Mitglied der preußischen Militärreformkommission, hatte in seinen Denkschriften vom Sommer 1808[1] und Mai 1809 die allgemeine Volksbewaffnung gefordert. Und schließlich drängte er im August 1811 mit einer weiteren Schrift, die mit Boyen, Clausewitz und Scharnhorst abgestimmt worden war, den König und seinen Minister Hardenberg dazu, politische Vorbereitungen für eine allgemeine Volkserhebung zu treffen.[2] Der Aufstand der Tiroler Bevölkerung gegen die bayerische Besatzung (April bis November 1809) und vor allem die nachhaltigen publizistischen Wirkungen des spanischen Guerillakrieges (seit August 1808) gaben Hoffnung,[3] die französische Militär-Macht durch eine allgemeine Volksbewaffnung gleichfalls vertreiben zu können. Friedrich Wilhelm III., der, wie zunächst sein Staatskanzler auch, auf einem solchen Weg unabsehbare Risiken für die Existenz der Monarchie und Preußen als Staat sehen musste, verwarf jedoch den Vorschlag. Er notierte auf Gneisenaus Denkschrift, die ihm von Hardenberg vorgelegt worden war: *„Als Poesie gut."*[4] Die Ablehnung war höflich, dennoch unmissverständlich formuliert. Einige Wochen zuvor, im Juli 1811, hatte der König in einem eigenhändig geschriebenen Briefentwurf seine Haltung gegenüber Hardenberg deutlicher formuliert:

„in einem revolutionairen Volkskrieg" stürze *„alles übereinander und durcheinander".* - *„Mir schwindelt bey solchen Tollhäuseleien, die nur eine bis zur Raserey erhitzte Einbildungskraft bilden kann, und die sich Ideale und Vollkommenheit träumt, da wo keine denkbar sind, nie existirt haben und schwerlich je existiren werden".*[5]

Friedrich Wilhelm III. war, trotz seines eher bürgerlichen Lebensstils und obwohl er nach der verheerenden Niederlage von 1806 das Reformprogramm von Stein, Hardenberg und Scharnhorst hatte akzeptieren müssen, ein Fürst des Ancient Régime geblieben. Ihm galt die Poesie entweder nur als *„eine Art von Wohlredenheit"*, um *„unsere Hauptgedanken in allerhand sinnreichen und artigen Neben-Gedanken, oder Bildern und Vorstellungen einzukleiden"*, oder, viel wahrscheinlicher, er wollte mit seiner Ablehnung wohl an das *„gemeine Sprichwort"*, erinnern, nach dem *„Poeten"* nichts anderes als *„Narren"* wären.[6]

Gneisenau ließ den Vorwurf, seine ‚Denkschrift' sei nichts anderes als ‚Poesie', durchaus gegen sich gelten, aber er gab ihr eine neue, umstürzende Bedeutung: *„Auf Poesie ist die Sicherheit der Throne gegründet"*, hielt er Friedrich Wilhelm entgegen,

„Religion, Gebet, Liebe zum König, zum Vaterland, zur Tugend sind nichts anderes als Poesie. Keine Herzenserhebungen ohne sie. Wer nur nach kalter Berechnung seine Handlungen regelt, wird ein starrer Egoist."[7]

Gneisenaus Erwiderung lässt den Geist von Identitätssuche und Insubordination erkennen, von dem die preußische Gesellschaft,[8] insbesondere das Offizierscorps,[9] nach 1808/09 zunehmend erfasst worden war. Unschwer lässt sich in jener Replik Gneisenaus auch erahnen, dass die ‚romantische Sehnsucht'[10] die Grenzen ihrer exklusiven Freundeskreise in Jena und Heidelberg längst überschritten hatte und, trotz mannigfacher Animositäten und wechselseitiger literarischer Polemiken der Akteure, in die Gesellschaft eingewandert war. Entscheidend für diese Entwicklung dürfte gewesen sein, dass sie, nach den politischen und sozialen Erschütterungen, die von der Französische Revolution in ganz Europa ausgelöst worden war, den Zugang zu neuen Sichtweisen auf die Welt und die Geschichte, auch die Überwindung von einengenden gesellschaftlichen Schranken und sogar Schritte zu größerer individueller Freiheit zu ermöglichen schien. Friedrich Schlegel jedenfalls hatte unter ihrem Eindruck schon um 1795/96 die Aufhebung bislang fester, starrer Schranken, z. B. zwischen Wissenschaft und Geschichte, aber auch zwischen dem „*Wahren und Schönen*" angekündigt. „*Die Philosophie poetisiert und die Poesie philosophiert*", hielt er fest: „*die Geschichte wird als Dichtung, diese aber als Geschichte behandelt.*"[11]

Solche Anstrengungen, tradierte geistige, soziale und kulturelle Grenzen in Frage zu stellen, können in Preußen dann insbesondere in den Jahren der französischen Besatzung beobachtet werden. Lyrik und Prosa, Philosophie und Wissenschaft, Kunst und Rhetorik u. a., all dies, was Friedrich Schlegel in einer ‚*progressiven Universalpoesie*'[12] verschmelzen lassen wollte, hatte nach der Niederlage der preußischen Armee bei Jena und Auerstedt praktische, d. h. auch unmittelbar politische Bedeutungen erhalten: Jene *Universalpoesie* diente als Übungsfeld, da mit ihrer Hilfe Handlungsoptionen geprüft und abgewogen, Traum und Wirklichkeit, Kunst und gesellschaftliche Realität einander angenähert, Ziele formuliert und korrigiert werden konnten. Gneisenaus überraschende Erwiderung an Friedrich Wilhelm III. findet hierin eine mögliche Begründung. Der preußische Stabsoffizier begriff die *Poesie* also keineswegs als eine bloß ästhetische, sprachliche Reflexion, sondern verstand sie, ganz im Sinne Schlegels, als Verschmelzung oder Mischung von Emotionen, Mentalitäten, Traditionen und Bindungen usw., d. h. er hoffte, dass sie zu einer allgemeinen *Herzenserhebung* führen werde. Und er stellte seinen politischen Forderungen demonstrativ ein solches Stück *Poesie* voran, als er am 8. 11. 1811 Hardenberg seinen Plan ‚zur Vorbereitung eines Volksaufstandes' übersandte. Allerdings ließ er offen, wer da gedichtet hatte; Friedrich Wilhelm sollte wohl annehmen, Gneisenau selbst hätte die Verse eigens für die Denkschrift gedichtet:

„*Bei dem vorseienden großen Entschlusse*
möchte man unserem König zurufen:
Plötzlich kann sich's umgestalten!
Mag das dunkle Schicksal walten!
Mutig auf der steilsten Bahn!
Trau dem Glücke! Trau den Göttern!
Steig trotz Wogendrang und Wettern,
kühn wie Cesar in den Kahn.
Laß den Schwächling angstvoll zagen!
Wer um Hohes kämpft, muß wagen
Leben gilt es oder Tod
Laß die Woge donnernd branden,
Nur bleib immer, magst du landen
oder Scheitern, selbst Pilot."[13]

2

Doch erst Johann Gottlieb Fichte, der seit seinen Gesprächen in Jena mit Clemens Brentano, Sophie Mereau, Novalis [Friedrich von Hardenberg], Friedrich Schelling, August Wilhelm und Caroline Schlegel, Ludwig Tieck u. a. verbunden war, begründete eine philosophische Theorie, mit der er jene bewusste Überschreitung von Grenzen, zwischen Geschichte und Dichtung, zwischen Denken und Handeln, letztlich zu einer „*Aufforderung zur That*"[14] fortentwickelte.

So definierte Fichte in seinen ‚Reden an die deutsche Nation' die neuartige geschichtliche Aufgabe der Poesie: Sie sei, so Fichte, nach der Philosophie, „*der zweite Hauptzweig der geistigen Bildung eines Volkes*". Der Grund hierfür liege darin, dass *„der Denker"*, der, über *„den bisherigen Umkreis der Sinnbildlichkeit hinaus neu erschaffend"*, notwendigerweise ein Dichter sei; und *„falls er dies nicht ist"*, so Fichte weiter, *„wird ihm schon beim ersten Gedanken die Sprache, und beim Versuche des zweiten das Denken selber ausgehen"*. Die Aufgabe *„der eigentlichen Dichtung"* sei es dann, die *„durch den Denker begonnene Erweiterung und Ergänzung des sinnbildlichen Kreises der Sprache"* zu erfassen und zu vermitteln, ihn also *„dem Einströmen verschwisterten Lebens"* zu öffnen.[15] Diese dunklen Sätze zielten keineswegs allein darauf, den Zusammenhang von Dichten, Denken und Sprache näher zu erkunden. Sie gehörten vielmehr zu dem Versuch, sowohl Philosophie, Psychologie und Pädagogik als auch Geschichte, Staat und Religion daraufhin zu befragen, inwieweit sie als Instrumente der nationalen Befreiung zu nutzen wären: *„Denn eben weil jenes Denken Leben ist, wird es gefühlt von seinem Besitzer mit innigem Wohlgefallen in seiner belebenden, verklärenden und befreienden Kraft."*[16]

‚Die Reden an die deutsche Nation', die Fichte im Herbst und Winter 1807/08, unter wachsamer Beobachtung durch die französische Besatzungsmacht, jeweils sonnabends im Berliner Akademiegebäude Unter den Linden hielt, verfolgten das alleinige Ziel, *„alle die trennenden Unterscheidungen, welche unselige Ereignisse seit Jahrhunderten in der einen Nation gemacht haben"* endlich aufzulösen.[17] Fichtes Erfolg in Berlin beruhte darauf, dass er die diffusen Ängste wenigstens der Norddeutschen, die eigene kulturelle Identität könne von der Übermacht des Fremden ausgelöscht werden, wenigstens indirekt zu thematisieren wagte. Der Abwicklung *„durch die fremde Gewalt"*, stellte Fichte folgerichtig die Mittel entgegen, *„wodurch wir den Untergang unserer Nation im Zusammenfließen derselben mit dem Auslande, abwehren"*. Keiner Nation, *„die in diesen Zustand der Abhängigkeit herabgesunken"* sei, könne es gelingen, *„durch die gewöhnlichen und bisher gebrauchten Mittel sich aus demselben* [zu] *erheben"*. Das *„Rettungsmittel"*, dessen Darstellung er in seinen ‚Reden' versuchen will,

„bestehe in der Bildung zu einem durchaus neuen, und bisher vielleicht als Ausnahme bei Einzelnen, niemals aber als allgemeines und nationales Selbst, dagewesenen Selbst, und in der Erziehung der Nation, deren bisheriges Leben erloschen, und Zugabe eines fremden Lebens geworden, zu einem ganz neuen Leben".[18]

Innerhalb eines historisch kurzen Zeitraumes – spätestens in den fünfeinhalb Jahren zwischen dem Frieden von Luneville (9. Februar 1801) und der Schlacht bei Jena und Auerstedt (14. Oktober 1806) – hatten die Deutschen in ihren verschiedenen Territorien, Herrschaftsbereichen und reichsunmittelbaren Städten die tradierten Sicherheiten und, was als gleich schwerwiegend gelten muss, auch die symbolischen Formen ihrer Zusammengehörigkeit verloren.[19] Die deutsche Staatenwelt war nicht nur militärisch wehrlos geworden, sondern sie schien auf unbegrenzte Dauer, ohne gemeinsame Institutionen und ohne definierte Grenzen, fremdem Willen, dem Imperator und seinem Machtapparat ausgeliefert zu sein. Zunächst bestimmten Verwirrung, Ratlosigkeit und Anpassung das Verhalten von Fürsten, Offizieren, von Staatsbeamten und Bürgern, auch in Preußen, sicherlich in der besetzten Hauptstadt Berlin. Hinter dem Pragmatismus, mit dem allmählich auch Geschäfte mit der Besatzungsmacht betrieben wurden, verbarg sich jedoch eine tiefgreifende Identitätskrise, die sich in den folgenden Jahren zu einer kollektiven Depression ausgestaltete. Wer sind wir eigentlich? – das war der Kern der Frage, von der die Intellektuellen der preußische Gesellschaft umgetrieben wurden. Fichte hatte jenen Zustand der Unentschiedenheit kenntlich gemacht, aber er war philosophisch-abstrakt genug geblieben, um sich vor Nachstellungen durch die französische Besatzungsmacht zu sichern und zugleich aber für politische Entwicklungen offen zu bleiben. Insoweit war es nicht verwunderlich, dass seine *Aufforderung zur That* zu vielfältigen Ausdeutungen einlud. Die Suche nach der eigenen Identität, die Ergründung der Tiefenschichten des *Selbst*, die Besinnung auf

Nationaleigentümlichkeiten, richteten sich daher notwendigerweise zunächst auf Sprache, Geschichte, Kultur, Religion, Kunst, die als Fundamente jener *progressiven Universalpoesie* gedacht werden konnten. Spätestens nach 1808/09, als die Nachrichten von den Volksaufständen in Spanien und in Tirol eintrafen, wurde in Berlin die national-kulturelle Selbsterkundung zur alltäglichen gesellschaftlichen Praxis. Der Auflösung des deutsch-national orientierten *Tugendbundes*, die Napoleon von Friedrich Wilhelm III. gefordert hatte (der Bund bestand dennoch konspirativ weiter), wurde durch zahlreiche Neugründungen von Vereinen und Gesellschaften begegnet. In Berlin übernahmen die konservative *Deutsche Gesellschaft* (die sich später *Christlich-Deutsche Tischgesellschaft* nannte und deren Mitglieder auch an militärischen Übungen teilnahmen), die *Gesetzlose Gesellschaft*, die *Schießende Gesellschaft*, die *Fechtbodengesellschaft*, *Zelters Liedertafel* oder der gleichfalls deutsch-national orientierte *Deutsche Bund* (aus dem Jahns Turnanstalt in der Berliner Hasenheide hervorging) u. a. die kulturelle Kommunikation und damit indirekt die geistige Vorbereitung für den nationalen Aufstand. Vor allem Staatsbeamte, Juristen und Offiziere, aber auch Künstler und Schriftsteller, ebenso Kaufleute, Unternehmer, Handwerksmeister und -gesellen, die entweder die Französische Revolution begeistert begrüßt hatten oder von ihrer Furcht vor revolutionären Umbrüchen beherrscht worden waren, die auch einerseits noch dem alten friderizianischen Rationalismus der Aufklärung anhingen oder sich andererseits schon der romantischen Sinn-Suche verschrieben hatten, beteiligten sich. Inmitten von Ernst Moritz Arndt, Achim von Arnim, Clemens Brentano, Johann Gottlieb Fichte, Karl Friedrich Friesen, Heinrich Gentz, Justus Gruner (1815 geadelt), Wilhelm von Humboldt, Friedrich Ludwig Jahn, Heinrich von Kleist, Barthold Georg Niebuhr, Friedrich Carl von Savigny, Friedrich Schleiermacher, Carl Friedrich Zelter und vielen anderen bewegte sich auch der junge Architekt Karl Friedrich Schinkel, der sein Auskommen in der Gesellschaft und seine künstlerischen Ausdrucksmöglichkeiten noch nicht wirklich gefunden hatte.

3

Jenseits aller individuellen Fähigkeiten, der sozialen Stellung, des persönlichen Geschmacks oder der politischen Gesinnung, es war die *Poesie*, die zum wichtigsten Medium der patriotischen Bewegung geworden war.[20] Sie ermöglichte die Produktion von Wunsch- und Zukunftsbildern, sowohl den sprachlichen als auch den bildlichen Ausdruck jener von Fichte benannten *Sinnbildlichkeit* des nationalen Da-Seins, sie ließ die Gemeinsamkeit im deutschen Kultur- und Sprachraum erlebbar werden und vermittelte die erhofften *Herzenserhebungen*. Texte oder Gedichte, z. B. die von Brentano, Kleist, Arndt oder Körner (den vier Schriftstellern oder Dichtern war Schinkel wenigstens zeitweilig freundschaftlich verbunden, zumindest aber persönlich bekannt) zeigen auf, wie sich zwischen 1807 und 1813 die kulturelle Selbsterkundung in die Abwehr des Fremden verwandelte, und diese schließlich zum Hass gesteigert worden war.[21] Allein schon der Gebrauch von französischen Worten, vor 1803/06 noch ein Zeichen der Bildung und des guten Geschmacks, wurde als kulturelle Dominanz des Feindes verstanden:

Clemens Brentano, dem Schinkel 1810/11 Zeichenunterricht gegeben hatte, schrieb in jenen Monaten intensiv an seinen ‚Rheinmärchen'.[22] Womöglich hatte er Schinkel daraus vorgelesen, oder er überließ ihm die unfertigen Manuskripte, um seine Meinung zu hören. Der affektierte Gebrauch französischer Worte und Wendungen wurde darin zum Ausdruck des Bösen, z. B. im Märchen vom Murmeltier: Das ‚Murmeltier', eine entführte burgundische Prinzessin, wird von der bösen Stiefmutter zum gefürchteten Müller geschickt. Der sprach zu ihr: *„Aber wo hast du das Korn, das zu mahlen du brachtest auf rüstigem Esel?"* Das ‚Murmeltier' antwortete: *„Draußen im leinenen Beutel traget es fest gefüllt das Tier und* *seufzt der Entladung." „Gut ist die Sprache, mein Kind"*, erwiderte der Müller, *„doch sage, wer lehrte dich zu meiden ausländisches Wort … ?"* Das ‚Murmeltier' wird reich beschenkt, ihre böse Stiefschwester hingegen bestraft. Die sprach zum Müller auf diese Weise:

„Was mich herführt? Das ist kurios gefragt. Mehl will ich haben, ennuyanter Kleienfresser. Ihr gebt Euch ein so dummes Air und wollt immer die Miene eines honnête homme annehmen, und dahinter steckt nichts als Intrigue und Filouterie." [23]

Heinrich von Kleist schlug 1807 in seinem Drama ‚Hermannsschlacht' schon aggressivere Töne an, um den künftigen Krieg gegen das französische Kaiserreich als Wiederholung des Kampfes der Germanen gegen die Macht Roms zu stilisieren:

*„Der Sturmwind wird, die Waldungen
durchsausend,
Empörung! rufen, und die See,
Des Landes Rippen schlagend, Freiheit! brüllen."* [24]

Im Drama ‚Prinz Friedrich von Homburg' erhob er schließlich die Insubordination zur gesellschaftlichen Tugend. Die Truppenführer müssen nach eigenen Erkenntnissen handeln, um für das Vaterland den Sieg zu erkämpfen. Der Oberst v. Kottwitz, der die Verteidigung des vor dem Kriegsgericht angeklagten Prinzen von Homburg übernommen hatte, erklärte mit deutlichen Worten dem Kurfürsten Friedrich Wilhelm:

*„Herr, das Gesetz, das höchste oberste,
Das wirken soll in Deiner Feldherrn Brust,
Das ist der Buchstab Deines Willens nicht;
Das ist das Vaterland, die Krone …"* [25]

In der ‚Konvention von Tauroggen' offenbarte dann die romantische Konzeption, die Gesellschaft poetisch machen zu wollen, Kunst und Wirklichkeit sich mischen zu lassen, ihre von Beginn an enthaltene politische Dimension. Sie führte, wie in Kleists Drama von 1809/1810, unmittelbar zur Insubordination: der Kommandeur, Generalleutnant Johann David von York, neutralisierte am 30. Dezember 1812 in einem Vertrag mit dem in russischen Diensten stehenden Generalmajor Hans Karl von Diebitsch, ohne einen Befehl des Königs erhalten zu haben, das preußische Corps in Ostpreußen und Litauen. York wurde zwar daraufhin durch eine Kabinetts-Ordre seines Kommandos enthoben und sollte, wie der Prinz von Homburg, sogar vor ein Kriegsgericht gestellt werden, doch die russischen Truppen konnten gefahrlos die Grenze zu Ostpreußen überschreiten: An diesem Tag begannen letztlich die sogenannten ‚Befreiungskriege'.

Ernst Moritz Arndts Gedichte transportierten unverhüllt den Hass, der, nach der Intention des Dichters, zum Volkskrieg führen sollte. Auch hierin kann noch, wenn man will, eine Fernwirkung der romantischen Verschmelzung von Poesie und Politik, von Gegenwart und Geschichte erkannt werden:

*„So ziehn wir aus zur Hermannsschlacht
Und wollen Rache haben.
Laßt brausen, was nur brausen kann,
In hellen, lichten Flammen!
Ihr Deutschen alle Mann für Mann
Fürs Vaterland zusammen!
Und hebt die Herzen himmelan!
Und himmelan die Hände!
Und rufet alle Mann für Mann:
Die Knechtschaft hat ein Ende!* [26]

Und noch am Morgen vor der Schlacht (Dannenberg, 12. Mai 1813) versicherte sich Theodor Körner der Ziele, für die er zu sterben bereit war:[27]

*„Hinter uns, im Graun der Nächte,
Liegt die Schande, liegt die Schmach,
Liegt der Frevel fremder Knechte,
Der die deutsche Eiche brach.
Unsre Sprache ward geschändet,
Unsre Tempel stürzten ein;
Unsre Ehre ist verpfändet,
Deutsche Brüder löst sie ein.
Brüder, die Rache flammt! Reicht euch die Hände,
Daß sich der Fluch der Himmlischen wende!
Löst das verlorne Palladium ein!"*

Die poetische Sprache Brentanos, Kleists, Arndts, Körners (und auch schon die von Matthisson und daher die von Gneisenau) u. a. nutzte zahlreiche Metaphern (*Vaterland, Krone*) und

Symbole (*deutsche Eiche*, *unsre Sprache*, *unsre Tempel*), um bislang feste Grenzen aufzulösen, die Winde stürmen (*lasst brausen*), die Wellen tosen (*donnernd branden)* zu lassen, dann durch das Feuer (*in hellen, lichten Flammen*) Reinigung und Verlebendigung zu erhoffen, die schließlich zu einer allgemeinen Herzenserhebung (*Und hebt die Herzen himmelan)* führen sollte.

4

Die Wirkung solcher Poesie beruhte auf (Sprach) Bildern, die vom Leser oder Hörer jederzeit aufgerufen werden konnten, um ihre bislang ungesteuerten Emotionen auf ein Erfüllungsziel auszurichten. Die Nationalerziehung, zu der Fichte in seinen Reden aufgefordert hatte und die allmählich zur alltäglichen kulturellen Praxis in den preußischen Vereinen geworden war, zeigte hierbei ihre suggestive Wirkung. Das Herzstück einer solchen nationalen Erziehungsmethode sollte ohnehin, Pestalozzi[28] folgend, die Imagination von Bildern sein. In seiner neunten Rede hatte Fichte das pädagogische Prinzip formuliert:

„Pestalozzi's [...] *vorgeschlagenes Hilfsmittel, den Zögling in die unmittelbare Anschauung einzuführen, ist gleichbedeutend mit dem unsrigen, die Geistesthätigkeit desselben zum Entwerfen von Bildern anzuregen, und nur an diesem freien Bilden ihn lernen zu lassen, alles, was er lernt; denn nur von dem Freientworfenen ist Anschauung möglich."*[29]

Unschwer lässt sich erkennen, welche Bedeutung den Bildern im Projekt einer nationalen Erziehung zugewiesen werden sollte. Weitaus schwieriger ist es aber nachzuvollziehen, was der Philosoph unter deren Entwerfen verstand. Obschon die mittelalterliche Welt Fichte keineswegs als Vorbild der nationalen Erneuerung galt, enthielt seine *Philosophie der That* dennoch Elemente der romantischen Sehnsucht, aber jene fungierte ausdrücklich nicht nur als Methode der Rückbesinnung auf eine ferne Vergangenheit, vielmehr auch als Hinwendung zur Gegenwart und als Erwartung der Zukunft.[30] Fichte wollte mit seinen *Reden* kein historisches Bild rekonstruieren, auch nicht bloß den Prozess des Bewusstwerdens der Nationaleigenschaften kenntlich machen, sondern vielmehr Bilder imaginieren, um Kraft finden zu lassen und so zur Klärung der politischen Ziele beizutragen. Bereits in der zweiten Rede hatte er ausführlich seine Erziehungsmethodik, damit zugleich seine Bildvorstellungen erläutert:

„Ein Wohlgefallen, das da treibt einen gewissen Zustand der Dinge, der in der Wirklichkeit nicht vorhanden ist, hervorzubringen in derselben, setzt voraus ein Bild dieses Zustandes, das vor dem wirklichen Sein desselben vorher dem Geiste vorschwebt, und jenes zur Ausführung treibende Wohlgefallen auf sich ziehet. Somit setzt dieses Wohlgefallen in der Person, die von ihm ergriffen werden soll, voraus das Vermögen, selbsttätig dergleichen Bilder, die unabhängig seien von der Wirklichkeit, und keineswegs Nachbilder derselben, sondern vielmehr Vorbilder, zu entwerfen."

Er bitte nicht zu vergessen,

„daß ein durch dieses Vermögen hervorgebrachtes Bild eben als bloses Bild, und als dasjenige, worin wir unsre bildende Kraft fühlen, gefallen könne, ohne doch darum genommen zu werden als Vorbild einer Wirklichkeit, und ohne in dem Grade zu gefallen, daß es zur Ausführung treibe; daß dies letztere ein ganz anderes, und unser eigentlicher Zweck ist, von dem wir später zu reden nicht unterlassen werden, jenes nächste aber lediglich die vorläufige Bedingung enthält zur Erreichung des wahren letzten Zwecks der Erziehung."[31]

Fichtes *Entwerfen von Bildern* und die Anschauung des *Freientworfenen* zur Klärung und Stabilisierung des *Selbst* enthält aus heutiger Blickrichtung eine psychotherapeutische Komponente. Die Psychologie in Deutschland nennt seit 1954 das therapeutische Verfahren, das auf die Kraft der Imagination setzt, *katathymes Bilderleben*[32], in Schweden und den Niederlanden wird es hingegen als *Symboldrama* bezeichnet.[33] Die Suche nach Bildern, die, nach Fichte, die Wirklichkeit nicht *ab-*, sondern *vorbilden*, kann aber nicht wirklich verwundern; der depressive Zustand der Deutschen nach 1806, insbesondere der

Preußen, bedurfte der inneren Sammlung, des kollektiven Bild-Erlebens, um die kulturelle Krise zu bewältigen. Fichte wollte mithin nicht nur das historische Denken aktivieren, sondern vor allem die Imagination von (inneren) Bildwelten als Kern seiner Nationalerziehung stimulieren, um die bislang ungerichteten Emotionen bewusst werden zu lassen, also ihre symbolische Bearbeitung zu ermöglichen. Das Bild, *worin wir unsre bildende Kraft fühlen*, sollte dabei in den Tiefenschichten des (nationalen) Bewusstseins gesucht werden; es enthielt deshalb, wie das *katathyme* Bildersehen der zeitgenössischen Psychotherapie auch, sicherlich regressive Elemente. Der imaginative Prozess, den Fichte sich vorgestellt hatte, war grundsätzlich aber nicht von historistischer, d. h. wiederholender Natur, vielmehr wollte er ihn kreativ zur Gegenwart und Zukunft hin öffnen. Frühere Phasen der Kulturation (in der Psychotherapie: der Individuation) sollten zwar intensiv nachvollzogen werden, das Ziel blieb jedoch unbedingt die Stabilisierung des *Selbst* und damit die Rückgewinnung von Handlungskompetenz. Die symbolische Bewältigung von Konfliktsituationen während der *katathymen* Bilderschau, des Blickens in die Tiefe des nationalen Bewusstseins, bedingte dann die Übersetzung der bloß vorgestellten in sichtbare, also medial vermittelbare Bilder, um gesellschaftliche Wirksamkeit zu erlangen. Zur Erreichung des *wahren letzten Zwecks* der Erziehung, also um den imaginativen Prozess dann wirklich bis zur *That* voranzutreiben, bedurfte es, so kann Fichte zu Ende gedacht werden, unbedingt der unterschiedlichen künstlerischen Ausdrucksmöglichkeiten. Den verschiedenen Kunstgattungen fiel dann die Aufgabe zu, das im Inneren des nationalen Körpers geschaute *Bild* als Poesie, Musik, Gemälde, Zeichnung, gar als Architektur *zu verlebendigen*, wenn die Zeit herangekommen war und die politischen Verhältnisse es erforderten. Denn auch hier galt: Wer die Produktion der Bilder beherrscht, dominiert am Ende auch die geschichtliche Entwicklung.

5

Im *katathymen Bilderleben* zwischen 1808 und 1815 musste zwangsläufig den deutschen Patrioten die gotische Baukunst als Urbild der eigenen materiellen und geistigen Kultur, als *Bild* ihrer Identität erscheinen. Der Weg dahin war längst beschritten worden, die irrige Vorstellung kaum mehr zu korrigieren. Goethes Aufsatz über das Straßburger Münster von 1772 hatte die Grundlagen für das Verständnis formuliert, dass die gotische Baukunst deutschen Ursprungs sei: *„Das ist deutsche Baukunst, unsre Baukunst,"* hatte der junge Dichter beim ersten Anblick des Straßburger Münsters formuliert, *„da der Italiener sich keiner eignen rühmen darf, viel weniger der Franzos."*[34] Weil, wie Goethes Argumentation leicht zu erklären ist, deren Architekturen, wie vielfach beschrieben worden sei, auf griechischen oder römischen Vorbildern beruhe. Friedrich Schlegel[35], Georg Forster[36] u. a., nicht zuletzt die Staffagebauten in den frühen deutschen Landschaftsgärten des 18. Jahrhunderts, beförderten diese Idee, verfestigten das Bild vom deutschen Charakter des gotischen Stils. Hier kann schon, wenn durchaus noch weltbürgerlich gestimmt, mitunter auch schon romantisch verklärt oder schlichtweg naiv gemeint, der Beginn jener andauernden Suche nach der kulturellen Identität erkannt werden. Die nationale Symbolik des gotischen Baustils, z. B. die des Straßburger Münsters oder des Kölner Domfragmentes, steigerte sich zwangsläufig dann nach der Französischen Revolution, als 1790 die letzten Reichsrechte im Elsass (z. B. durch die Annexion der Reichsstadt Mülhausen [Mulhouse] und die Aufhebung des alten Stadtrechts von Straßburg) liquidiert wurden, nochmals 1801, als durch die Okkupation des Rheinlandes der Kölner Dom, den als Symbol des unvollendeten Aufbaus der Nation zu lesen begonnen wurde, sich plötzlich auf französischem Staatsgebiet befand. Jetzt erst vertiefte sich jene dramatische Wandlung, die den mittelalterlichen, transnationalen Baustil französischen Ursprungs zu einem politischen Zeichensystem der deutschnationalen kulturellen Selbstversicherung machte.[37]

Es fällt auf, dass Karl Friedrich Schinkel, der Architekt der gotisierenden Berliner Dombauprojekte von 1814/15, während seines Studiums und noch am Beginn seiner Berufslaufbahn keinen Anteil an der nationalen Gotik-Rezeption genommen hatte. Während seiner ersten Italienreise von 1803/05 beschrieb er zwar nicht nur antike Tempel und einige Bauten der Renaissance, sondern auch die mittelalterliche Baukunst von Prag und Wien, von Venedig bis nach Sizilien. Da er aber noch nicht über hinreichend exakte Begriffe der Architekturgeschichte verfügte, konnte er die Bauten weder annähernd datieren oder bestimmten Völkern wenigstens ungefähr zuordnen. Fast scheint es, als ob er die nationale Stildiskussion überhaupt nicht rezipiert hätte. Eher schon war er von Wackenroders romantischen ‚Herzensergießungen eines kunstliebenden Klosterbruders' beeinflusst worden. Das Büchlein, 1796 anonym in Berlin erschienen, befand sich sicherlich in der Bibliothek seines Lehrers Friedrich Gilly, der Wackenroder vermutlich 1793, spätestens aber 1795 persönlich begegnet war.[38] In jenen ‚Herzensergießungen' hatte also der junge Schinkel staunend zu lesen vermocht, dass *„der gotische Tempel"* Gott, dem Herrn *„so wohlgefällig als der Tempel der Griechen"* sei, ebenso wie die *„rohe Kriegsmusik der Wilden* [...] *Ihm ein so lieblicher Klang als kunstreiche Chöre und Kirchengesänge"* wäre.[39] Aus dieser romantischen Blickrichtung musste Schinkel in Italien unbedingt die *„Werke gotischer und sarazenischer oder spätmittelalterlicher Baukunst"* fasziniert haben. Insbesondere aber hatte jener Stil, *„den man gewöhnlich den sarazenischen"* nennt, *„weil er durch Vermischung morgenländischer und antiker Architektur in der Zeit der Völkerwanderung"*[40] entstanden sei, sein Interesse gefunden. Wer jene Begrifflichkeit eingeführt und geprägt, ob sie Alois Hirt, der Architekturgeschichtslehrer Schinkels, in seinen Vorlesungen an der Bauakademie genutzt hatte, lässt sich nicht mehr eindeutig rekonstruieren. Der Begriff aber, weil er offenkundig eine grundlegende kulturgeschichtliche Unkenntnis enthielt, belegt jedoch die geringe Aufmerksamkeit, die von den preußischen Baubeamten auf die nationale Architektursymbolik gerichtet worden war. Schinkel bewunderte an den alten Gebäuden in Italien nicht vorrangig die stilistische Ausformung, vielmehr die Proportionierung der Baukörper, deren Konstruktion, auch die Qualität des Materials und die solide handwerkliche Verarbeitung. Wenn er künftig Aufgaben zugeteilt bekäme, wolle er gerne die alten Bauten als *„höheres Muster"* nehmen, schrieb er an David Gilly auf seiner Rückreise aus Paris, aber *„ich rede hier nicht vom Stil"*.[41]

Es lässt sich nicht mehr genau bestimmen, wann genau Schinkel sich der nationalen Metaphorik des gotischen Stils geöffnet hatte. Er musste nach 1806 zunächst darum bemüht sein, seinen Lebensunterhalt zu verdienen, da weder private, schon gar nicht staatliche Bauaufträge wegen der andauernden französischen Besatzung und der hohen Kontributionsforderungen zu erwarten waren. Ein Betätigungsfeld fand er in der Herstellung von Dioramen, deren revolutionäre Bild-Technologie zuerst in England die Aufmerksamkeit des Publikums gefunden hatte.[42] Die Dioramen, die als frühe Multi-Media-Ereignisse begriffen werden können, luden zum panoramatischen Sehen von fernen Orten bzw. historischen Ereignissen ein, die bisher nur schriftlich oder mündlich vermittelt werden konnten. Auf lichtdurchlässigem, leichtem Stoff gemalt, wurden die Motive räumlich erlebbar, sobald sie von Lichtstrahlen, die von hinten durchschienen oder/und von vorn auftrafen, ausgeleuchtet wurden. Dioramen stellten also im Grunde Licht-Bilder dar, deren Wirkung in der sichtbaren Überwindung der alten, festen Grenzen zwischen Fiktion und Wirklichkeit, in der Visualisierung von *Dichtung* und *Geschichte* lag. Eine märchenhaft stilisierte oder zugleich auch unbarmherzig reale Welt tat sich damit auch den Berlinern auf. Vor illusionistisch gemaltem Hintergrund konnten Figuren so bewegt werden, dass, unter Einbeziehung der Zuschauer, das Bild authentisch zu werden schien und, verblüffend genug, durch die Lichtregie auch verlebendigt wurde. Die musikalische Umrahmung sorgte für die Einbeziehung auch des Hörens in das Spektakel. Zwischen 1807 und 1815 soll Schinkel etwa fünfzig solcher Schaubilder entworfen haben, die vorzugsweise zu den Weihnachtsausstellungen gezeigt wurden.

6

Die Erfahrungen mit der Technik der Dioramen nutzte Schinkel später sicherlich beim Entwurf zahlreicher Bühnenbilder,[43] die durch ihre raffinierte Lichtregie bestachen; ob seine Architekturprojekte ebenfalls hiervon beeinflusst worden waren, kann vermutet, hier aber nicht genauer untersucht werden. Gleichfalls ist Schinkels Teilhabe an den politischen Ereignissen, denen sich zu verschließen in Berlin vermutlich unmöglich war, in der bisherigen, kaum noch überschaubaren Schinkel-Literatur undeutlich geblieben. Auf jeden Fall gibt es immer noch mehr Fragen als Antworten. Warum reiste er im Juni 1811 zusammen mit seiner Frau Susanne und dem befreundeten Clemens Brentano über Meißen, Dresden, Prag und Brünn nach Wien? Prag und Wien kannte er schon von seiner ersten Italienreise her, und die barocken Bauten [vor allem Zwinger und Hofkirche] in Dresden hatten damals sein Missfallen erregt, so dass er sie nicht nochmals aufsuchen musste. Ein Tagebuch, in dem er seine Eindrücke, wie bei der ersten Italien- oder der Englandreise in den 1820er Jahren, festgehalten hätte, ist nicht bekannt geworden. Wenn diese Reise also, wie angenommen werden kann, nicht vorwiegend künstlerischen Interessen diente, sondern womöglich konspirativen Charakter trug, in wessen Auftrag erfolgte sie und wer hatte sie finanziert? Kam es in Dresden doch zu einer Begegnung mit Caspar David Friedrich, der dem patriotischen Kreis um den preußischen Offizier von Pfuel angehörte? Undenkbar ist es, dass Schinkel, der Friedrichs Bilder spätestens seit der Berliner Akademieausstellung vom Oktober 1810 bewunderte, nicht die Gelegenheit genutzt haben könnte, ihn persönlich aufzusuchen. Traf Schinkel dann in Prag auch den entlassenen Berliner Polizeipräsidenten Justus Gruner, der in russischen Diensten stand und jenen Monaten ein antinapoleonisches Informations- und Diversionsnetz aufzubauen versuchte? Wurden dem Reichsfreiherrn von und zum Stein, der zu dieser Zeit, von Napoleon verfemt und gehetzt, unter österreichischer Kontrolle abwechselnd in Prag oder Brünn lebte, geheime Nachrichten überbracht?[44] Und was hatte Schinkel eigentlich nach Wien geführt, wen traf er dort und welche Nachrichten hatte er zu übermitteln?

Einige von Schinkels Dioramen, Zeichnungen und Gemälde, z. B. der Brand von Moskau (1812), aber auch Elba (1814), der Gotische Dom mit Pfalz und mittelalterlicher Stadt (1815) und St. Helena (1815) u. a. weisen auf seine intensivere künstlerische Auseinandersetzung mit der politischen Gegenwart hin, als bislang wahrgenommen wurde. Denkbar ist es deshalb, dass Schinkel seinen rasanten Aufstieg in der preußischen Bauverwaltung nicht etwa frühen Einsichten in die Historie des gotischen Stils oder, zumeist überschätzt, der Protektion Wilhelm von Humboldts verdankte, sondern seinen Fähigkeiten, die Verschmelzung von Dichtung und Geschichte in adäquate Bildwelten umzusetzen und, darauf kam es an, historische Ereignisse in faszinierend neuartigen, stimmungsvollen Gebäuden und Räumen inszenieren zu können.

Es gab in Preußen während jener dramatischen Jahre 1808 bis 1813 keinen anderen bedeutenden Architekten, der in der Lage gewesen wäre, Zeichen zu setzen und Bilder zu entwerfen, die nicht als *Nachbilder* sondern als *Vorbilder der Wirklichkeit* fungieren konnten. Friedrich Gilly, Schinkels Lehrer, war 1800, dessen Vater David Gilly, wie Carl Gotthard Langhans auch, im Jahre 1808 gestorben. Von den bekannten Architekten des Übergangs zum Klassizismus in Preußen lebten im Jahre 1810 nur noch Heinrich Gentz und François Philipp Berson. Gentz (geboren 1766) und Berson (geboren 1754), beide durchaus von vaterländischer Gesinnung, gehörten einer Architekten-Generation an, der, weil sie dem preußischen Bau-Rationalismus verhaftet geblieben war, die romantische Bilder-Sehnsucht der jüngeren Kollegen fremd geblieben sein musste (Abb. 1). Gentz starb zudem 45jährig am 3. Oktober 1811 und Berson, der seit 1790 im Oberbaudepartement als Baurat tätig gewesen war, schied 1808 unter bislang nicht vollständig geklärten Umständen aus dem Staatsdienst aus. Karl Friedrich Schinkel, eng verbunden mit Achim von Arnim, Clemens Brentano und Friedrich Carl von Savigny, in wenigstens einigen Berliner Kultur-Vereinen und geheimen Gesellschaften gut vernetzt, war hingegen jung genug, um in der romantischen Bildersuche eine Aufgabe für seine eigene Entwurfsarbeit zu sehen. Er hatte im Herbst/Winter 1807/08 regelmäßig an den Vorlesungen Fichtes im Berliner Akademiegebäude teilgenommen und außerdem, wie Waagen berichtete, die Schriften des Philosophen intensiv gelesen.[45] Da nur vom *Freientworfenen*, nach Fichte, *Anschauung* möglich sei, waren neue, eindringliche, assoziative Bilder erforderlich, die, um sich umfassend verwirklichen zu können, einer medialen Vermittlung bedurften, die auch im Stande waren, alle Sinne anzusprechen und die patriotischen Gedanken zu stimulieren. Mit der öffentlichen Ausstellung der Dioramen begann Schinkels Aufstieg, hierdurch erwarb er sich den frühen Ruhm eines genialen Architekten,[46] ohne bis dahin einen bedeutenden Bau entworfen oder gar realisiert zu haben. Er nutzte eine neue Technologie, mit deren Hilfe die imaginierte Bilderwelt aus den Tiefen des nationalen *Selbst* übermächtig auf Augen und Herz zu wirken begonnen hatte. Die *Herzenserhebungen*, von denen Gneisenau die Begründung eines Volksaufstandes erhofft hatte, trugen, als Licht-Bilder sichtbar geworden, dazu bei, die nationalen Emotionen auf jenes vorgestellte Urbild der deutschen Kultur, die Gotik, zu projizieren. Nicht die Suche nach einem zeitgemäßen Stil oder die romantische Sehnsucht nach der untergegangen mittelalterlichen Welt brachten also Schinkel dazu, in gotischen Formen zu entwerfen, sondern seine Teilhabe am *katathymen Bilderleben,* am *Symboldrama* der Berliner geheimen Gesellschaften.

7

Nirgendwo wird der innere Zusammenhang von Fichtes Entwerfen von Bildern, die *Vorbilder* und keineswegs *Nachbilder* der Wirklichkeit seien sollen, dem *katathymen* Bilderleben als Bewältigung von Traumata, der nationalen Architektursymbolik des gotischen Stils und der dioramatischen Bildinszenierung, in der *das Leben* (und der Tod) *und die Gesellschaft poetisch* werden sollten, so deutlich erkennbar wie auf den Blättern, auf denen Schinkel im September 1810 der Berliner Öffentlichkeit seine Vorstellungen vom Luisen-Mausoleum präsentierte (Abb. 2). Der Bau des Mausoleums in Form eines dorischen Tempels, dessen Giebelfront Friedrich Wilhelm III. selbst gezeichnet hatte, war im Schlosspark Charlottenburg, unter Gentz' Leitung, längst begonnen worden. Schinkel, der an den Arbeiten mitgewirkt haben soll, konnte mithin nicht beabsichtigt haben, ein realisierbares Projekt vorzulegen, um der verehrten Königin eine würdige Grablege zu gestalten. Luises plötzlicher Tod (19. Juli 1810) drängte ihn, (architektonische) Bilder zu entwerfen, die helfen sollten, Ängste abzubauen und Kraft zu gewinnen.[47] In der Tat bewirkte der Leichenzug in Berlin (27. Juli 1810) eine *„gemeinschaftliche Katharsis des Volks"*,[48] weil auf die Person der Königin längst die vaterländischen Hoffnungen projiziert worden waren. Humboldt gab in einem Brief die allgemeine Erschütterung wieder: Vor dem Brandenburger Tor, die Linden entlang und am Schloss hatte sich eine unübersehbare Menschenmenge versammelt. Es habe eine *„Stille, die man sich kaum vorstellt"*, geherrscht, nicht einmal jenes *„dumpfe Gemurmel"* sei zu hören gewesen, *„das sonst bei großen Haufen"* fast unvermeidlich ist.[49] Mit Stille ist hier nicht bloß vollkommene Ruhe, das Innehalten bei großer Not zu verstehen,

Abb. 1: Heinrich Gentz, Giebelfront des Mausoleums im Schlosspark Charlottenburg, Replik in rotem Granit von 1828, Aufnahme 2022

sondern hinter ihr verbirgt sich auch die innere Anspannung, in der neue Kräfte gesammelt, die Verlebendigung vorbereitet wird. In Schinkels Begleittext für die Kunstausstellung in der Akademie, mit dem er dem Publikum seine Bilder des Mausoleums erläuterte, wird daher die psychotherapeutische Intensität das gotisierenden Entwurfes verständlich: Seine Absicht wäre es gewesen, schrieb er, dass *„dieser Ort jedem zur Erbauung seines Gemüts offen stehe"*, er habe ihm deshalb eine *„liebliche Feierlichkeit"* gegeben, damit der *„Besuchende sich wohl daselbst befinden soll"*. Schinkel benannte mithin jenes zur Ausführung treibende Wohlgefallen, das, nach Fichte, durch die *belebende, verklärende und befreiende Kraft* des Bildentwerfens hervorgebracht werde. Bei Schinkel ist es allerdings nicht mehr das *Denken*, das *Leben* ist, sondern schon das Ergebnis solchen Denkens, die *freie Idee*, die das Wohlbefinden erzeugt. Schinkel sah seine Aufgabe in deren *„Darstellung"*, um zu *„den Gefühlen"* zu erheben, *„welche dem Andenken an das verehrte Leben entsprechen"*. Heinrich von Kleist hatte schon nach der Katastrophe von 1806 festgehalten, dass er *„nicht ohne Rührung"* an die Königin zu denken vermag, weil *„sie es ist, die das, was*

Abb. 2: Karl Friedrich Schinkel, Imagination eines Mausoleums für die Königin Luise, 1810

noch nicht zusammengestürzt ist, hält".[50] Schinkel fand die ästhetischen Mittel für sein Bildersehen im *„religiöse*[n] *Mittelalter"*, nicht aber in der Architektur *„des in Rücksicht des Todes trüben und finsteren Heidentums"*, des Klassizismus also, der aus solcher Sicht als kalt, gefühllos und regelhaft, als ein starres, unlebendiges System erscheinen musste.[51] Die Gotik, die nach seiner Meinung ohnehin nicht vollendet sei, war ihm jedoch nicht mehr als ein *„Fingerzeig"*, wo die Bilder, die anrühren, zu suchen seien. Das ‚Urbild' der deutschen Kultur, das beim *katathymen Bilderleben* in den Tiefen des (nationalen) Bewusstseins aufgefunden worden war, wurde von Schinkel durch das *Freientworfene* zur *Anschauung* gebracht. Er nutzte mithin gotische Architekturelemente, um Bild-Assoziationen zu ermöglichen, nicht aber um in einem Stil zu entwerfen. Die Lichtfülle, die durch die gotischen Fenster falle, schrieb er, verlebendige die blumenstreuenden Genien und *„die schöne Gestalt der Königin"*, die hier *„in sanfter Ruhe"* liege. Das Mausoleum, wäre es denn in der von Schinkel gedachten Form realisiert worden, hätte sich also in ein Licht-Bild verwandelt, wäre zum begehbaren Diorama geworden, aus dem heraus es zu leuchten begonnen hätte:

„man steigt Stufen hinan und tritt mit einem sanften Schauer in ihr Dunkel ein, blickt dann durch drei hochgewölbte Bogenöffnungen in die liebliche Palmenhalle, wo in hellem morgenroten Lichte die Ruhende, umringt von himmlischen Genien ruht."[52]

8

Für seine Projekte zum Bau des Berliner Denkmaldoms verarbeitete Schinkel gleichfalls die Impulse, die von Fichtes ‚Reden an die Deutsche Nation' ausgegangen waren (Abb. 3). Er hatte im Juni 1814 von Friedrich Wilhelm III. aus London, wohin der König mit dem Kronprinzen nach dem 1. Pariser Friedensvertrag gereist war, den Auftrag erhalten, er solle Entwürfe anfertigen, um *„einen prächtigen Dom, Dankdenkmal für Preußen, in Berlin zu errichten"*. Als dessen Standort wurde der Berliner Spittelmarkt angewiesen. Der Auftrag war präzise und unmissverständlich formuliert. Doch Schinkel, wie der ‚Prinz von Homburg' in Kleists Schauspiel, dass es nicht auf den Willen des Monarchen, vielmehr auf das Vaterland und die Krone ankomme, verwandelte das Dank- und Ruhmesdenkmal in ein viel weitergehendes Projekt. Das war sicherlich eine Form von offensichtlicher Insubordination, die nur deshalb nicht, wie im preußischen Offizierscorps, disziplinarische oder politische Konsequenzen zeigte, weil der Auftraggeber nach wie vor allein über die erforderlichen Geldmittel verfügte. Seine Denkschrift vom Sommer 1814 belegt überdies, dass Schinkel zu diesem Zeitpunkt keineswegs ein passiver Auftragnehmer war; er versuchte vielmehr, das *katathyme Bilderleben* in den Berliner Geheimgesellschaften in neuer Architektur umzusetzen. Er wolle den Dom errichten, beschrieb er seinen Entwurf, das er *„1. Als ein religiöses Monument, 2. Als ein historisches Monument, 3. Als ein lebendiges Monument in dem Volke"* angenommen werde, *„indem unmittelbar durch die Art seiner Errichtung etwas in dem Volke begründet werden soll, das fortlebt und Früchte trägt"*. Der Spittelmarkt könne nicht hinreichend Platz bieten, um die großen Menschenmassen aufzunehmen, deshalb wäre das Oktogon, am Stadtrand gelegen, wo schon Friedrich Gilly seine Denkmalanlage für Friedrich den Großen konzipiert hatte, geeigneter für eine solche Kathedrale. In ihr, als der neuen *„Hauptkirche der Stadt"*, könnten die *„Hauptfeste des Volkes"* gefeiert werden. Dort ließen sich *„große Rückerinnerungen einer kräftigen Vergangenheit"* mit den *„frischen Aufregungen der Kraft für die Zukunft"* verbinden. Schinkels Gedankengang, die Gestaltung selbst und der vorgeschlagene Standort können kaum missverstanden werden: Durch den Bau des Domes auf dem Achteckplatz am Stadtrand, darauf lief das Projekt hinaus, sollte sich das Volk als Nation konstituieren, hier sollte in Zukunft die Poesie gesellig und die Gesellschaft poetisch werden. Schinkels Ausgangspunkt der Projektierung war also immer noch das ‚Entwerfen von Bildern', die Imagination, der Blick in die *Tiefenschichten des*

Abb. 3: Karl Friedrich Schinkel, Entwurf zum Dom als Denkmal für die Befreiungskriege, 1814/15

Selbst, des Nationalbewusstseins: Gotisch sollte die Kirche sein, aber frei entworfen, nicht als Nachbildung eines mittelalterlichen Baus errichtet werden. Doch er sah 1814 deutlich, dass es eines längeren historischen Prozesses bedurfte, um die Nation zu verlebendigen, sie also zu verwirklichen. Deren Symbol, die städtische Hauptkirche, konnte nur helfen, etwas in dem Volke zu begründen, das fortlebt und irgendwann auch Früchte trägt. Die Erziehung blieb dabei eine wesentliche Bedingung; Schinkel sah seine Aufgabe darin, die begonnene *Erweiterung und Ergänzung des sinnbildlichen Kreises*, die nach Fichte Aufgabe der *Poesie* war, durch seine künstlerischen Ausdrucksmittel zu ermöglichen: Es

„müßte die Errichtung dieses Monuments der Zentralpunkt aller höheren Kunstbetriebsamkeit des Landes werden, alle vorzüglichen Künstler müßten daran arbeiten und die höchste Vollkommenheit in der Ausführung würde durch den Lauf dieses Zeitraumes eine so wohltätige und praktische Schule werden."[53]

Eine zweite Denkschrift, im Januar 1815 verfasst, veränderte zwar viele Details der Fassade und der Ausstattung, konkretisierte das Bauprojekt insgesamt, aber es fällt auf, dass Schinkel darauf verzichtete, den nationalerzieherischen Bedeutungsgehalt der Denkmals-Kirche zu präzisieren. Darin kann eine Reflexion der veränderten politischen Situation gesehen werden. Auf dem Wiener Kongress (18. September 1814 bis 9. Juni 1815) suchten die Staatsmänner und Diplomaten nicht nach Wegen, wie Freiheit und Selbstbestimmung der Völker auszuhandeln wären, sondern wie europäische Stabilität zu erreichen sei, um neuerliche Revolutionen zu verhindern. Die Interessenpolitik der Mächte, die historische Legitimität von Staaten und Monarchien bestimmten die Geheimverhandlungen.[54] Ein Sonderweg Preußens, den die Militärführung um Blücher, Boyen und Gneisenau favorisierte, schien undenkbar, er hätte sofort ein Bündnis zwischen Österreich, Frankreich und England[55] begründet, um alle weitergehenden Ambitionen einzudämmen. Die Interessen dieser Mächte und Russlands in der Mitte Europas ließen keine Schritte zu, die zur nationalen Einheit der Deutschen mit ihren unberechenbaren Folgen hätten führen können; stattdessen wurde ein Gleichgewicht der Mächte angestrebt, um das unruhig gewordene Volk einzubinden und, vorerst wenigstens, ruhig zu stellen. Die zweite Denkschrift zum Denkmaldom zeigt daher abermals auf, dass Schinkel die politischen Ereignisse genauestens verfolgt und verstanden haben muss. Die Nachrichten vom Kongressverlauf in Wien, die im November/Dezember 1814 in den Medien für großes Aufsehen gesorgt hatten, vermochten zwar nicht, ihn von seiner städtebaulichen Konzeption abzubringen, auf dem Oktogon, der in ‚Leipziger Platz'(!) umbenannt worden war, einen großen gotischen Kirchenbau errichten zu wollen. Doch da sich abzeichnete, dass die Konstituierung der Nation – ob nun norddeutsch-preußisch oder großdeutsch-österreichisch – illusorisch geworden war, so hätte schon die bloße Absicht, einen Nationaldom in Berlin bauen zu wollen, die Verhandlungspartner in Wien misstrauisch stimmen müssen. Schinkel versuchte, das Projekt zu retten, indem er dessen geistige Grundlagen verbarg, stattdessen die künstlerischen Qualitäten hervorhob. Mit seiner Denkschrift vom Januar 1815 modifizierte er deshalb den Domentwurf entscheidend: er wurde nicht mehr als ein *Vor-Bild* beschrieben, durch dessen Bau sich die Konstituierung der Nation allmählich hätte vollziehen können, sondern er verwandelte ihn in ein hochartifizielles Architekturprojekt, das dem militärischen Ruhm der Hohenzollern dienen sollte.[56] Hardenberg hatte Schinkels Entwürfe vermutlich Anfang 1816 nochmals dem König vorgelegt. Ohne Erfolg. Aber das Projekt, auf dem Spittelmarkt anstelle der barock überformten, spätgotischen Getraudenkapelle eine neue Kirche zu errichten, blieb in der Erinnerung. Ob aber Schinkel um 1818 nochmals einen Auftrag erhalten haben könnte, Entwürfe hierfür anzufertigen, oder ob er von sich aus tätig geworden war, ist ungewiss. Schinkel legte 1819 einige Blätter vor,[57] doch eine neue Kirche wurde auf dem Spittelmarkt nicht mehr gebaut, stattdessen wurde das alte Gebäude um 1881 abgebrochen, um Platz für den Großstadtverkehr zu gewinnen.

9

Napoleons Machtpolitik, die Auflösung des Reiches hatten die Deutschen in tiefe Depressionen gestürzt; jenes dramatische Jahr 1813 bewirkte dann den Umschlag in das Gegenteil, in manische Zustände. Das Selbstbewusstsein der nationalen Bewegung wuchs, trotz einiger Niederlagen der verbündeten Truppen, von Schlacht zu Schlacht, nach dem Sieg bei Leipzig (18. Oktober 1813) ohnehin, bei Blüchers Rheinüberquerung (1. Januar 1814) und nach der Besetzung von Paris durch die Koalitionstruppen (31. März 1814), kontinuierlich an. Arndt, Görres, Kotzebue, Sieveking u. a. hatten im Verlauf des Jahres 1814 öffentlich vorgeschlagen, jenem historischen Triumph über den Imperator ein Denkmal zu setzen. Arndt forderte emphatisch:

„Ein kleines unscheinbares Denkmal, das sich gegen die Natur umher in nichts gleichen kann, thut es nicht; ein zierliches und blankes, etwa in Leipzig selbst auf irgendeinem Platz hingestellt, würde in seiner Armseligkeit von der großen That, wodurch die Welt von dem abscheulichsten aller Tyrannen und dem tückischesten aller Tyrannenvölker befreit ward, zu sehr beschämt werden. Das Denkmal muß draussen stehen, wo so viel Blut floß; es muß so stehen, daß es ringsum von allen Straßen gesehen werden kann, auf welchen die verbündeten Heere zur blutigen Schlacht der Entscheidung heranzogen. Soll es gesehen werden, so muß es groß und herrlich seyn, wie ein Koloß, eine Pyramide, ein Dom in Köln."[58].

Aufgestaute Bildimaginationen drängten danach, verwirklicht zu werden, um die nationalen

Abb. 4: Friedrich Weinbrenner, Entwurf Völkerschlachtdenkmal bei Leipzig, 1814

Emotionen für alle Zeiten, in Stein gefasst, festzuhalten. Die Nation, für deren Konstituierung keinerlei machtpolitischen Voraussetzungen existierten, sollte in einem Symbol vergegenständlicht werden, die Bildersehnsucht dadurch endlich einen Erfüllungsort erhalten.

Friedrich Weinbrenner (Karlsruhe) hatte den Ruf vernommen, aber überhaupt nicht verstanden; er reichte, geringfügig überarbeitet, seinen alten Entwurf des ‚Temple de la Gloire' von 1806[59] ein; der monumentale Empire-Baukörper zum Ruhm der Grande Armée wurde unter dem Eindruck der Niederlage Napoleons zu einer „gotischen Festung" umgedeutet (Abb. 4). Fichtes Nationalerziehung und jenes *katathyme Bilderleben* von 1808/09–1815 waren ihm, wie offensichtlich auch Leo von Klenze (München) und Johann Heinrich von Dannecker (Stuttgart), die gleichfalls Entwürfe für das Völkerschlachtdenkmal vorgelegt hatten, verschlossen geblieben. Die *Herzenserhebungen*, die sich Gneisenau erhofft hatte, fanden nur in nord- und mitteldeutschen Gebieten, insbesondere in einigen Teilen Preußens statt, und schon deshalb musste die Konstituierung der Nation scheitern.

Auch Schinkels kleine Federzeichnung eines riesenhaften Gebäudes, das Rave „Großer Dombau in der Ebene" nannte und „um 1814"[60] datiert hatte, könnte als eine gedankliche Umsetzung der Forderungen Arndts nach einem monumentalen Bau, als *‚ein Koloß, eine Pyramide, ein Dom in Köln,* mithin als Projektion eines bei Leipzig zu errichtenden Völkerschlachtdenkmal gedeutet werden (Abb. 5). Er zeigt schemenhaft

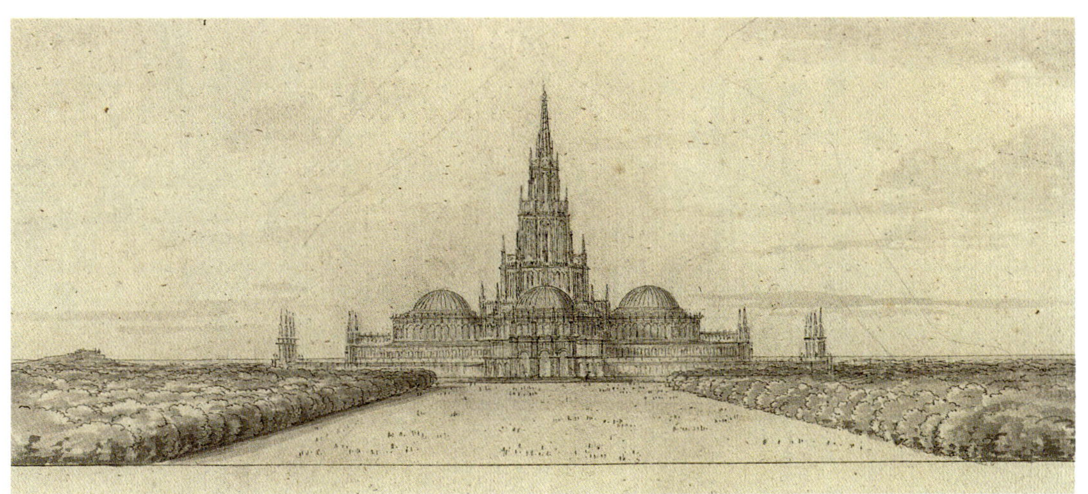

Abb. 5: Karl Friedrich Schinkel, vermutlich Entwurfsskizze für das Völkerschlachtdenkmal bei Leipzig, um 1814

die Kräfte auf, die durch Entwerfen von Bildern mobilisiert werden können. Es kann daher seinen geistigen Ursprung, Fichtes Reden an die deutsche Nation, nicht verbergen. Es handelt sich gleichfalls aber um ein Bild, eine Imagination, keineswegs um ein realisierbares Bauprojekt. Allein schon die Ausmaße der Bauanlage, die frei in der Landschaft stehen sollte, erscheinen als so gewaltig, dass der Versuch, sie errichten zu wollen, gescheitert wäre. Nimmt man die Bäume des Waldes als ungefähren Maßstab, dann ragt der zentrale Turm wenigstens 170 Meter in die Höhe, die vier Kuppelbauten, die den Turm umstehen, erreichen immerhin noch die Scheitelhöhe von ungefähr 60 Metern. Von Eingang zu Eingang kann mit 300–400 Metern gerechnet werden. Der Achsenraum, ausgerichtet auf die Torbauten, misst noch 150 Meter in der Breite; er bildet also eine Platzsituation aus, in der sich Hunderttausende hätten versammeln können. Einzelheiten der Gebäude lassen sich kaum erkennen; der Turm nutzt wohl bewusst das gotische Zeichensystem für Fern-Signale, die überkuppelten Seitengebäude hingegen wurden vermutlich in Renaissance-Formen konzipiert. Schinkel hatte also begonnen, eklektizistisch zu denken, um dem Maßstab von Massenveranstaltungen gerecht zu werden. Die riesigen Ausmaße drängen zu einem Vergleich mit Boullées Architekturvisionen von 1781–84, allerdings kann nicht angenommen werden, dass Schinkel von deren Existenz wusste. Die Grenze zwischen der vaterländischen Dichtung und der Geschichte ist in Schinkels Zeichnung vollkommen aufgehoben worden: An diesem Ort sollte sich alljährlich die *progressive Universalpoesie* materialisieren, d. h. Philosophie und Geschichte, Wissenschaft, Kunst und Rhetorik verschmelzen, damit dort die *Herzenserhebungen* künftighin stattfinden könnten. Die Melancholie, von der die Stimmung des Luisen-Mausoleums beherrscht wird, ist daher vollständig verschwunden. Was da, ihre Möglichkeiten überschätzend, gotisch-expressiv in die Höhe ragt und sich mit gewaltigen Baumassen präsentiert, ist die Vorstellung von der Nation selbst, von der Schinkel nur ein Bild gemacht hat.

Ein Denkmal zur Erinnerung an die ‚Völkerschlacht' bei Leipzig oder gar ein ‚Nationaldom' ließ sich nach 1815 nicht realisieren, nicht nur, weil die Fürsten und/oder die Bürger kaum gewillt, oder in der Lage waren, deren gewaltige Baukosten zu tragen. Die Diskussionen verloren allmählich ihre öffentliche Aufmerksamkeit, weil sich die politische Situation nach der endgültigen Verbannung Napoleons radikal verändert hatte. Dringlichere Bauaufgaben hatten sich ohnehin nach dem 2. Pariser Frieden, auch in Preußen, in den Vordergrund geschoben: Die nationalrevolutionären Kräfte mussten unverzüglich kanalisiert, ihre Aktivitäten kontrolliert, die nationalen Bild-Imaginationen der gotischen Architekturen mit preußisch-patriotischen Bedeutungsgehalten aufgefüllt werden. Und Schinkel musste beweisen, dass er für künftige Bauprojekte zu gebrauchen war.

10

Die Insubordinationen hatten im preußischen Heer nach 1809, trotz zeitweiliger Beruhigung des politischen Umfeldes nach der Rückkehr des Hofes in die Berliner Residenz, keineswegs aufgehört. Krockows Versuch 1809, in Hinterpommern ein Freicorps aufzustellen,[61] Schills Absicht, allein mit seinem Regiment den Volksaufstand (April/Mai 1809) auszulösen u.a., verweisen auf die allgemeine Stimmungslage im preußischen Offizierscorps. Als Friedrich Wilhelm III., auf Druck Napoleons hin, 1812 der Grande Armée ein Hilfscorps von 20000 Mann stellen musste, verließen über 500 Offiziere, ein Viertel des Bestandes, das Heer. Gneisenau ging nach England, Boyen und Clausewitz nach Russland. Der ehemalige Berliner Polizeichef Justus Gruner trat gleichfalls in russische Dienste und versuchte, wie schon angedeutet, von Prag aus eine Spionage- und Sabotageorganisation aufzubauen.[62] In Breslau schließlich, wo seit dem Januar 1813 die Freiwilligen zusammenströmten (auch Schinkels Schwager reiste Mitte Januar dahin ab[63]), wurden die Freicorps nicht etwa auf den König, sondern auf das Vaterland vereidigt. Die preußischen Soldaten und Landwehrmänner galten als die angriffsbereitesten,[64] und im Kampf selbst riefen die Soldaten nicht etwa *„es lebe der König"*, sondern brüllten *„Vaterland, Vaterland"*.[65] *„Castlereagh, Metternich und der Zar"*, so formulierte es Nipperdey, *„hielten diese Armee für einen potentiell revolutionären Faktor."*[66] Die preußische Armeeführung in Nordfrankreich unter Blücher und Gneisenau, in enger Abstimmung mit Gruner, den die verbündeten Truppen als Polizeichef eingesetzt hatten, versuchten sogar, während der Verhandlungen zum zweiten Pariser Frieden (Abschluss am 20.11.1815) auf eigene Faust Grenzrevisionen gegenüber Frankreich durchzusetzen, um die nationale Position Preußens zu stärken.[67] Insoweit ist es verständlich, dass Schinkels Entwurf für einen „Befreiungsdom", trotz der beschwichtigenden zweiten Denkschrift vom Januar 1815, keinerlei Chance auf Realisierung mehr haben konnte. Anstelle des Doms erhielt, durchaus folgerichtig, der Bau der ‚Neuen Wache' höchste Priorität. Die Planungen müssen unverzüglich begonnen haben, als Friedrich Wilhelm III. am 22. Oktober 1815 von Paris, wo er an den Friedensverhandlungen teilgenommen hatte, nach Berlin zurückgekehrt und die Zarenfamilie, die sich danach längere Zeit in Berlin aufgehalten hatte, nach St. Petersburg abgereist war. Die Einzelheiten der Entwürfe, die Planungsschritte sind gut dokumentiert,[68] zudem Gegenstand einiger historischer und kunstgeschichtlichen Untersuchungen geworden.[69] Schinkel entwickelte unter den wachsamen Augen des Königs zahlreiche Varianten, die vermuten lassen, dass ihm die Arbeit nicht leichtgefallen war, er durchaus deren Konsequenzen überblickt haben könnte. Er musste ja nicht nur den Stil, sondern überhaupt die Grundlagen seiner Entwurfsmethodik ändern. Fichtes Erziehungsprogramm, das freie Entwerfen von Bildern, wurde hinderlich, weil die Ausbildung von *Nationaleigenthümlichkeiten* nicht mehr das Ziel der künstlerischen Formensuche sein konnte. Von der Rundbogenhalle über den Pfeilerbau zur Säulenhalle, jeweils mit oder ohne Zinnenkranz und Ecktürmen, Schinkel steigerte die monumentale Wirkung des Wachgebäudes von Schritt zu Schritt (Abb. 6 und 7). *„Das Antikische beginnt sich eindeutiger durchzusetzen"*, so hatte Rave die Entwicklungslinie zusammengefasst (Abb. 8).[70] Zudem wurde der Standort, nach

Abb. 6: Karl Friedrich Schinkel, Neue Wache, Entwurf als Rundbogenhalle, 1815

Abb. 7: Karl Friedrich Schinkel, Neue Wache, Vorentwurf mit Trophäen und Kriegermasken, 1815

Abb. 8: Karl Friedrich Schinkel, Neue Wache, Aufriss der Portikusseite, 1815/16

Abb. 9: Wilhelm Brücke, Ansicht der Neuen Wache in Berlin, 1842

Abb. 10: Ludwig Eduard Lütke, Berlin vom Kreuzberg aus gesehen, 1852

den Weisungen des Königs,[71] entscheidend verändert. Die Rundbogenloggia in der Fluchtlinie des Finanzministeriums hätte einen freien Platz zwischen Zeughaus und Universität geschaffen, das ‚römische Kastell', an die Straße ‚Unter den Linden' herangerückt, dominiert hingegen das Platzgefüge und wirkt sogar in den Straßenraum hinein (Abb. 9). Architektur und Standort der Wache können auch so gelesen werden: Friedrich Wilhelm III. wollte das Militär vom Fenster seines Palais' gegenüber im Blick behalten, um neuerliche *Tollhäuseleien* seines Offizierscorps rechtzeitig zu unterbinden. Er wünschte wohl in seiner Umgebung auf keinen Fall, gotische Architekturen zu sehen, solange jedenfalls nicht, bis deren nationalrevolutionäre Symbolik aufgelöst und deren Bilderreichtum als Ruhmeszeichen preußischer Waffen umgedeutet worden

Abb. 11: Karl Friedrich Schinkel, Denkmal zur Erinnerung an die Schlacht bei Großgörschen, Eisenguss, 1817/18, Aufnahme 2022

war (Abb. 10 und 11).[72] Karl Friedrich Schinkel, der, nach Fichtes Aufforderung in seinen ‚Reden an die Deutsche Nation', *Vor-* statt *Abbbilder* zu schaffen suchte, um die Gesellschaft poetisch zu machen und die Nation zu verlebendigen, realisierte mit der ‚Neuen Wache' das Gegen-Bild, das alle Bewegung erstarren ließ.[73]

Anmerkungen

1 August Wilhelm Anton von Gneisenau: Denkschrift vom Sommer 1808, in: Ausgewählte militärische Schriften, Berlin 1984, S. 117–121.

2 Gneisenau an Karl August Freiherr von Hardenberg, 8. August 1811, beiliegend die Denkschrift vom August 1811 ‚zur Vorbereitung eines Volksaufstandes', ebenda, S. 167–169.

3 *„Der in Spanien ausgebrochene und mit glücklichem Erfolg begleitete Volkskrieg hatte den Unwillen über die erlittene Herabwürdigung unter den Einwohnern des Preußischen Staates erhöht. Alles durstete nach Rache, Pläne zu Aufständen, um die im Lande zerstreut stehenden Franzosen zu vernichten, waren verabredet, unter anderen sollte ein solcher in Berlin ausgeführt werden, und ich hatte alle Mühe,*

die Anführer, die mir ihre Absichten anvertrauten, von einem unzeitigen Ausbruch abzuhalten." Stein sein Leben von ihm selbst niedergeschrieben! Eisenberg 1937, S. 16–17. Textgleich mit geringfügigen orthographischen Korrekturen als „Lebenserinnerungen. Verfaßt in den Jahren 1821–1823" in: https://www.projekt-gutenberg.org/steinvom/lebenser/lebenser.html.

4 Zitiert bei: Gerd Heinrich, *Geschichte Preußens. Staat und Dynastie*, Frankfurt/Main, Berlin, Wien 1981, S. 296.

5 Faksimile des Briefentwurfs und Abschrift in: Thomas Stamm-Kuhlmann, *König in Preußens großer Zeit. Friedrich Wilhelm III. der Melancholiker auf dem Thron*, Berlin 1992, S. 331.

6 Johann Heinrich Zedler, *Grosses vollständiges Universallexicon aller Wissenschaften und Künste*, Halle und Leipzig 1732–1754. Stichwort Poesie, aus: http://www.zedler-lexikon.de/ 04. 10. 2022.

7 Zitiert bei: Heinrich, *Geschichte Preußens* (wie Anm. 4), S. 296.

8 Vgl. Hans-Joachim Schoeps, *Preußen. Geschichte eines Staates*, Frankfurt/Main, Berlin, Wien 1981, S. 135; Heinrich, *Geschichte Preußens* (wie Anm. 4), S. 296f.; Thomas Nipperdey, *Deutsche Geschichte 1800–1866. Bürgerwelt und starker Staat*, München 1983, S. 21ff.; Stamm-Kuhlmann, *König in Preußens großer Zeit* (wie Anm. 5), S. 333; Theodore Ziolkowski, *Berlin. Aufstieg einer Kulturmetropole*, Stuttgart 2002, S. 23f., usw.

9 Das war auch den französischen Agenten in Berlin nicht verborgen geblieben. Geheime Berichte an Marschall Davout berichteten von „Disziplinlosigkeiten" im preußischen Heer. Vgl. Bernd von Münchow-Pohl, *Zwischen Reform und Krieg. Untersuchungen zur Bewusstseinslage in Preußen 1809–1812*, Göttingen 1987, S. 138ff.

10 *„Dieses Motiv der Verschränkung von Sehnsucht aus wehmütiger Erinnerung und ahnender Erwartung, die Identifizierung von Aufbruch in die Ferne als Heimkehr ins Vertraute, ist eine Spezialität der Romantik".* Wolfgang Hofrebe, *Echo des Nichtwissens*, Berlin 2006, S. 126.

11 Friedrich Schlegel, *Studien des klassischen Altertums*, in: *Kritische Friedrich-Schlegel-Ausgabe*, Paderborn/München/Wien 1978, 1. Bd., S. 219.

12 *„Die romantische Poesie ist eine progressive Universalpoesie. Ihre Bestimmung ist nicht bloß, alle getrennten Gattungen der Poesie wieder zu vereinigen und die Poesie mit der Philosophie und Rhetorik in Berührung zu setzen. Sie will und soll auch Poesie und Prosa, Genialität und Kritik, Kunstpoesie und Naturpoesie bald mischen, bald verschmelzen, die Poesie lebendig und gesellig und das Leben und die Gesellschaft poetisch machen [...]"* Friedrich Schlegel, *Das Athenäums-Fragment Nr. 116*, in: Ebenda, 2. Bd., S. 182f.

13 Gneisenau, Ausgewählte militärische Schriften, (wie Anm, 1), S.164. Der Autor der Verse war jedoch Friedrich von Matthisson (1761-1831), Freimaurer, Bibliothekar und Theaterintendant, vor allem Dichter, der sich nicht eindeutig der Klassik oder der Romantik zuordnen lässt. Das Gedicht war unter dem Titel ‚Zuruf' 1802 oder 1803 entstanden und wurde vermutlich erstmals 1811 veröffentlicht. Gneisenau hatte allerdings dessen ersten Vers von „Alles kann sich umgestalten!" in „Plötzlich kann sich's umgestalten!" verändert, um den ‚lyrischen' Druck auf seinen König zu verstärken. Vgl. Friedrich von Matthisson, Sämmtliche Werke, Zweyter Band, Wien 1814, S. 200. Vgl. Günther de Bruyn, Die Zeit der schweren Not. Schicksale aus dem Kulturleben Berlins 1807 bis 1815, Frankfurt/M. 2010, S. 263.

14 Johann Gottlieb Fichte, *Reden an die deutsche Nation*, für die Deutsche Bibliothek hg. v. Arthur Liepert, Berlin 1912, Erste Rede, S. 4.

15 Fünfte Rede. Ebenda, S. 81.

16 Fünfte Rede. Ebenda, S. 80.

17 Erste Rede. Ebenda, S. 9.

18 Erste Rede. Ebenda, S. 13.

19 Das *„Amt des Schriftstellers"* müsse vorerst den nationalen Zusammenhalt sichern, *„nachdem das letzte äußere Band, das die Deutschen vereinigte, die Reichsverfassung, auch zerrissen ist."* Fichte, zwölfte Rede. Ebenda, S. 218. Mit der ‚Reichsverfassung' könnte Fichte die ‚Goldene Bulle' von 1356 gemeint haben. In ihr waren die Modalitäten der Königs- und Kaiserwahl festgelegt worden, außerdem enthielt sie Bestimmungen zur Rangfolge der Kurfürsten, zu Münz-, Steuer- und Rechtsfragen u. a. Als Franz II. am 6. August 1806 die Kaiserkrone niederlegte, traten alle in ihr enthaltenen Rechtsgrundsätze außer Kraft. Franz II. hatte erklärt: *„Wir entbinden zugleich Kurfürsten, Fürsten und Stände und alle Reichsangehörigen, insonderheit auch die Mitglieder der höchsten Reichsgerichte und die übrige Reichsdienerschaft von ihren Pflichten, womit sie an Uns, als das gesetzliche Oberhaupt des Reichs, durch die Constitution gebunden waren." https://de.wikisource.org/ Franz II.*

Zur Niederlegung der Krone des Heiligen Römischen Reiches. (13.01.2023.)

20 *„Die Lieder und Gedichte der Befreiungskriege"* zeichneten sich durch ihren *„publizistischen Charakter"* aus. *„Sie übernahmen temporär die Rolle eines Mediums, das der Information über kollektive und persönliche Gefühle, Meinungen und Bedürfnisse diente, zur Unterrichtung über gesellschaftliche Vorgänge und Zustände benutzt und als handlungsauffordernd erfahren und/oder eingesetzt wurden."* Ernst Weber, *Lyrik der Befreiungskriege (1812–1815). Gesellschaftspolitische Meinungs- und Willensbildung durch Literatur*, Stuttgart 1991, S. 2f.

21 Der Hass steigerte sich schrittweise und wurde von unterschiedlichen Erfahrungen und Ereignissen befördert. Die Requirierungen, Einquartierungen und die gewaltsame Eintreibung der Kriegskontributionen, überhaupt aber *„das sich ausbreitende Elend"*, entfachten nicht nur in Preußen nationalistische Gefühle. Vgl. Günter de Bruyn, *Als Poesie gut. Schicksale aus Berlins Kunstepoche 1786 bis 1807*, Frankfurt/Main 2006, S. 406ff. Vgl. auch Stein. Sein Leben (wie Anm. 3), S. 12. Insbesondere die Beschlagnahmung der Reit- und Zugpferde für die Ausrüstung der ‚Grande Armée' im Frühjahr 1812 ließ die Wirtschaftskreisläufe zusammenbrechen und führte zu Massenarbeitslosigkeit und der Zunahme der Bettler z. B. in Berlin und anderen großen Städten.

22 Die ‚Märchen vom Rhein' wurden von Brentano in den Jahren 1810–12 verfasst, aber erst 1846 von Johann Joseph Görres postum herausgegeben.

23 Clemens Brentano, *Das Märchen vom Murmeltier*, in: *Märchen der deutschen Romantik*, Bindlach 1987, S. 472–476.

24 Heinrich von Kleist, *Die Herrmannsschlacht*, in: *H. v. Kleists Dramatische Meisterwerke*, Erster Band. Berlin 1920, S. 126.

25 Heinrich von Kleist, *Prinz Friedrich von Homburg*, in: Ebenda, S. 62.

26 *Ernst Moritz Arndts ausgewählte Werke in sechzehn Bänden*, herausgegeben und mit Einleitungen und Anmerkungen versehen von Heinrich Meisner und Robert Geerds, 2. Bd., aus: https://www.projekt-gutenberg.org/meisnerh/arndt/titlepage.html. (22.01.2022).

27 Theodor Körner, *Leier und Schwert. Bundeslied vor der Schlacht*, aus: http://www.projekt-gutenberg. spiegel.de/koerner/leier/leier.htm. (05.10.2021).

28 Johann Heinrich Pestalozzi (1746–1827). Fichte bezog sich in seiner ‚*9. Rede an die Deutsche Nation*' auf die pädagogischen Grundsätze Pestalozzis, die der Schweizer Schulreformer und Philosoph in einer Sammlung von Briefen veröffentlicht hatte. Insbesondere dürfte der grundlegende erste Brief Fichte inspiriert haben: *„Wie Gertrud ihre Kinder lehrt, ein Versuch den Müttern Anleitung zu geben, ihre Kinder selbst zu unterrichten, in Briefen von Heinrich Pestalozzi. Bern und Zürich 1801"*.

29 Fichte, *Reden* (wie Anm. 14), neunte Rede, S. 160.

30 Vgl. Hofrebe, *Echo* (wie Anm. 10), S. 130.

31 Fichte, *Reden* (wie Anm. 14), zweite Rede, S. 24.

32 Katathym: griech. Kata = gemäß; griech. Thymos = Seele. Vgl. Leonore Kottje-Birnbache und Ulrich Sachsse, *Das gemeinsame Katathyme Bilderleben in der Gruppe*, Bern 1986. Hanscarl Leuner, *Lehrbuch des Katathymen Bilderlebens*, Bern/Stuttgart/Toronto 1994. Harald Ullmann, *Einführung in die Katathym Imaginative Psychotherapie*, Heidelberg 2017. Ders., Andrea Friedrichs-Dachale u. a., *Katathym Imaginative Psychotherapie*, Stuttgart 2017.

33 Die Methode wird zur Behandlung psychischer Erkrankungen angewandt; sie setzt auf die therapeutische Kraft der imaginativen Prozesse, z. B. bei der Behandlung von posttraumatischen Belastungsstörungen und Depressionen. Sie beruht im wesentlichen auf einer Tagtraumtechnik. Der Patient stellt sich unter der Anleitung eines Therapeuten (Fichtes Erzieher?) Bilder vor, um die zentralen Konflikte eingrenzen und fokussieren zu lernen. In der symbolisch-bildhaften Konfrontation mit sich selbst und den umgebenden Objekten kann dann geübt werden, wie Ängste abzubauen und innere Gelassenheit zu erreichen sind. Imaginative Techniken dienen als Mittel einer intensiven Selbstwahrnehmung, um die inneren Stärken aufzudecken, das Selbst zu stabilisieren und mentale bzw. emotionale Ressourcen zu aktivieren usw.

34 Johann Wolfgang Goethe: Von deutscher Baukunst. D. M. Ervini A. Steinbach 1773. Rudolstadt und Jena 1997, S. 13.

35 *„Die gotische, oder wie man es in der nächsten geschichtlichen Beziehung wohl auch nennen könnte, die deutsche Baukunst – weil sie ja allen deutschen Völkern gemein war, und deutsche Baumeister auch in Italien, wie in Frankreich und selbst in Spanien viele der wichtigsten sogenannten gotischen Gebäude aufführten – diese altdeutsche Baukunst verdient es wenigstens gewiß, daß man ihre noch unerforschten Tiefen zu ergründen strebe."* Friedrich Schlegel, *Grundzüge der Gotischen Baukunst (1803)*, in: *Kriti-*

sche Schriften, hg. v. Wolfdietrich Rasch, München 1958, S. 378–79.

36 Georg Forster, *Ansichten vom Niederrhein, von Brabant, Flandern, Holland, England und Frankreich, im April, Mai und Junius 1790*, Theil 1, Berlin 1791.

37 *„[...] das politische Ende dieses alten Reiches hat auf die Dauer etwas höchst Merkwürdiges bewirkt: es hat dieses Reich aus der Wirklichkeit in die Welt von Traum und Symbol versetzt; [...] gerade das Unwirkliche, das unwirklich Gewordene bewegte die Wirklichkeit."* Thomas Nipperdey, *Deutsche Geschichte 1800–1866. Bürgerwelt und starker Staat*, München 1983, S. 14.

38 Vgl. Harald Tausch, *„Die Architektur ist die Nachtseite der Kunst". Erdichtete Architekturen und Gärten in der deutschsprachigen Literatur zwischen Frühaufklärung und Romantik*, Würzburg 2006, S. 220.

39 Wilhelm Heinrich Wackenroder, *Herzensergießungen eines kunstliebenden Klosterbruders*, Leipzig 1981, S. 39.

40 Karl Friedrich Schinkel, *Reisen nach Italien. Tagebücher, Briefe, Aquarelle*, Berlin 1988, S. 118.

41 Karl Friedrich Schinkel, *An David Gilly*, in: Ebenda, S. 122.

42 Vgl. Birgit Verwiebe, *Lichtspiele: Vom Mondscheintransparant zum Diorama*. Stuttgart 1997. Vgl. auch Oliver Grau, *Virtuelle Kunst in Geschichte und Gegenwart. Visuelle Strategien*, Berlin 2001, S. 52ff.

43 *„Die mit der Dioramenmalerei gewonnenen Erfahrungen und Ideen bildeten für Schinkel die wesentliche Grundlage seiner 1815 beginnenden Arbeit als Bühnenarchitekt am Königlichen Theater."* Birgit Verwiebe (Hrsg.), *Karl Friedrich Schinkel und Clemens Brentano. Wettstreit der Künstlerfreunde*, Berlin 2008, S. 19.

44 *„Die Verbindung mit den alten Freunden und Werkgenossen in Preußen riß niemals ab; man suchte ihn auf, man korrespondierte, man sandte mündliche Botenberichte."* Gerhard Ritter, *Stein. Eine politische Biographie*, Stuttgart 1958, S. 367.

45 Gustav Friedrich Waagen, dem Schinkel seit 1823 persönlich bekannt war, veröffentlichte 1844 eine biographische Skizze des berühmten Architekten. Darin benannte er ausdrücklich den Einfluss Fichtes auf Schinkels Denken: *„Das Gefühl der Fremdherrschaft lastete besonders empfindlich auf der Brust eines so tief fühlenden Mannes wie Schinkel. Dasselbe war überdies durch die berühmten Vorlesungen von Fichte, welche er eifrig besuchte, noch auf das stärkste angefacht worden. Überhaupt war der Einfluß, welche die hohe moralische Kraft, die Tüchtigkeit der Gesinnung dieses Philosophen auf Schinkel ausübte, auf die Ausbildung seines Charakters für das ganze Leben von der entschiedensten Bedeutung [...]."* Gustav Waagen, *Karl Friedrich Schinkel als Mensch und Künstler*, Berlin 1844, S. 347.

46 Für Arnim (1814) war Schinkel der *„größte lebende Architekt"*. Sein Genie-Ruhm hatte auch bereits die preußische Staatsverwaltung erreicht. Der Geheime Staatsrats v. Schuckmann erwähnte (30. November 1813) in einem Schreiben an den Staatskanzler v. Hardenberg, dass *„der geniale Schinkel"* wohl Mittel finden werde, die geplante Änderung der Quadriga zu gestalten. GStAPK, Rep. 74, K. X, Nr. 14, Bl. 65. (Freundlicher Hinweis von Laurenz Demps).

47 Die Bilder wurden auf der Kunstausstellung im Herbst 1810 gezeigt. Sie hingen unweit der Gemälde von Caspar David Friedrich: ‚Abtei im Eichwald' und ‚Mönch am Meer'.

48 Theodore Ziolkowski, *Berlin. Aufstieg einer Kulturmetropole um 1810*, Stuttgart 2002, S. 57.

49 Wilhelm v. Humboldt an seine Frau, zitiert bei Ziolkowski, ebenda, S. 51.

50 Heinrich von Kleist an seine Schwester, 6. Dezember 1806. Zitiert bei: Ziolkowski, ebenda, S. 58.

51 Prinz von Homburg bei seiner Verhaftung:
„Ein deutsches Herz von altem Schrot und Korn,
bin ich gewohnt an Edelmuth und Liebe;
Und wenn er [der Kurfürst Friedrich Wilhelm] mir in diesem Augenblick
Wie **die Antike** starr entgegenkommt,
Thut er mir leid, und ich muß ihn bedauern!"
Heinrich von Kleist, Prinz Friedrich von Homburg, in: Kleist, *Meisterwerke* (wie Anm. 24), S. 68.

52 Paul Ortwin Rave, *Karl Friedrich Schinkel. Lebenswerk. Berlin. Erster Teil, Bauten für Kunst, Kirchen, Denkmalpflege*, Berlin MCMXXXXI, S. 187.

53 Karl Friedrich Schinkel, *Erste Denkschrift zum Befreiungsdom*, in: Rave, *Lebenswerk* (wie Anm. 52), S. 189–192.

54 Nipperdey, *Geschichte* (wie Anm. 37), S. 93.

55 Das Geheimbündnis, um die nationalen Intentionen Preußens einzudämmen, war im Januar 1815 tatsächlich gegründet worden.

56 Karl Friedrich Schinkel: Zweite Denkschrift zum Befreiungsdom, in: Rave, *Lebenswerk* (wie Anm. 52), S. 196–201.

57 Vgl. *Bau- und Kunstdenkmale in der DDR. Hauptstadt Berlin I*, DDR-Berlin 1984, S. 130. Vgl. Staatliche Museen zu Berlin, Kupferstichkabinett, *Schinkel, Entwurf zur Gertrau-*

denkirche, Aufriss, ca. 1819. https://smb.museum-digital.de/index.php?t=objekt&oges=88300. 12. 02. 2023

58 Ernst Moritz Arndt, *Entwurf einer teutschen Gesellschaft (1814)*, in: Arne Koch (Hrsg.) et al, *Ernst Moritz Arndt (1769–1860)*, Tübingen 2007, S. 292.

59 Helmut Scharf, *Kleine Kunstgeschichte des deutschen Denkmals*, Darmstadt 1984, S. 151. Vgl. Thomas Topfstedt, *Das Leipziger Völkerschlachtdenkmal. Eine kurze Ideen- und Baugeschichte*, in: Marina Dmitrieva und Lars Karl (Hrsg.), *Das Jahr 1813. Ostmitteleuropa und Leipzig. Die Völkerschlacht als (trans)nationaler Erinnerungsort*, Köln/Weimar, Wien 2016, S. 139.

60 Rave, *Lebenswerk,* (wie Anm. 52), S. 187.

61 Vgl. Bernd von Münchow-Pohl, *Zwischen Reform und Krieg. Untersuchungen zur Bewußtseinslage in Preußen 1809–1812*, Göttingen 1987, S. 139.

62 Nipperdey, *Geschichte* (wie Anm. 37), S.28.

63 Schinkel schrieb am 18. Januar 1813 seinem Schwiegervater Kaufmann Berger in Stettin, dass Wilhelm [Schinkels Schwager], *„mit wahrer Freude"* nach Breslau abgereist sei, *„der Zulauf von hier aus ist außerordentlich"*, in: Karl Friedrich Schinkel, *Briefe, Tagebücher, Gedanken . . .*, ausgewählt von Hans Markowsky, Berlin 1922.

64 *„Die Preußen spielten bei dem Feldzug von 1813 eine entscheidende Rolle. Tatsächlich waren sie das rührigste und aggressivste Glied in dem zusammengesetzten Kommando."* Christopher Clark, *Preußen. Aufstieg und Niedergang 1600–1947*, München 2008, S. 429.

65 Das wird in einer späteren französischen Beschreibung der Schlacht von Großgörschen bestätigt. Nicht Österreicher oder Russen waren gefürchtet, sondern vor allem die Preußen: *„Die drei vordersten Reihen unseres Karrees gaben Feuer, indem die Seitenreihen rechts und links aufmarschierten. Eine ordentliche Zahl Preußen blieb liegen. Doch statt haltzumachen, blieben ihre Kameraden im Vormarsch, brüllten wie die Wölfe: ‚Vaterland! Vaterland!' und gaben uns eine volle Salve auf hundert Schritt in den Leib. Sie wollten uns zersprengen und waren rasend vor Wut."* Erckmann-Chatrien, *Ein Soldat von 1813*, Berlin/Weimar 1985, S. 71. (Französische Originalausgabe: Histoire d'un conscrit de 1813, Paris 1864; online bei fr.wikisource: Histoire d'un conscrit de 1813).

66 Nach den Berichten des britischen Botschafters an Castlereagh gab es in fast allen Regimentern Offiziere, *„die vom revolutionären Aufruhr infiziert"* waren. Vgl. Clark, *Preußen* (wie Anm. 63), S. 439 und Anm. 68.

67 Die Generäle hätten versucht, „ein fait accompli zu schaffen, die Armee (und gar den König) gegen Regierung und Diplomaten auszuspielen, und sie gingen bis an die Grenze der Subordination". Nipperdey, *Geschichte* (wie Anm. 37), S. 99.

68 Paul Ortwin Rave, *Karl Friedrich Schinkel. Lebenswerk. Berlin. Dritter Teil. Bauten für Wissenschaft, Verwaltung. Heer. Wohnbau und Denkmäler*, Berlin MCMLXII, S. 146ff.

69 Z. B. Laurenz Demps, *Die Neue Wache. Entstehung und Geschichte eines Bauwerkes*, Berlin 1988.

70 Rave, *Lebenswerk* (wie Anm. 67), S. 146.

71 Schinkel wünschte, dass die Entscheidung in den Akten dokumentiert wird, wohl um vor der Geschichte zu belegen, wer hierfür die Verantwortung trug. Am 21. Juni 1816 hielt er fest: *„Dieser Plan, worin Seine Majestät der König höchsteigenhändig am 21. Juni 1816 die Stellung des neuen Wachgebäudes mit Bleistift bei a, sowie die Stellung dreier Monumente b c und d eingezeichnet hat, muß als Dokument sorgfältig in den Akten des Baues am Opernplatz aufbewahrt werden."* Zitiert bei Rave, ebenda, S. 154.

72 Das geschah letztlich mit dem ‚(National)Denkmal für die Befreiungskriege' auf dem Tempelhofer Berg vor Berlin [Kreuzberg], das 1818 bis 1821 errichtet wurde. Schinkel entwarf das Projekt und hatte die Bauleitung übertragen bekommen. Vorausgegangen waren im Jahre 1817 seine Denkmäler für einzelne Schlachten der ‚Befreiungskriege' z. B. in Arbesau [Telnice], Bellwitzhof [Bielowice], Großbeeren, Haynau [Chojnów] Niedergörsdorf und Plancenoit [Belle Alliance]. Er hatte sie als gotische Fialen gestaltet, die zumeist auf Feldsteinsockeln errichtet wurden und durchweg in Gusseisen ausgeführt worden waren.

73 Vgl. Goerd Peschken, *Klassik ohne Maß. Eine Episode in Schinkels Klassizismus*, in: Ders., *Baugeschichte politisch*, Braunschweig/Wiesbaden 1993. S. 46–60. Peschkens These, die ‚Neue Wache' habe zu einer *„faschistoiden Werkgruppe"* (S. 49) gehört, ist widersprochen worden. Der Begriff *„faschistoid"* ist sicherlich unhistorisch und daher nicht praktikabel. Doch Peschken hat damit das Unbehagen an einigen Arbeiten Schinkels artikuliert, dem die *„Hagiographen"* (S. 46) bislang auszuweichen suchen.

Die Freiheit des Eigentums und die baupolizeiliche Reglementierung des bürgerlichen Hausbaus

Zur Entstehungsgeschichte der Berliner Bauordnung von 1853

Das Berliner Mietshaus der zweiten Hälfte des 19. Jahrhunderts mit seinen lichtlosen Hinterhöfen, deren Mindestgrößen in der Bauordnung von 1853 auf 17 Fuß im Quadrat[1] festgelegt worden waren, galt nicht erst den Propagandisten der Gartenstadtbewegung als *„trostloser Steinhaufen"*.[2] Es wurde schon lange vor 1900, aber eher metaphorisch gemeint als bautypologisch definiert, als ‚Mietskaserne'[3] bezeichnet, aber erst von den Architekten und Sozialpolitikern der frühen Moderne bewusst als Negativbild genutzt, um ihre ästhetischen und sozialen Ziele kontrastreich zu verdeutlichen. Werner Hegemann,[4] der bereits vor 1914 für die Lösung der Wohnungsfrage die Anlage von Reihenhaussiedlungen und eine ‚gemischten Bauweise' anstelle der Blockbebauung propagiert hatte, denunzierte 1930 schließlich *„das steinerne Berlin"* als die *„größte Mietskasernenstadt der Welt"*. Er polemisierte dabei heftig gegen die preußische Beamtenschaft, die jene Fehlentwicklung im Städte- und Wohnungsbau zu verantworten habe. In der zweiten Hälfte des 19. Jahrhunderts seien Wohnungen entstanden, meinte Hegemann, *„wie sie sich weder der dümmste Teufel noch der fleißigste Berliner Geheimrat oder Bodenspekulant übler auszudenken vermochte"*.[5] Verantwortlich hierfür seien der Bebauungsplan von 1858/61 (der sogenannte ‚Hobrechtplan') und vor allem die Bauordnung von 1853, die die preußische Regierung *„aus reaktionärer Angst vor der Selbstverwaltung, aus dem ererbten Bedürfnis, in alles dreinzureden, kurz aus politischer Unfähigkeit"*[6] erlassen hätte. Der Vorwurf der bürokratischen Willkür und der verantwortungslosen Unfähigkeit der preußischen Baubeamten wurde seit Hegemanns Buch, vielfach variiert, immer wieder formuliert. So schrieb zum Beispiel Walter Kieß noch 1991:

„Im Zuge der für Preußen typischen staatlichen Verwaltungspraxis erließ das Berliner Polizeipräsidium kurzerhand die ‚Bau-Polizei-Ordnung für Berlin und den weiteren Polizei-Bezirk vom 21. April 1853'. Ob deren Verfasser sich der Tragweite der neuen Vorschriften überhaupt bewußt waren, muß bezweifelt werden."[7]

Doch die Berliner Bauordnung von 1853, die durchaus einige problematische Bestimmungen enthielt, entstand nach einer anderen historischen Logik, die sich nicht auf Willkür und politischer Unfähigkeit der preußischen Bürokratie reduzieren lässt. Sie wurde auch nicht ‚kurzerhand' erlassen, sondern ist das Resultat 33-jähriger, schwieriger, zeitweilig kontrovers geführter Abstimmungsprozesse, an denen die Vertreter verschiedener Ministerien, der Gerichte, aber auch des Magistrats, der Stadtverordnetenversammlung und ihrer Baudeputation teilgenommen hatten:

Die Verhandlungen begannen am 13. Juli 1820, als an die ‚Königliche Regierung von Berlin' ein Reskript des preußischen Innenministeriums *„wegen einer für Berlin zu erlassenden Bauordnung"* erging. Mit dem Verwaltungsakt reagierte die Behörde, durchaus vorausschauend, um Rechtssicherheit keineswegs nur im Interesse der Hausbesitzer bemüht, auf die rasche Zunahme der Bevölkerung seit den Befreiungskriegen:

„Bei der wachsenden Einwohnerzahl der Residenz kann [...] eine Vermehrung der Privatbauten erwartet werden. Schon dieser Umstand, abgesehen von den übrigen das öffentliche und finanzielle Interesse betreffenden sehr erheblichen Rücksichten, macht es in hohen Grade wünschenswerth eine Bau Ordnung für Berlin zu haben, in welcher nicht nur die Baulustigen alles beysammen finden, was sie auf den Grund älterer und neuerer Polizey Vorschriften zu beobachten haben, sondern auch die Verhältnisse der Bauherrn zu den Bauhandwerkern [...]"[8]

Der Oberbürgermeister Büsching[9] beauftragte daraufhin am 1. September 1820 den Stadtbauinspektor Langerhans,[10] einen Entwurf auszuarbeiten und hierbei auch die Baudeputation der Stadtverordnetenversammlung zu konsultieren. Als Grundlage der weiteren Beratungen zwischen den beteiligten Behörden und den gewählten Deputierten diente jedoch ab 1821 eine *„Zusammenstellung älterer und neuerer Bau Polizey Vorschriften"*,[11] die vom Polizei-Assessor Bretzing vorgelegt worden war. Der Beamte aus dem Polizeipräsidium hatte die Bauprozessakten der Stadtgerichtsregistratur angefordert, außerdem die Reskripte des Generaldirektoriums[12] und der Kurmärkischen Kriegs- und Domänenkammer durchgesehen, die Bestimmungen des Allgemeinen Landrechts,[13] die das Baurecht tangierten, herausgezogen und systematisch zu ordnen versucht. Am 15. März 1821 lag das Resultat seiner Arbeit in gedruckter Form vor. Die *„Zusammenstellung"* enthielt 792 Paragrafen, mit denen auch künftighin das Baugeschehen geregelt werden sollte. Die Anordnungen der brandenburgisch-preußischen Staatsbehörden aus zwei Jahrhunderten zur Feuersicherheit, zum Bauerlaubniswesen, zur Festigkeit und Stellung der Gebäude, zu den zulässigen Bauhöhen und den erforderlichen Abstandsflächen, zur Qualifikation der Bauleute, zur Regelung der Beziehungen zwischen Gesellen und Meistern und vielem mehr, die sich zum Teil wechselseitig ausschlossen, wurden nicht grundsätzlich zur Disposition gestellt. Das Polizeipräsidium, der Magistrat und wohl auch die Deputierten der Stadtverordnetenversammlung gingen davon aus, dass durch Zusammenfassung, Präzisierung und Straffung der historisch überlieferten Rechtsmaterie der Berliner Stadt- und Hausbau unter den Bedingungen des raschen Bevölkerungswachstums gesteuert werden könne. Die städtebaulich relevanten Bestimmungen waren in dem Paragrafenwerk verstreut. Es ist auffällig, dass die Systematik, die in Grundsatzfragen des Bau- und Stadtbaurechts versucht worden war, keine Entsprechung in den einzelnen Paragrafen fand. In der Überfrachtung mit Detailbestimmungen, den unpräzisen, mitunter gar widersprüchlichen Formulierungen, vor allem dem Gegensatz zwischen der obrigkeitsstaatlichen Ordnungsabsicht und der liberalen Eigentumsauffassung lagen die Ursachen für die lang anhaltenden Konflikte, die eine Verabschiedung der Bauordnung in den folgenden Jahrzehnten verhinderten.

In Paragraf 6 jener „Zusammenstellung" von 1821 wurden prinzipiell die Kompetenzen in Stadtbausachen festgelegt: *„Die Stellung der die Straßen der Stadt bildenden Gebäude hängt nicht von der Willkühr der Bauenden, sondern von den speciellen Anweisungen der Stadt-Bau-Polizei ab."*[14] Und in Paragraf 7 wurden die allgemeinen Ziele, von denen sich die Staatsbehörden leiten ließen, formuliert:

„Bei dieser Anweisung hat die Stadt-Bau-Polizei für die Regelmäßigkeit der Straßen, auch für die Bequemlichkeit des Publikums und für, das allgemeine Interesse befördernde, Verbindung-Straßen zu sorgen."[15]

Paragraf 10 schließlich definierte die grundsätzliche Methode des ordnenden Stadtbaus:

„Die Stadt-Bau-Polizei muß hierbei nach einem im Voraus schon entworfenen und ihren Künftigen Bestimmungen zum Grunde liegenden Plan verfahren, dessen Gesichtspunkt die Erhaltung der bereits bestehenden Freien Plätze der schon vorhandenen breiten, regelmäßigen Straßen, sowie die Anlage von dergleichen Plätzen und Straßen bei sich darbietender Gelegenheit sein soll."[16]

Paragraf 10 enthielt zudem die auf die Feuersicherheit zielende Formulierung, die einem Reskript des Generaldirektoriums vom 19. Mai 1795 entnommen worden, aber sicherlich viel älter war:

„Bei der Bestimmung über die Zulässigkeit der Höhe eines aufzuführenden Gebäudes dient die Beschaffenheit der Feuer-Löschungs-Werkzeuge und Spritzen des Orts als Maaßstab und dürfen die Häuser auf Fünf Etagen nicht erhöhet werden, jedoch ist die Einrichtung einer sogenannten Dachetage auch bei Häusern von Vier Etagen nachzugeben."[17]

Der Polizei-Assessor Bretzing nahm auszugsweise noch einige Paragrafen aus den *„Special Observancen, nach welchen die Bau-Kommission in Berlin erkennet"*[18] in seine Zusammenstellung auf. Sie belegen, dass nach 1820, trotz der verbrieften Eigentumsfreiheit und der rasanten Bevölkerungszunahme, elementare Ordnungsvorstellungen des Städtebaus der letzten 200 Jahre keinesfalls aufgegeben werden sollten. So wurde zum Beispiel an der traufständigen Stellung des Hauses als allgemeine städtebauliche Norm festgehalten. In Paragraf 307 heißt es deshalb:

„Zweiseitige Dächer mit dem Giebel nach der Straße neu zu errichten, ist nicht erlaubt, und sollen die vorhandenen, wenn sie einer Reparatur bedürfen, dergestalt umgeändert werden, daß auf die ganze Fronte des Gebäudes die schräge Seite des Daches nach der Straße gerichtet ist."[19]

Der Paragraf 309 hingegen, der aus lufthygienischen Gründen die Überbauungsdichte regeln wollte, beruhte gleichfalls auf älteren Anordnungen des Generaldirektoriums; er war, weil nicht ausreichend durch Gesetze abgesichert und ohnehin unpräzise formuliert, Gegenstand des Streits in den folgenden Jahrzehnten. Zur Bauhöhe war darin festgelegt worden:

„Es darf […] *Niemand durch die Stellung seiner Gebäude und durch eine zu hohe Bauart derselben, den freien Zug der Luft hemmen, weshalb die Erhöhung der Häuser auf fünf Etagen unzulässig ist."*[20]

Das Ordnungsinteresse des Staates war im 18. Jahrhundert vor allem auf die öffentlichen Räume ausgerichtet worden, das heißt auf die Straßen und Plätze, daher auf die Gestalt der Häuser, die diese begrenzten und formten. Gewerbe, die Schall bzw. Rauch und Gerüche emittierten, wurden in das Blockinnere verbannt, ohne dass diese Vorschrift durch genauere Regelungen der Bauverhältnisse auf den Hinterhöfen flankiert worden wäre. Paragraf 311 in Bretzings Zusammenstellung, der aus einem Reskript des Generaldirektoriums vom 19. Mai 1799 übernommen worden war, lässt jedoch die Deutung zu, dass die Behörden bereits zu Ende des 18., zu Beginn des 19. Jahrhunderts durchaus die Hinterhöfe als Problemzone der Stadtentwicklung begriffen hatten: *„Auch keine Bauanlage zu bewilligen, durch welche die Höfe ungebührlich verbauet und verengt werden."*[21]

Der Polizeibeamte Bretzing hatte mit seinem Versuch, das überlieferte Bau- und Stadtbaurecht zusammenzufassen und zu systematisieren, die Problemfelder aufgezeigt, für die in schwierigen Auseinandersetzungen Lösungen gesucht werden mussten. Doch die Ausarbeitung einer neuen Bauordnung setzte letztlich die Klärung komplexer staats- und zivilrechtlicher Fragen voraus und erforderte vor allem ausreichend Zeit zur Abstimmung zwischen allen beteiligten Behörden. Der Oberbürgermeister signalisierte daher der ‚Königlichen Regierung von Berlin', dass der Magistrat *„noch lange nicht"* imstande sein werde, den geforderten Entwurf einer Bauordnung vorzulegen, *„da es eine zu weitläufige Arbeit ist, um auch nur sagen zu können, wann wir damit fertig sein werden"*.[22]

Die ganze Last der Geschichte bestimmte nachhaltig die Suche nach rechtlichen Steuerungen, mit denen den neuen Wachstumsanforderungen hätte entsprochen werden können. An der überlieferten Verwaltungs- und Staatsrechtsgeschichte führte bis 1848 kein Weg vorbei. Ein ‚Rezensent' beklagte in der ‚Kameralistischen Zeitung' im Jahre 1838 die verworrene Lage im Berliner Baurecht:

„So kommt es, daß man sich überall mit veralteten, in der Sprache kaum mehr verständlichen, und dem Geiste der Zeit gänzlich widersprechen-

den Lokal-Statuten und Observanzen befaßt. So in Berlin mit dem alten Bau-Reglement und den sogenannten Special-Observanzen, während die jetzige Ausdehnung, Gestaltung und Verschönerung dieser Residenz es doch wünschenswert machte, daß die Erste Stadt des Reichs mit neuen, dem Jahrhundert angemessenen Bau-Gesetzen versehen würde."[23]

Die Vorsicht des Oberbürgermeisters, sich nicht auf einen Abgabetermin für den Bauordnungsentwurf festlegen zu lassen, war auch deshalb geboten, weil sich die Konfliktfelder kaum übersehen ließen, die sich bei der geplanten Stadterweiterung auf dem Köpenicker Feld[24] ergeben würden.

Die Freiheit des Eigentums und des Gewerbes, die mit den Stein-Hardenbergschen Reformen von 1808 bis 1810 festgelegt worden war, zeigte zu Beginn der zwanziger Jahre des 19. Jahrhunderts ihre Wirkungen auf die Mentalität der Bürger. Die Gewerbetreibenden und die ,Baulustigen' akzeptierten nicht mehr widerspruchslos bloße Polizeivorschriften, wenn sie Beschränkungen im Gebrauch ihres ,wohl erworbenen Eigentums' an den städtischen Parzellen nach sich zogen. Verordnungen, wenn sie nicht durch Gesetze legitimiert waren, wurden als Willkür erfahren. Dies belegt zum Beispiel ein anonymer Brief in den Akten des Magistrats, datiert vom 24. Dezember 1822:

„Muß vor allen Dingen der Willkühr der Polizey Grenzen gesetzt werden: daß dergl. existirt geht schon daraus hervor, daß die mehrersten Vorschriften auf observanz beruhen, also auf traditionen, die ein zum Gesetz erhoben sind. Ferner müßten die Bauenden auf das Urtheil der der Stadt-Bau-Polizey vorangehenden Behörde, in Berlin der Oberbau deputation provociren können, weil sich ein einzelner irren kann [...] *In Fällen, wo Gefahr im Verzuge statt findet, wird zwar der Polizey die Anordnung der zu treffenden Maaßregeln überlassen werden müssen – sie wird jedoch in solchem Fall für jeden Schaden verantwortlich bleiben. Ueberhaupt ist es notwendig der Polizey, so wie ihr große Rechte eingeräumt sind, auch gewisse Verpflichtungen aufzuerlegen, wovon in den bestehenden Gesetzen und observanzen nirgends die Rede ist, als zum Beispiel Vermeidung unnöthger Verschleppungen und Festsetzung gewisser Termine* [...]*".*[25]

Die Stadtverordnetenversammlung, die nach Meinung des Innenministeriums in den Fragen des Baurechts keinerlei Kompetenz besitze, versuchte, sich in die Diskussion um die künftige Bauordnung Berlins einzubringen, um die Interessen der Bürgergemeinde durchzusetzen. Deren Baudeputation, so wurde am 21. Februar 1822 der ,Königlichen Regierung von Potsdam und Berlin' berichtet, habe verschiedene Anträge gemacht. Vor allem wünschten die Stadtverordneten, dass jene Bestimmungen des Allgemeinen Landrechts modifiziert würden,

„wonach bei einem Bau auf den eigenen Grundstücken, eine zu nachtheilige Rücksicht auf schon vorhandene Oeffnungen zu Luft und Licht des Nachbarn genommen werden müßte".[26]

Damit waren die Nachbarschaftsfragen als Kernstück der Baugesetze benannt, jene komplizierten, weit in die Geschichte zurückreichenden Regeln, nach denen die Privatinteressen auf engstem Raum, das heißt an der Grenzlinie benachbarter Grundstücke definiert werden mussten. Die Gemengelage von feuerpolizeilichen Erfordernissen und Nachbarschaftsinteressen macht indes verständlich, warum die Erarbeitung einer Bauordnung, die dem Wachstumstempo der Stadt entsprechen sollte, die auch mit den sozialen und wirtschaftlichen Grundlagen der bürgerlichen Gesellschaft harmonierte, immer wieder ins Stocken geriet. Feuersicherheit, Belichtung und Lufthygiene, Höhenbegrenzungen, Verdichtungen im Blockinneren, Straßenbreiten und Hofgrößen, Abstandsregelungen, die Stellung der Häuser, die Durchfahrten zu den Höfen, Nachbarschaftsregelungen insgesamt, vor allem aber das Fensterrecht und die Traufgerechtigkeiten, Entschädigungsfragen und so weiter – dies alles musste nach der garantierten Eigentums- und Gewerbefreiheit nach den Reformen von Stein und Hardenberg in neue Regeln gebracht werden, die nur Bestand haben konnten, wenn sie durch Gesetze, das heißt vor allem durch das

Allgemeine Landrecht legitimiert waren. Dies waren Aufgaben, die weder vom Oberbürgermeister, dem Stadtbaurat noch von der Stadtverordnetenversammlung und deren Baudeputation gelöst werden konnten, zumal die beteiligten Ministerien auch untereinander in Streit lagen und das Landrecht selbst noch deutliche Merkmale obrigkeitsstaatlichen Denkens verriet. Am 11. April 1829, neun Jahre nach dem Reskript des Innenministeriums an die ‚Königliche Regierung von Berlin', ohne Vorlage wenigstens einer grundsätzlichen Disposition, beantragte der Oberbürgermeister, dass die Grundlagen einer neuen Bauordnung, besonders die des Nachbarschaftsrechts, der *„Revisions-Kommission für die Umarbeitung des Allgemeinen Landrechts"*[27] vorgelegt werden müssen.

Und so wurde schließlich die Ausarbeitung einer neuen Bauordnung abermals vertagt. Erst nach einigen Jahren, am 24. Juli 1834, offenkundig im Zusammenhang mit der auch in unendlichen Schwierigkeiten steckenden Stadterweiterungsplanung auf dem Köpenicker Feld,[28] fragte der neue Innenminister[29] im Magistrat an, wie weit die Ausarbeitung der Bauordnung gediehen sei.[30] Der Oberbürgermeister antwortete am 15. August 1834, dass Magistrat und Stadtverordnetenversammlung die Arbeit im Februar 1824 ausgesetzt hätten, um *„vorläufig und zuvörderst"* den Entwurf *„eines Gesetzes-Vorschlages über die Bebauung der nachbarlichen Grenzen"* zu formulieren. Auch dieses Vorhaben sei noch nicht zu Ende gebracht worden, weil *„uns noch neuerlich die Stadtverordneten-Versammlung einige Bemerkungen hat zukommen lassen"*. Außerdem sei der Entwurf zur *„gutachterlichen Aeußerung"* dem Polizeipräsidium übergeben worden, doch die Behörde habe eine Stellungnahme hierzu abgelehnt, *„weil derselbe einen rein polizeilichen Gegenstand betreffe"*.[31]

Die Bürgergemeinde mit ihren Interessenvertretungen Stadtverordnetenversammlung und Baudeputation hatte, als der staatliche Druck auf die Verhandlungen zur Bauordnung in den 1820er Jahren nachließ, stillschweigend die Arbeit aufgenommen, die Konflikte an den Grundstücksgrenzen selbst zu definieren, um daraus Regeln für das Bauen abzuleiten. Die *„Vorschläge zu einem neuen statuarisch Gesetze für Berlin wegen der Bebauung und Bepflanzung der hiesigen Grundstücke an den nachbarlichen Grenzen"* lagen als Entwurf gedruckt im Mai 1832 vor.[32] Sie zeigen die wirkliche Interessenlage der Bürger auf, belegen auch die Fähigkeit der Deputierten, die Konflikte zwischen den einzelnen Hausbesitzern und Bauherren erkennen und lösen zu wollen. Sie widerlegen überdies die jahrzehntelang wiederholte These, die städtischen Grundeigentümer hätten, um ihre Mieteinnahmen zu steigern, für geringste Abstände und maximale Bebauungshöhen plädiert.

Paragraf 8 jener *„Vorschläge"* für ein Nachbarschaftsgesetz legte fest: *„In der Regel soll ein Jeder auf seinem Grund und Boden hart an der Fluchtlinie der Straße und hart an der nachbarlichen Grenze bauen* [...]*"*.[33] Die Ordnungskompetenz der Fluchtlinie zur Sicherung der Kommunikation, andererseits unwidersprochen auch der baulich geschlossene Straßenraum wurden nach wie vor als feuerpolizeiliche und ästhetische Norm akzeptiert. Noch war also die Zeit nicht gekommen, dass vermehrt Bauherren aus wirtschaftlichen Gründen oder zum Zwecke des Prestigegewinns mit ihren Bauten aus der tradierten räumliche Ordnung auszubrechen versuchten, noch war es für die Bürger wichtiger, ihre Nachbarn daran zu hindern, Vorteile auf Kosten anderer zu erzielen. Deshalb wurden in den *„Vorschlägen"* die Mindestabstände definiert, bis zu denen sich die Hofgebäude den nachbarlichen Häusern nähern durften: zum Beispiel, neben anderen Paragrafen: *„16. Alle nicht 17' [Fuß – U. R.] von der nachbarlichen Grenze entfernte Hintergebäude dürfen durch Aufsetzen neuer Etagen nicht erhöht werden* [...]*"*.[34]

Diese vorgeschlagene Bestimmung gegen das Verbauen der Höfe begründete eine neue Art von Lichtrecht, zu dem die Nachbarschaftsregeln verdichtet werden sollten. Es war als notwendig erachtet worden, die Belichtung der

Nachbarhäuser als Recht zu fixieren, nicht aber die Verhältnisse auf dem eigenen Grundstück zu reglementieren, auf denen, solange der Nachbar nicht betroffen war, verfahren werden konnte, wie es beliebte. Das Haus wurde noch als ein nach außen abgegrenzter Wohn- und Gewerbeort der bürgerlichen Familie begriffen, nicht als Mietshaus wahrgenommen, für dessen Einzelwohnungen auch hygienische Standards festzulegen waren. Dies war ein Problem, das sich noch in der Endfassung der Bauordnung von 1853 nachweisen lässt. Das Nachbarschaftsrecht als präzisiertes Lichtrecht, das die *„Verordnung für Berlin wegen der Luftlöcher und Fenster in nachbarlichen Häusern vom 3ten July 6ten August 1733"*[35] ersetzen sollte, bedurfte folgerichtig einer Definierung der Lichtmenge, die zu unterschreiten nicht statthaft war: *„26. Ein zur Wohnung bestimmter Raum hat zureichendes Licht, wenn man darin bei hellem Tageslicht überall lesen kann."*[36]

Die Stadtverordneten formulierten mit dem Paragrafen die kulturellen Ziele, die von der Bürgergemeinde gegenüber den Staatsbehörden geltend gemacht wurden: Es waren die Kommunikations-, Bildungs- und Erbauungsbedürfnisse des aufgeklärten bürgerlichen Individuums, die in städtebaulich relevante Forderungen umgesetzt werden sollten. Mindestabstände beschränkten aber notwendigerweise die Freiheit im Gebrauch des wohlerworbenen Eigentums an den städtischen Parzellen; da eine solche Einschränkung jedoch nach dem Allgemeinen Landrecht nur zulässig sein sollte, wenn Nachteile für das *„gemeine Wohl"* zu erwarten waren, dann hätte die Behinderung des Lesens durch eine unzureichende Belichtung als Beeinträchtigung des Gemeinwohls definiert werden müssen. Das war um 1830, als keineswegs die Bürger selbst, allenfalls das Dienstpersonal und einige Lohnarbeiter, auf den Hinterhöfen wohnten, völlig ausgeschlossen. Die eigenwillige Initiative der Stadtverordnetenversammlung, die alltäglichen Konflikte an den Grundstücksgrenzen durch ein Nachbarschaftsgesetz regeln zu wollen, scheiterte jedoch zunächst am Innenministerium. Polizeipräsidium und Innenministerium lehnten die Eigenmächtigkeit der bürgerlichen Interessenvertretung ab, nicht weil jene Regeln den Stadtbaustandards nicht genügten, vielmehr nur, weil sie in die Ordnungskompetenz der Staatsbehörden eingriffen. Zudem beharrte das Innenministerium darauf,

„nicht blos eine Vorschrift über die Bebauung der nachbarlichen Gränzen, sondern eine vollständige, alle daher in Betracht kommenden Beziehungen umfaßende Bau-Ordnung für Berlin entwerfen zu sehen".[37]

Also wurden erneut Kommissionen gegründet, abermals heftig gestritten, ob nicht zuerst die *„Feuer-Ordnung"* und die *„Feuer-Lösch-Ordnung"* vorzulegen wären, und das Polizeipräsidium wurde wiederholt aufgefordert, die für eine Ortsbausatzung unerlässlichen Polizeibestimmungen zusammenzustellen. Der Innenminister mahnte wiederum, setzte Fristen, gab neue Fristen vor. Doch die rechtlichen Voraussetzungen hatten sich gegenüber den Jahren 1820 bis 1824 kaum verändert, und so wundert es nicht, dass Stadtverordnetenversammlung und Magistrat unter dem Druck des Innenministeriums, endlich einen Entwurf für die Bauordnung vorzulegen, auf die *„Zusammenstellung"* des Polizeiassessors Bretzing aus dem Jahr 1821, mithin auf die Geschichte der Berliner Baureglements zurückgriffen. Am 23. September 1835 lag dann eine handschriftliche Überarbeitung in 808 Paragrafen vor, die gedruckt wurde und am 22. Januar 1836 in 300 Exemplaren präsentiert worden war.[38] Einige offenkundig überholte Einzelbestimmungen aus dem 18. Jahrhundert waren gestrichen, die Diskussionen um Eigentums- und Baufreiheit, um Nachbarschaftsfragen und Lichtrechte des Nachbarn in den neuen Entwurf eingearbeitet worden. Doch der neuerliche Entwurf verstärkte eher die Widersprüche zwischen den einzelnen Rechtspositionen und den verschiedenen Ordnungszielen als sie zu vermindern.

So legte Paragraf 16 fest: *„In der Regel ist jeder Eigenthümer, seinen Grund und Boden mit Gebäuden zu besetzen, oder seine Gebäude zu verändern,* *berechtigt.“*[39] Die Paragrafen 17 und 18 führten jedoch die alten Einschränkungen an, die, weil diffus und unbestimmt, die Entscheidungen der Polizei überlassen hätten. So wurde im Paragrafen 17 festgelegt: *„Doch soll zum Schaden oder zur Unsicherheit des Gemeinwesens oder zur Verunstaltung der Straßen und öffentlichen Plätze keine Bau-Anlage und keine Veränderung vorgenommen werden.“*[40] Paragraf 18 hielt fest: *„Es darf mithin Niemand durch Bau-Anlagen die Straßen und öffentlichen Plätze erengen oder die Passage daselbst unsicher machen.“*[41] Regelungen zur Belichtung der Häuser wurden, zwar abgeschwächt, aus den Vorschlägen der Stadtverordnetenversammlung vom Mai 1832 übernommen. In Paragraf 146 war bestimmt worden, dass ein *„zur Bewohnung bestimmter Raum“* ausreichend beleuchtet sei, wenn man zwar nicht überall im Zimmer, doch wenigstens *„bei hellem Tageslichte am Fenster lesen kann“*.[42] Dem entsprechend wurden in verschiedene Paragrafen Abstandsregelungen eingefügt, die dieses Lichtrecht sichern sollten. Zum Beispiel Paragraf 430:

„Hofgebäude von einer oder zwei Etagen dürfen nur neu erbaut werden, wenn der Hof mindestens eine Breite und Tiefe von 17 Fuß behält. Für jede 3 Fuß, die der Hof breiter und tiefer bleibt, darf das Gebäude eine Etage höher errichtet werden.“[43]

Wobei sich dies als Mindestanforderung verstand; wenn Speicher und Betriebe bestimmter Gewerke errichtet würden, so könne die Polizeibehörde größere Höfe verfügen. Das Innenministerium lobte den Entwurf, verwies im selben Schreiben aber darauf, dass eine besondere Kommission unter dem Vorsitz des Polizeipräsidenten gegründet werden solle, die den neuen Entwurf berate.[44]

Inzwischen hatte sich aber das Justizministerium aktiv in die Debatte um die Berliner Bauordnung eingemischt, weil die verworrene Rechtslage in Bausachen endlich bereinigt werden musste. So zweifelten inzwischen sowohl das Stadt- als auch das Kammergericht, ob die Bauordnung vom 30. November 1641 und die „Special Observanzen“ aus dem 18. Jahrhundert überhaupt Gesetzeskraft besäßen. So hätten

„beide Gerichtshöfe [...] in ihrer Ansicht über die Entscheidung dieser Frage gewechselt; so daß nicht nur in derselben Sache von diesen Gerichtshöfen verschieden erkannt wurde, sondern auch derselbe Gerichtshof in verschiedenen Rechts Streitigkeiten über denselben Gegenstand sich in seiner Entscheidung widersprach“.[45]

Das Stadtgericht habe deshalb das Kammergericht aufgefordert, dem Justizminister von Kamptz[46] die Probleme vorzutragen, damit *„eine besondere, von der Provinzial-Gesetzgebung abgesonderte Bauordnung“* erlassen werde. Am 20. Oktober 1834 beauftragte daraufhin der Justizminister das Stadtgericht, einen Entwurf auszuarbeiten, *„aus welchem jedoch die rein polizeilichen Vorschriften fortzulassen und in den nur diejenigen aufzunehmen sind, welche Gegenstand der gerichtlichen Entscheidung sein können“*.[47] Innenminister von Rochow schien über den Vorstoß seines Kollegen aus dem Justizministerium nicht sonderlich erfreut gewesen zu sein, war doch damit die Gefahr verbunden, abermals die Verabschiedung der Bauordnung zu verzögern. Die offensichtliche Spannung zwischen Justiz- und Innenministerium könnte jedoch erklären, warum der neue Entwurf von Stadtverordnetenversammlung und städtischer Baudeputation vom 22. Januar 1836 nicht weiterverhandelt wurde. Am 30. Oktober 1838 jedenfalls beauftragte der Justizminister abermals das Stadtgericht, eine justiziable Bauordnung vorzulegen. Die Richter übergaben die Verantwortung dem Stadtgerichtsrat Grein,[48] der umgehend an die Arbeit ging. Dessen *„Grundsätze“*, die das Ziel der Justizverwaltung verdeutlichen, lauteten:

„Einschränkungen des Eigenthums widersprechen den Grund-Prinzipien des Rechts und können deshalb nur gesetzlich ausgesprochen werden, wenn die obwaltenden Verhältniße sie dringend nothwendig machen.“[49] *Und noch deutlicher: „Einschränkungen des Eigenthums können rechtlich niemals anders als ein nothwendiges Uebel angesehen werden.“*[50]

Grein legte auf der Basis dieser *„Grundsätze"* einen liberalen Gesetzestext vor, der in 62 Paragrafen vor allem die Nachbarschaftsverhältnisse zu regeln versuchte. Der Vorzug des Entwurfes bestand in seiner durchdachten, an der rechtswissenschaftlichen Schule von Savigny[51] orientierten Systematik, der Nachteil darin, dass er den Zusammenhang mit anderen Baurechtssachen vernachlässigte. Der Gesetzesvorschlag diente als Grundlage der weiteren Diskussionen im Stadtgericht, bei denen auch der Entwurf von Stadtverordnetenversammlung und Magistrat vom 29. September 1835 kritisiert worden war. Das Stadtgericht habe, wurde dem Magistrat am 14. Juni 1839 mitgeteilt, dessen Entwurf berücksichtigt.

„Dieses hat aber größten theils nur in so weit geschehen können, als wir diese Bestimmungen als das Resultat sachverständiger Gutachten angesehen, wogegen wir uns mit der Fassung und mit der darin aufgestellten Grundsätzen nicht einverstanden haben erklären können."[52]

Und am 20. November 1840 erging schließlich an die städtische Baudeputation die Aufforderung, Stellung zu dem vom Stadtgericht verfassten neuen *„Gesetz wegen Bebauung der nachbarlichen Grenzen"* zu beziehen.[53] Der Gesetzentwurf des Gerichts sollte, wie schon die früheren Versuche zum gleichen Gegenstand, die zunehmenden Konflikte an den Grundstücksgrenzen regeln. Der liberale Ansatz des Stadtgerichtsrats Grein zeigte sich in der Formulierung wesentlicher Paragrafen. So wurde in Paragraf 5 festgehalten:

„Innerhalb der Grenzen seines Grundstücks kann der Eigenthümer auf seinem Grund und Boden Gebäude und andere Anlagen errichten, und Höhe, Tiefe und Gestalt derselben beliebig bestimmen, insofern er nicht in dieser seiner Befugniß unmittelbar durch Gesetz oder durch wohlerworbene, auf besondere Rechtstitel gegründete Rechte Anderer eingeschränkt ist."[54]

Welche Probleme eine solche Verrechtlichung der Nachbarschaftsverhältnisse nach sich zog, zeigt die Auseinandersetzung zwischen Vertretern der städtischen Baudeputation und des Stadtgerichts bei Paragraf 55 des Entwurfs. Darin war bestimmt worden:

„Ein Jeder kann in der Wand oder Mauer seines Gebäudes Licht- oder Luft-Oeffnungen und Fenster anlegen, wenn gleich dieselben eine Aussicht über die benachbarten Grundstücke gewähren."[55]

Das Protokoll der Kommissionssitzung vermerkte hierzu: Der Stadtbaurat Langerhans gab zu bedenken, dass er das Ausbrechen von Fenstern nicht für günstig halte, weil dadurch bei Brandgefahr das Feuer leichter überspringen könne. Die Kommission lehnte dieses Argument als *„entfernt liegende Gefahr ab, man käme zuletzt dahin, dem Eigenthümer das Bauen und die Benutzung seines Grundstücks wegen möglicher Feuers Gefahr fast gänzlich zu untersagen"*.

Langerhans machte daraufhin geltend,

„daß Fenster in einer dem Nachbarn zugekehrten und der Grenze befindlichen Wand [...] *für den Nachbar die große Unannehmlichkeit hätten, daß er von diesen Fenstern aus in seinem Grundstücke beobachtet werden könne, und, wenn Localitäten, welchen dergleichen Fenster Licht zuführen sollten, von ungebildeten Leuten bewohnt würden, der Gefahr ausgesetzt sei, daß er selbst oder seine Kinder und Angehörigen beschimpfende oder doch unmoralische Aeußerungen seiner Leute Mit anhören müßte".*

Die Kommission lehnte auch diesen Einwand ab, da *„Unannehmlichkeiten allein keinen zureichenden Grund zu einer Beschränkung des Eigenthums abgeben könnten"*. Aber Langerhans gab noch nicht auf:

„Endlich bemerkte noch der Stadtbaurath Langerhans: auch in Betreff der Entfernung der Wand [...] *von der nachbarlichen Grenze müsse er bei den Bestimmungen der vom Magistrate entworfenen Bauordnung stehen bleiben",*

das heißt, er forderte als Mindestabstand 17 Fuß (5,34 m) bei Gebäuden mit ein oder zwei Stockwerken. Dem Einwand der Juristen vom Stadtgericht, dass bei einem Grundstück von 25 bis 30 Fuß Breite diese Bestimmung überhaupt nicht eingehalten werden könne, entgegnete

Langerhans: *„daß dann der Eigenthümer die Errichtung eines Gebäudes unterlassen müsse, weil der dadurch herbei geführte Zwischenraum auch zu eng, und deshalb feuergefährlich werde"*.[56]

Sowohl die Stadtverordnetenversammlung [das Hausbesitzerparlament!] als auch der Magistrat plädierten mithin für großzügigere Abstandsregelungen. Dahinter verbarg sich wohl ein allgemeines kulturelles Unbehagen der Bürger vor allzu großer nachbarlicher Nähe. Das Justizministerium und dessen Beauftragter, das Berliner Stadtgericht, wollten aber keine Bestimmungen in eine Bauordnung aufnehmen, die dem Allgemeinen Landrecht entgegenstanden, weil sie dann eine Vielzahl von Prozessen befürchteten. Und das Ziel des Innenministeriums bzw. des von ihm geführten Polizeipräsidiums war es, eine griffige Bauordnung entwerfen zu lassen, die, weil ohne Gesetzeskraft, in der Verfügung der Polizei rasch den wechselnden Bedürfnissen angepasst werden könnte. In der Absicht seines Ministeriums liege es nicht, schrieb der Innenminister daher dem Oberbürgermeister, *„ein Lokal Baugesetz zusammenstellen zu lassen, sondern eine Bau Polizei Ordnung"* zu erlassen, die ohne legislative Eingriffe *„nach dem fortschreitende Bedürfnisse modificirt werden kann"*. Die Präzisierung der gesetzlichen Regelungen müsse verschoben werden. *„Die gesetzlichen Vorschriften über die Rechte der Privaten bei Bauten auf ihren Grundstücken dürften bei Revision des Allgemeinen Land Rechts fernerer Berathung und Erwägung unterworfen werden."*[57]

Nachdem die Verhandlungen zu einer Berliner Bauordnung abermals festgefahren waren, übernahm bei dem nächsten Anlauf der Polizeipräsident die Initiative. Er lud die Baudeputierten der Stadtverordnetenversammlung erstmals zum 29. April 1845 in das Polizeipräsidium ein. Der Termin wurde noch mehrfach verschoben, weil offenbar die Arbeiten an dem Entwurf noch nicht fertiggestellt worden waren. Am 11. Juli 1845 begannen dann die Beratungen in einer gemischten Kommission des Polizeipräsidiums und der Stadtverordneten bzw. des Magistrats. Der Entwurf des Polizeipräsidiums sah 183 Paragrafen vor, mit denen es versuchte, seine Regelungskompetenz zu stärken. Die rechtlichen Sachfragen, die einer gesetzlichen Regelung bedurften, sollten ausgeklammert werden. Deshalb wurde bereits in Paragraf 1 lapidar formuliert: *„Die Bauordnung enthält die polizeilichen Bestimmungen über das Bauwesen."* Bemerkenswert war Paragraf 3, der das rechtliche Nebeneinander der historisch überkommenen Baureglements auflöste:

„Die Bau-Ordnung tritt an die Stelle der bisherigen, auf das Bauwesen von Berlin Bezug habenden, Polizei-Gesetze und Verordnungen. Die allgemeinen Landes-Gesetze gelten daneben subsidiarisch."[58]

Paragraf 5 legte die allgemeine Genehmigungspflicht von Neubauten und Baureparaturen fest; die Paragrafen 13 und 14 versuchten erstmals, die Parzellierung besser zu ordnen. Verbotsbestimmungen zu allem und jedem, zu Vorbauten, Balkons, Freitreppen, Vorfenstern, für Ställe, Brennereien, Brauereien und so weiter wurden in zahlreichen Paragrafen festgelegt. Sodann schließlich, im fünften Teil unter *„Sicherung gegen Feuersgefahr"*, wurden die Abstandsregelungen eingefügt: Paragraf 47 folgte den Intentionen des Magistrats bzw. der Stadtverordnetenversammlung: *„Hofgebäude dürfen, bei einer Breite und Tiefe des Hofes unter 22 Fuß, zweistöckig, zwischen 22 und 27 Fuß dreistöckig, über 27 Fuß aber vierstöckig aufgeführt werden."*[59] Selbst ein Lichtparagraf findet sich, allerdings fehlt der Hinweis auf das notwendige Licht zum Lesen. Die Verfasser waren Beamte im Polizeipräsidium, und so ist auch dies verständlich.

Die intensiven Beratungen im Polizeipräsidium unter Teilnahme des Stadtbaurates Langerhans führten zu einem Ergebnis, das am 22. August 1845 dem Innenministerium zur Begutachtung übergeben worden war. Die Stadtverordnetenversammlung erhielt unmittelbar danach den *„Entwurf zur Bau-Ordnung für Berlin, redigirt nach den Berathungen des Königl. Polizei-Präsidii mit einer Deputation des Magistrats"*[60] mit der Aufforderung, umgehend eine *„definitive Beschlußnahme"*[61] vorzulegen. Doch die Stadtverordneten zögerten. Zahlreiche Mahnschreiben des Innenministeriums vom September 1845 bis zum Februar 1848 an den Oberbürgermeister, vom Oberbürgermeister an die Stadtverordnetenversammlung belegen die Dringlichkeit des Vorhabens. Es ist nicht auszuschließen, dass die Stadtverordneten schlichtweg überfordert waren, zumal gleichzeitig ein neuer Entwurf zum *„Gesetze wegen Bebauung der nachbarlichen Grenzen"*[62] zur Beratung anstand. Es zirkulierten überdies einige Denkschriften, gedruckte und handschriftliche *„Entwürfe"* und *„revidirte Entwürfe"*; es bildeten sich *„Kommissionen"* oder *„gemischte Kommissionen"*, sie lösten sich auf oder stellten ihre Arbeit ohne erkennbaren Grund ein. Das System der kommunalen Interessenvertretung befand sich offenkundig in einer Krise, die Stadtverordneten vermochten nicht mehr, den Überblick über die verschiedenen Entwürfe von Gesetzen und Baureglements zu behalten. Ausgeschlossen werden kann allerdings auch nicht, dass einzelne Bürger begannen, ihre privaten Interessen durchsetzen zu wollen. Zahlreiche Anträge auf Änderung von Paragrafen bezeugen allerdings auch die Sorge, die Polizeiwillkür könne in der Bauordnung festgeschrieben werden.

Also blieb der ganze Vorgang abermals liegen. Nach der Revolution von 1848 herrschte dann ein anderer Geist. Das neu gebildete Ministerium für Handel, Gewerbe und öffentliche Arbeiten[63] übernahm im Dezember 1848 die Führung bei der Ausarbeitung einer Berliner Bauordnung. Es gab dem Oberbürgermeister am 22. Dezember zu erkennen:

„Es ist für zweckmäßig erachtet worden, den Entwurf zur Bau-Ordnung für Berlin, durch Kommissarien der Königlichen Ministerien der Justiz, des Innern, und des Handels, so wie der Königlichen Ober-Bau-Deputation, des Polizei-Präsidii und des Magistrats zur definitiven Entscheidung durch die genannten Ministerien vorbereiten zu lassen."[64]

Der Vorgang wurde der Stadtverordnetenversammlung folglich entzogen; der Magistrat erhielt nur eine beratende Stimme, er wurde aufgefordert, einen Teilnehmer in diese Beratungsrunde zu entsenden. In komplizierten wöchentlichen Sitzungen wurde jeder einzelne Paragraf diskutiert, wobei der letzte Entwurf des Polizeipräsidiums zur Grundlage genommen worden war. Die Auseinandersetzungen, die schon seit Jahrzehnten die Verabschiedung der Bauordnung verhindert hatten, wiederholten sich auch bei den Sitzungen der *„Kommissarien"*. So registrierte das Protokoll vom 31. Mai 1849 eine Diskussion um die alte Frage,

„ob es nicht zweckmäßig sein möchte, diejenigen Bestimmungen des Entwurfs, welche legislativer Natur seien, von denen, die nur baupolizeiliche Vorschriften enthielten und daher ohne Zuziehung der Kammern würden erlassen werden können, zu trennen".

Ein Beschluss darüber wurde vertagt, weil bei allen Paragrafen erst geprüft werden müsse, ob sie *„einer gesetzlichen Sanktion bedürfen"*.[65] Auch bei den Abstandsregeln zeigten sich die alten Interessengegensätze. Zweimal versuchte Stadtbaurat Kreyer, der im Auftrage des Magistrats an den Sitzungen der Ministerialkommission teilnahm, Höhenbeschränkungen für Bauten auf den Höfen in Abhängigkeit von deren Größe durchzusetzen. Der Kommentar im Protokoll: *„Die Herren Busse und Rothe [vom Handels- bzw. Justizministerium] halten Beschränkungen im Hochbaue der Hofgebäude für entbehrlich."*[66]

Die Verhandlungen schienen in dieser Phase gegenüber den Jahrzehnten zuvor gestrafft, präziser geführt und besser zwischen den beteiligten Ministerien abgestimmt worden zu sein. Die Staatsbehörden arbeiteten zielgerichteter auf ein Ergebnis hin, bei dem aber die Bedenken des Magistrats kaum noch die Chance hatten, berücksichtigt zu werden. Und so lag schließlich zu Jahresende 1851 die *„Bau-Ordnung für Berlin (zusammengestellt nach den Beschlüssen der Ministerial-Commission)"*[67] in 134 Paragrafen vor. Sie hätte sofort verabschiedet werden können, wenn nicht noch das ‚Ober-Präsidium der Provinz Brandenburg' einen eigenen neuen Entwurf vorgelegt[68] bzw. die ‚Kriegs-Ministerial-Bau-Kommission' überall Ausnahmen für Militärgebäude verlangt hätte.[69] Doch auch diese letzten Schwierigkeiten ließen sich überwinden, so dass nach 33 Jahren intensiver Beratungen oder des Stillstandes die Verabschiedung der Bauordnung erfolgen konnte. Sie ist nicht das Resultat von Kompromissen zwischen verschiedenartigen Interessen, sondern beruht vielmehr unmittelbar auf dem Staatsziel, die Entfaltung der bürgerlichen Gesellschaft im Rahmen des tradierten Rechtssystems aussteuern zu können, ohne auf die Ordnungsabsichten der Behörden zu verzichten. Es ging wohl letztlich nicht darum, langfristige städtebauliche Ziele und hygienische Standards für die wachsende Stadt zu formulieren, sondern den Staat nach den Wirren der Revolution wieder handlungsfähig zu machen.

Die Bauordnung trug sicherlich dazu bei, den Rechtsfrieden zu sichern und dadurch Investitionen in den dringend benötigten Wohnungsbau zu fördern, aber die ungenügenden Regelungen zu Belichtung und Belüftung erwiesen sich als eine schwere Hypothek. James Hobrecht, der von 1858 bis 1861 die gleichfalls lange verschleppte Planung für die Stadterweiterung zu Ende gebracht hatte, formulierte 1868 seine Ablehnung der Berliner Abstandsregelungen deutlich:

„Raum für die Höfe! Das vierfache der Dimensionen, welche die Berliner Baupolizei-Ordnung verlangt, das achtfache des Raumes, den die Stettiner Häuser übrig lassen, ist nicht zu viel, ist kaum genug, wenn wir für unsere Hinterzimmer noch Sonne, Licht und Luft in genügender Quantität und Güte behalten wollen.“[70]

Aber es dauerte noch bis 1888, ehe die Bauordnung novelliert und die Mindestgröße der Höfe vergrößert worden war.

Anmerkungen

1 Ein preußischer (rheinländischer) Fuß entsprach 0,31385 m. 17 Fuß im Quadrat ergaben die Mindestgröße der Höfe von 28,476 qm.

2 Bruno Taut, *Werbeschrift für die Gartenstadt Am Falkenberg*, Berlin 1912.

3 Mit dem abwertenden Begriff ‚Mietskaserne‘ wurde zunächst die liberale Ablehnung des Mietshauses, also des Wohnens zur Miete überhaupt gekennzeichnet. Sein Gegensatz ist daher die Villa, also das von einer einzigen Familie bewohnte, freistehende Wohnhaus. Vgl. Max Schasler, *Villa oder Miethskaserne*, Berlin 1868. Das Berliner Mietshaus mit seinen hintereinander liegenden Hinterhöfen, bebaut mit Vorderhaus, Seitenflügeln und Quergebäuden, bestimmte dominant erst seit der Mitte der 1870er Jahre die Berliner Stadtentwicklung. Vgl. Johann Friedrich Geist / Klaus Kürvers, *Das Berliner Miethaus*, Bd. I. 1740–1862, München 1980, Bd. II. 1862–1945, München 1984.

4 Werner Hegemann (1881–1936), Stadtplaner und Publizist, ab 1909 Generalsekretär der Internationalen Städtebauausstellung.

5 Werner Hegemann, *Das steinerne Berlin. Geschichte der größten Mietskasernenstadt der Welt*, 4. Aufl. Braunschweig/Wiesbaden 1988, S. 207.

6 Ebenda, S. 211.

7 Walter Kieß, *Urbanismus im Industriezeitalter. Von der klassizistischen Stadt zur Garden City*, Berlin 1991, S. 227.

8 Landesarchiv Berlin (LAB) Rep. 01, Generalbüro Nr. 60, Bl. 1.

9 Johann Stephan Gottfried Büsching (1761–1833), von 1814 bis 1832 Berliner Oberbürgermeister.

10 Friedrich Wilhelm Langerhans (1780–1851), von 1805 bis 1849 Stadtbauinspektor bzw. Stadtbaurat.

11 LAB Rep. 01, Generalbüro Nr. 60, Bl. 23.

12 General-Ober-Finanz-Kriegs- und Domainen-Directorium, kurz: Generaldirektorium, die 1723 von Friedrich Wilhelm I. geschaffene zentrale Regierungsbehörde in Preußen. Es wurde 1808 im Verlauf der Reformen von Stein und Hardenberg aufgelöst.

13 *„Allgemeines Landrecht für die Preußischen Staaten“*, unter Friedrich II. begonnenes und 1794 unter Friedrich Wilhelm II. erlassenes Gesetzbuch, dass sowohl Zivil-, Straf- als auch öffentliches Recht umfasste.

14 LAB Rep 01, Generalbüro Nr. 60, Bl. 45.
15 Ebenda, Bl. 48.
16 Ebenda, Bl. 49.
17 Ebenda, Bl. 60.
18 Salomo Sachs, *Spezial Bau-Reglement für die Stadt Berlin*, Berlin 1838, S. 38–61.
19 LAB Rep. 01, Generalbüro Nr. 60, Bl. 60.
20 Ebenda, Bl. 61.
21 Ebenda.
22 Ebenda, Bl. 85.
23 Kameralistische Zeitung Nr. 32 (183), 1838, Ausschnitt in: LAB, Rep. 01, Generalbüro Nr. I
24 Die im Norden von der Spree, im Westen von der Friedrichstadt begrenzten, innerhalb der Akzisemauer gelegenen Acker- und Weideflächen.
25 LAB, Rep. 01, Generalbüro Nr. 60, Bl. 123.
26 LAB, Rep. 00-02/1, Stadtverordnetenversammlung, Nr. 1551, ohne Blattzählung.
27 Ebenda.
28 Vgl. Ulrich Reinisch, *Stadtplanung im Konflikt zwischen absolutistischen Ordnungsanspruch und bürgerlich-kapitalistischen Interessen. Peter Joseph Lennés Wirken als Stadtplaner von Berlin*, in: Brandenburgisches Landesamt für Denkmalpflege (Hg.): *Peter Joseph Lenné. Gartenkunst im 19. Jahrhundert*, Berlin / München 1992, S. 44–70.
29 Friedrich von Schuckmann (1755–1834) war am 18. April 1834 aus gesundheitlichen Gründen von seinen Pflichten entbunden worden. Am 28. April 1834 wurde Gustav Adolf Rochus von Rochow (1792–1847), ein erzkonservativer Politiker, in das Amt des Innen- und Polizeiministers eingesetzt.
30 LAB, Rep. 01, Generalbüro Nr. 60, Bl. 292.
31 Ebenda, Bl. 293f.
32 Ebenda, Bl. 235.
33 Ebenda, Bl. 235 Rs.
34 Ebenda, Bl. 237.
35 Vgl. Sachs, *Spezial Bau-Reglement* (wie Anm. 18), S. 31–37.
36 LAB, Rep. 01, Generalbüro Nr. 60, Bl. 237 Rs.
37 Ebenda, Bl. 296
38 LAB, Rep. 01, Generalbüro Nr. 61, als gesondertes Heft in der Akte.
39 Ebenda.
40 Ebenda.
41 Ebenda.
42 Ebenda.
43 Ebenda.
44 LAB, Rep. 01, Generalbüro Nr. 62, Bl. 112.
45 LAB, Rep. 01, Generalbüro Nr. 63, Bl. 107.
46 Karl Albert von Kamptz (1769–1849). Preußischer Justizminister 1832–1844.
47 LAB, Rep. 01, Generalbüro Nr. 63, Bl. 111.
48 Franz Carl Anton Grein (1800–1872) veröffentlichte 1842 seine Überlegungen zum Baurecht: *Die Rechtsverhältnisse der Nachbarn in Bau-Angelegenheiten nach den Vorschriften des Allgemeinen Landrechts: mit Hinweisung auf die nach der Bau-Ordnung vom 30. November 1641 und den Special-Bau-Observancen in Berlin vorkommenden Abweichungen*, Berlin 1842.
49 LAB, Rep. 01, Generalbüro Nr. 1452a, Bl. 30.
50 Ebenda, Bl. 39.
51 Friedrich Carl von Savigny (1779–1861) begründete 1810 die juristische Fakultät der Berliner Friedrich-Wilhelms-Universität. 1844–1845 Justizminister.
52 LAB, Rep. 01, Generalbüro Nr. 62, Bl. 174 und 174 Rs.
53 Ebenda, Bl. 199.
54 Ebenda, Bl. 202 Rs.
55 Ebenda, Bl. 214 Rs.
56 Ebenda, Bl. 225–227.
57 Ebenda, Bl. 187 Rs.
58 LAB, Rep. 01, Generalbüro Nr. 64, Bl. 4.
59 Ebenda, Bl. 12 Rs.
60 Ebenda, als gesondertes Heft in der Akte.
61 Ebenda, Bl. 158.
62 Ebenda, Bl. 194.
63 Am 4. Dezember 1848 wurde August von der Heydt (1801–1874) zum Minister ernannt.
64 LAB, Rep. 01, Generalbüro Nr. 64, Bl. 353.
65 LAB, Rep. 01, Generalbüro Nr. 65, Bl. 10 Rs.
66 Ebenda, Bl. 100 Rs.
67 Ebenda, als gesondertes Heft in der Akte.
68 Ebenda, Bl. 55ff.
69 Ebenda, Bl. 162ff.
70 James Hobrecht, *Ueber öffentliche Gesundheitspflege und die Bildung eines Central-Amts für öffentliche Gesundheitspflege im Staate*, Stettin 1868, S. 17.

A. E. Brinckmanns „Platz und Monument“ von 1908 und der sozialistische Städtebau

1

1956, in jenem Jahr einer dramatischen Zuspitzung des Kalten Krieges, wurde der in Köln lebende Emeritus der Kunstgeschichte Albert E(rich) Brinckmann in beiden deutschen Staaten geehrt: Die Humboldt-Universität gratulierte ihm zu seinem 50-jährigen Doktorjubiläum,[1] und die Frankfurter Allgemeine Zeitung, von jener Vereinnahmung Brinckmanns in der DDR aufgeschreckt, zog bei der nächsten Gelegenheit nach und würdigte dessen Lebenswerk anlässlich seines 75. Geburtstages am 4. September des gleichen Jahres. Weder in Ost- noch in Westdeutschland wurden jedoch die beiden Jubiläen zum Anlass genommen, auf Brinckmanns schwierige Vergangenheit wenigstens hinzuweisen. In der Bundesrepublik war seine zeitweilige Verstrickung in die NS-Ideologie zu keiner Zeit thematisiert worden; die Ostberliner Bauakademie folgte hingegen sogar in ihrem internen Schriftverkehr bereitwillig der Selbststilisierung Brinckmanns nach 1945, dass er wegen seiner kritischen Haltung zum Nationalsozialismus strafversetzt worden sei. Gerhard Strauß, der Direktor des Instituts für Theorie und Geschichte der Baukunst, formulierte in verschiedenen Briefen die offizielle Haltung zu Brinckmann und seinen Forschungen: „[...] geringe Sympathie für die Nazis, die ihn nicht sehr freundlich behandelten [...].“[2] Brinckmann sei „von den Nazis seinerzeit des Ordinariats in Berlin enthoben und nach Frankfurt versetzt“[3] worden. Ein kritischer Blick in das Archiv der Humboldt-Universität hätte aber die Annäherung Brinckmanns an die nationalsozialistische Ideologie erkennen lassen können: z. B. durch dessen Schreiben an den Reichserziehungsminister vom Jahre 1935, als er mit allen Mitteln versuchte, der Versetzung von Berlin nach Frankfurt zu entgehen. Der Brief belegt, dass Brinckmann durchaus die nationalsozialistische, antisemitische Terminologie bewusst für seine Zwecke einzusetzen wusste. 1931 habe er nicht gewollt, schrieb er dem Minister,

„in das marxistisch-kommunistische Berlin zu gehen, vor allem nicht, einen derart verjudeten Lehrstuhl zu übernehmen. Doch liess mich der Kölner Oberbürgermeister Adenauer fallen [...].“

Nach seiner Berufung nach Berlin habe er dann bereits 1931/32 „vier jüdische Habilitationsgesuche von vornherein“ abgelehnt,

„den jüdischen Fakultätsassistenten Plessner (jetzt Konstantinopel) entlassen [...] Ohne die nationalsozialistische Revolution wäre meine Arbeit am Ende erfolglos geblieben. 1932 trat ich in Beziehung zur NSDAP und habe hier Rückhalt bei einzelnen Personen gefunden“.[4]

Nach dem Krieg betonte Brinckmann dann seine angebliche Gegnerschaft zum Nationalsozialismus. In einem undatierten Brief an Karl Jaspers [um 1950] schrieb er z. B.:

„Es gab viele Arten des Widerstandes [...]“, so habe er zwei Damen zehn Jahre hindurch schützen können, er bilde sich deshalb ein, *„dass hier mehr Mut zu moralischer wie finanzieller Hülfe gehörte als etwa zu den Philippika des Thomas Mann weit vom Schuss aus USA.“*[5]

2

In der Bundesrepublik und in der DDR wurde übereinstimmend die Bedeutung des Jubilars für die Geschichte der Stadtbaukunst hervorgehoben. Die FAZ fand jedoch nur einige allgemeine und bei solchen Anlässen übliche feierliche Worte (*„weite Gebiete der Kunstgeschichte, auf denen er bahnbrechend tätig gewesen ist"*). Sie hielt nüchtern fest, nach der Promotion im Jahre 1906 *„wandte er sich der Erforschung der Stadtbaukunst zu, und diese Fragestellungen haben Brinckmanns weiteren Lebensweg weitgehend bestimmt"*. Das 1908 erschienene Buch *„Platz und Monument"*,[6] ohne dessen Wirkungsgeschichte in den Architektur- und Städtebaudebatten der letzten Jahrzehnte wenigstens anzudeuten, habe *„seinem Verfasser 1910 die Habilitation an der Technischen Hochschule in Aachen"* ermöglicht.[7] An der Deutschen Bauakademie in Ostberlin hingegen wurde der Jubilar als „Wegbereiter" der Kunstgeschichte des Städtebaus bezeichnet, gar als Begründer eines städtebaulich-architektonischen Gestaltungsprinzips gefeiert, dem in der Gegenwart unmittelbar praktische Bedeutung zukäme.[8] So telegrafierte Gerhard Strauß[9], der ab 1957 den kunstgeschichtlichen Lehrstuhl an der Humboldt-Universität verwaltete, am 14. Juni 1956 emphatisch nach Köln:

„Sie legten den Grundstein zur Geschichte der Stadtbaukunst, die sich seither, von Ihren Werken ausgehend, im In- und Ausland zu einer speziellen Disziplin entwickelte. Das verband Sie über die eigentliche Kunstwissenschaft hinaus eng mit der Architekturwissenschaft und sogar mit dem Architekturschaffen."[10]

Die Sprache der Laudationes von Frankfurter Allgemeiner Zeitung und Deutscher Bauakademie lässt die unterschiedliche Bedeutung erahnen, die den Forschungen Brinckmanns in Ost- und Westdeutschland zugemessen wurde. Während in der Bundesrepublik, als sich im Wiederaufbau der kriegszerstörten Städte allmählich die moderne Architektur durchzusetzen begann, das Interesse an der Kunstgeschichte des Städtebaus spürbar nachgelassen hatte,[11] stieg deren Bedeutung in der DDR um 1950–53 nochmals an. Die Städtebaugeschichte wurde gar für einige Jahre zu einer Art Leitwissenschaft des sozialistischen Aufbaus erhoben, weil das Bauen in ‚nationalen Formen', das von der SED propagiert worden war, ein entsprechendes städtebauliches Raumkonzept zwingend voraussetzte. Für die Ausarbeitung dieses Konzepts schien u. a. Brinckmanns *„Platz und Monument"* Begründungen und Anregungen zu bieten, so dass sich die Kontaktaufnahme zu ihm anbot. Die Initiative für den Austausch ging daher von der Ostberliner Bauakademie aus, wobei deren Mitarbeiter zielgerichtet Verbindungen aus den alten Netzwerken der deutschen universitären Kunstgeschichte und der Architekturausbildung an Technischen Hochschulen zu nutzen vermochten. So hatte Gerhard Strauß 1953 zunächst Karl-Heinz Clasen[12] gebeten, Brinckmann mündlich zu fragen, ob er bereit wäre, die Einladung zu einem Vortrag anzunehmen.[13] Und Paul Wolf[14], der wohl von Kurt Junghanns[15] im Auftrag von Strauß um Vermittlung gebeten worden war, teilte Brinckmann in einem handschriftlichen Brief mit, *„eine prominente Ost-Berliner Stelle"* habe ihm ihr Interesse offenbart, *„Platz und Monument"* neu aufzulegen und sie wäre bereit, dabei alle finanziellen Risiken zu tragen. Falls dieses Projekt gelänge, dann könne man auch die Neuauflage des Buches *„Deutsche Stadtbaukunst in der Vergangenheit"*[16] erwägen.[17] Brinckmann schien nicht abgeneigt zu sein, das Buch in der DDR auflegen zu lassen,[18] doch Wasmuth, sein Verleger, riet ihm ab: *„Es braucht nicht, aber es kann Ihnen heute eventuell übelgenommen werden, wenn Sie ein Buch im Osten herausbringen."*[19]

3

Zwischen Gerhard Strauß und Albert E. Brinckmann, der an der Berliner Friedrich-Wilhelms-Universität einige Semester Kunstgeschichte studierte, hier auch im Jahre 1906 mit einer Arbeit über „Baumstilisierungen in der mittelalterlichen Malerei"[20] promoviert worden war und schließlich zwischen 1931–35 die Professur für Kunstgeschichte innehatte, entwickelte sich ab 1954 ein intensiver Gedankenaustausch. Der Dialog über die innerdeutsche Grenze hinweg wurde sicherlich dadurch erleichtert, dass Strauß in den zwanziger Jahren bei Brinckmann an der Kölner Universität Vorlesungen gehört hatte, was die Überwindung ideologischer Vorbehalte erleichterte.[21] Am Anfang des Briefwechsels mag aber auf beiden Seiten noch ein ausgesprochenes Zweckinteresse gestanden haben. So fühlte sich Brinckmann zweifellos geehrt, dass er Einfluss auf den Architektur- und Städtebaudiskurs in Ostdeutschland nehmen konnte,[22] und die Deutsche Bauakademie, die Brinckmanns Forschungen für die Ausarbeitung eines sozialistischen Städtebaukonzepts zu nutzen suchte, verband das fachliche Interesse mit den politischen Zielen, in Westdeutschland vorsichtig und umsichtig Verbündete für die Deutschlandpolitik der SED zu gewinnen. Zwischen Brinckmann und Strauß begann jedoch ein Austausch, der über die politischen Absichten der Ostberliner Bauakademie und die professoralen Eitelkeiten eines westdeutschen Emeritus weit hinausging, und der vielmehr wechselseitige Anziehung verrät. Eitelkeiten sind in dem Briefwechsel sicherlich auch aufzufinden: So zeigte sich Brinckmann offenkundig beleidigt, dass nicht er, dessen Buch *„Platz und Monument"* schon 1935 ins Russische übersetzt worden war,[23] sondern Hans Kauffmann[24] vom Kunsthistorischen Institut der Freien Universität in Westberlin, nach Moskau eingeladen wurde. Brinckmann schrieb im Februar 1958 erbost an Strauß:

„Ja ist denn den Russen gar nicht bekannt, dass dieser K. einer der rabiatesten Hitleranbeter als Kölner Professor war? Dass er eine Kunstgeschichte allerältesten Stils betreibt, die er je nach Windwehen damals Hitlerisch, später in Köln katholisch färbt? Was will denn die Sowjetwissenschaft mit einer Kunsthistorie der Büchergelehrsamkeit, die sich nicht einmal um das Menschliche, das Soziale, das ‚Brechtsche' auch in der Bildenden Kunst kümmert?"[25]

Strauß zeigte sich von der Einladung Kauffmanns in die UdSSR überrascht; trotz der *„weniger erfreulichen Erfahrungen mit K. in zurückliegender Zeit"*, bewertete er aber die Bereitschaft westdeutscher Kollegen, zu Gastvorlesungen nach Moskau und Leningrad zu reisen, als eine positive Entwicklung. Er übersandte Staatssekretär Girnus einen Auszug des Briefes und fragte bei ihm an, ob bei sowjetischen Dienststellen angeregt werden könne, dass Brinckmann nach Moskau eingeladen werde.[26]

Der Gedankenaustausch zwischen Brinckmann und Strauß beruhte, trotz aller Unterschiede in den Begrifflichkeiten und den politischen Auffassungen, auf vergleichbaren kunstgeschichtlichen Positionen, die vor allem die Haltung zu Erscheinungsformen der Moderne in der Architektur betrafen. So z. B. einigten sie sich rasch auf eine vergleichbare Bewertung von Le Corbusiers Kirche Notre Dame du Haut in Ronchamp (Franche-Comté): Dieser Kirchenbau, so Strauß' Meinung, stehe *„so außerhalb jeder Ordnung und Gesetzmäßigkeit, daß der subjektiven Interpretation keinerlei* [...] *Grenzen gesetzt sind"*, so dass er sogar, wie Sigfried Giedion es bezeichnenderweise versucht habe, mit *„mittelmeerischen Ovalhütten des 2. Jahrtausends v. Chr."* verglichen werden könne.

„Wenn man von einer Gesetzmäßigkeit in Ronchamp sprechen will, so nur von dem Subjektivismus als gesetzmäßiger Erscheinung einer die menschliche Existenz atomisierenden Situation."[27]

Albert E. Brinckmann erkannte in Gerhard Strauß sogleich den Gleichgesinnten:

„Auch Sie sind ein Gegner dieser Spielerei [...] *Es ist der Grund, warum ich dieses Gespiel mit Auflösung und Kommunismus (der absolut keine Auflösung ist) so abstossend finde, Picasso kennt nur das Ambiente der Multi-Millionäre, Le Corbusier brüstet sich mit Ur-Christentum und ist ein Zyniker".*[28]

Und er forderte sogar über Strauß die Ostberliner Bauakademie auf, *„diesem egoistischen Charlatan gegenüber unnachsichtig"* zu bleiben.[29] Das tat sie denn auch, wobei Georg Münter[30] die weitere Ausformulierung der Kritik übernahm: Was Le Corbusier gestaltet habe,

„ist das Sichtbarmachen der deprimierenden Vereinsamung des Menschen, das bewußte Ablehnen jeder Beziehung, gleich welcher Art, die absolute

Hoffnungslosigkeit. Das ist anti-sozial, anti-human."[31]

Brinckmanns heftige Kritik an einigen Strömungen der modernen Architektur war keinesfalls auf deren ästhetische Erscheinungsformen begrenzt, sondern enthielt, ohne von Strauß aufgenommen zu werden, gelegentlich auch allgemeine politische Bewertungen:

„Ich beobachte, dass diese doppelsinnigen Falschheiten, etwa wie hier Demokratie mit den Allüren der absolutistischen Souverainen-Repräsentation, bürgerfromme[32] *Baukunst mit Tingeltangeldekor (Gürzenich) so sehr die noch im Grunde anständigen Menschen abstossen müssen, die verzweifelt irgendwo nach einem Grundwahren suchen – ex oriente lux? – wie es bei mir heisst."*[33]

Noch heftiger fiel die Kritik an Le Corbusiers Interbau-Haus in Berlin aus, und diesmal ging Brinckmann voran: er lehne *„diese rücksichtslose Einpressung verschiedenster Menschen in vorgeformte und gar nicht abänderbare Behausungshülsen, wie sie Le Corbusier dekretiert"*, prinzipiell ab. Er habe *„auf den Gefängniskorridoren der Cité radieuse in Marseille wie in Nantes-Rézé wahrhaft Angst"* bekommen. Als er dann, *„die ausgeklügelte Blödsinnigkeit oder Fatzkerei der Wohnungsgrundrisse sah, verquakelt noch durch die Treppenstiege"* hätte ihn das Grauen gepackt.[34] Ernst May habe ihm soeben bestätigt: *„so miserable Grundrisse wie in seinem Berliner Interbauhaus habe er noch nie gesehen. Ein ekelhafter Hochstapler"*.[35]

Bei einer solch beträchtlichen Übereinstimmung bei der Beurteilung von modernen Architekturströmungen wundert es nicht, dass sich die Affinität zwischen Brinckmann und Strauß noch steigerte, sobald sie ihre Meinungen über den Städtebau der Gegenwart und vor allem über den städtischen Raum auszutauschen begannen. Er wäre mit seiner Frau durch Köln hin- und hergefahren, schrieb Brinckmann am 3. April 1957 ausführlich:

„Da waren allerdings auffallende und anspruchsvolle, zum Teil auch geschmackvolle aber ebenso auch outrierte Grossbauten – und es gab keinen Stadtraum mehr und alles verfiel ins Chaotische. Und dass Sie dies Chaos so fürchten, entspricht ganz meiner Furcht vor dem Managerkapitalismus und der egozentrischen Reklame".[36]

Strauß antwortete gleichfalls ausführlich: Die *„Anarchie"*, die er in der städtischen Architektur im Westen Deutschlands beobachte, sei *„ein untrügliches Zeichen"*, dass die *„große Potenz fehlt, die das Ungeordnete in eine Ordnung und damit in einen höheren Zustand überführen könnte"*. Auch er wolle nicht bestreiten, dass in Westdeutschland durchaus qualitätsvolle neue Einzelbauten entstanden wären,

„kennzeichnend bleibt aber für die gesellschaftlich bedingte Situation, dass solche Einzelqualität nicht mehr vom Ganzen auszugehen vermag und deshalb zu keinem Ganzen hinfindet."[37]

Er habe sich gefragt, kommentierte Brinckmann sofort diesen Brief Strauß', ob im östlichen Teil Europas auch

„diese Dekomposition herrsche wie in der Gangsterkultur des Westens (wo zwar nicht Messer und Pistole, wohl aber Kapitalbeherrschung und ungehemmte Managermacht die tödlichen[38] *Streiche führen, die sich sogar noch als bauliche ‚Sensationen' präsentieren)".*[39]

Das Thema wurde in weiteren Briefen diskutiert. Brinckmann schrieb nochmals am 19. Februar 1958: Er habe eine

„Aversion gegen diesen brutalen Bauindividualismus, sei er Produkt von kapitalistischen Ballungen (Versicherungen, Banken) oder vielleicht noch schlimmer von prahlenden Verwaltungsgremien: Theatern und Museen von Städten, Parlaments- und Ministerialgebäuden von Regierungen – und nicht nur ‚diesseits des eisernen Vorhangs'".

Und seine Aversion erstreckte sich auch auf das städtebauliche Konzept der Berliner Interbau: *„Das Zerstückte und Zerrissene, das individuelle Architekturgebahren empfinde ich als Zeichen der von mir immer wieder beobachteten Dekomposition".*[40] Strauß war erstaunt, wie weit Brinckmann ihm entgegenkam; so hatte er bereits am 15. August 1957 nach Köln geschrieben: Er wäre *„ob der Breite der Begegnungsmöglichkeiten* *zwischen Ihren und unseren Überlegungen"* sehr beeindruckt.[41]

Jene „Begegnungsmöglichkeiten" wurden durch unterschiedliche Meinungen zu politischen Tagesfragen, die ohnehin nur gelegentlich artikuliert worden waren, kaum behindert. Inmitten des zerrissenen, in Besatzungszonen aufgeteilten Deutschland war während der 1950er Jahre eine kulturelle Verständigung möglich geworden. Diese Verständigung, so die grundlegende These des vorliegenden Aufsatzes, beruhte auf den Traditionen der deutschen Wissenschaftsdisziplin Kunstgeschichte, insbesondere der an der Friedrich-Wilhelms-Universität Berlin, insoweit sie durch Heinrich Wölfflins psychologisches Verständnis der Architektur beeinflusst worden war.

4

Als Brinckmann 1908 in *„Platz und Monument"* die *„Wirkungsrechnung und Ausdrucksmöglichkeiten der historischen Stadtbaukunst"*[42] auf das Verhältnis der einzelnen Baukörper zueinander gründete, zugleich die Proportionen von Straße, Platz und Haus als Ausdruck von nationalen Eigenschaften deutete, folgte er stillschweigend dem Weg, der von Wölfflin vorgezeichnet worden war (Abb. 1). Wölfflin hatte schon in seiner Münchner Dissertation von 1886, den *„Prolegomena zu einer Psychologie der Architektur"*, festgehalten:

„Die Proportionen sind das, was ein Volk als sein eigenstes gibt. Mag auch das System der Dekoration von aussen hineingetragen sein, in den Maassen von Höhe und Breite kommt der Volkscharakter immer wieder zum Durchbruch".[43]

In seiner großen Vorlesung *„Deutsche Kunst des späten Mittelalters und der Renaissance"*, gehalten im Sommersemester 1904 an der Friedrich-Wilhelms-Universität Berlin, nahm Wölfflin das Thema des Zusammenhangs von Stil und Proportion wieder auf, wobei er die Analyse der stadträumlichen Maßverhältnisse in die stilgeschichtlichen Reflexionen zu integrieren versuchte. In seinem Tagebuch skizzierte er die

Platz und Monument

Untersuchungen zur Geschichte und Ästhetik der Stadtbaukunst in neuerer Zeit

von

A. E. Brinckmann

Mit 49 erläuternden Abbildungen

Berlin
Verlegt bei Ernst Wasmuth A.-G.
1912

Abb. 1: A. E. Brinckmann, Platz und Monument, Titelblatt, 1912

Grundgedanken der Vorlesung, die zugleich die Umrisse seines Verständnisses von Stadt und Städtebau erahnen lassen:

„Die Gasse. Das Haus nicht etwas Isoliertes
Es empfängt seinen Charakter mit
von dem Zusammenhang, wie
Das Kind von den Geschwistern
Das Haus: die Urzelle
Hier das Maß gegeben, was groß ist und was klein.
Kirche: uns riesenhaft, damals überweltlich
Beziehung zum Leben. Erfahrungen über das
Menschliche."[44]

Heinrich Wölfflin äußerte sich damit im Hörsaal zu einem Thema, das seit Camillo Sitte in ganz Europa,[45] besonders aber im deutschsprachigen Raum zu öffentlich ausgetragenen Debatten geführt hatte. Er behandelte das Thema des städtischen Raums in der Geschichte jedoch als Kunsthistoriker, nicht als Urbanistiker, der nach neuen Entwurfsprinzipien suchte. Für sein Kolleg *„Typen deutschen Städtebaus"*, gehalten im Sommersemester 1906,[46] liegen keine Eintragungen im Tagebuch vor, dafür lassen sich aber die Grundgedanken seiner Münchner Vorlesung von 1917 *„Die deutsche Stadt"* erahnen:

„– Er [Wölfflin] sprach vom ‚Gesicht' der Stadt; sein schon in den Prolegomena praktiziertes anthropomorphes, physiognomisches Verständnis der Architektur pflegte er also weiter. – Er begriff, und das überrascht bei dem vermeintlichen Formalisten Wölfflin, den Stadtkörper in seiner kulturgeschichtlichen Genese. Und – Er formulierte in dieser Vorlesung eine Kritik am aktuellen Städtebau."[47]

Die Gedankenskizze für seine Vorlesung *„Die architektonischen Stilbildungen des Mittelalters und der Neuzeit"* im Wintersemester 1906/07, gleichfalls in seinem Tagebuch festgehalten, belegt zudem, dass Wölfflin einen Stilzusammenhang zu formulieren versuchte, der alle Künste umfasste sollte, der dann, unausgesprochen, auch für die Untersuchung der Stadtformen anwendbar sein sollte:

„Der weitere Gesichtspunkt der Gebundenheit eines Stils an bestimmte Lage.
Stil und Costüm. – Stil und darstellende Kunst. –
Stil und (Bildform) Kunst. –
Der Zusammenhang mit den nicht-bildlichen Künsten. – Stil und Situation.
Es steht immer eine besondere Optik im Hintergrund. – Die gotischen Augen."[48]

Brinckmann hatte die Buchfassung seiner Habilitation *„Platz und Monument"* ausdrücklich Heinrich Wölfflin *„verehrungsvoll zugeeignet"*.[49] Er dankte damit seinem Lehrer wohl nicht nur für die bestandene Doktorprüfung,[50] sondern auch für die entscheidende Anregung zu einem Thema, das ihn sein gesamtes wissenschaftliches Leben beschäftigen sollte. Brinckmann, das kann kaum übersehen werden, versuchte Wölfflins *„anthropomorphes, physiognomisches Verständnis der Architektur"*, das sich auf jene Proportionen von *„Höhe und Breite"* der Baukörper gründete, von der Stilanalyse zu lösen und auf die städtebauliche Raumbildung anzuwenden:

„Das Primäre alles architektonischen Gestaltens", schrieb Brinckmann 1908, *„ist das Raumgefühl, das wiederum seinen Ursprung in der Empfindung des Menschen für eine bestimmte Körperlichkeit hat, also psychophysisch ist. Die Strukturformen, Gliederungen und Details sind nur Sichtbarmachung dieses Gefühles im Material durch künstlerische Tätigkeit."*[51]

Spätestens aber 1911/12 ging Brinckmann, inzwischen Hochschullehrer an der Technischen Hochschule Karlsruhe, über die Wölfflinschen Intentionen hinaus – entscheidend für diese Veränderung war keineswegs, dass er sich davon abwandte, in der Stadt ein Kunstwerk sehen zu wollen. Er analysierte historische Stadtformen aber nicht mehr nur, um sie zu verstehen und beschreiben zu können. Sondern er begann, die Geschichte des Städtebaus nach Gesetzen des räumlichen Gestaltens abzusuchen, um jene ‚Gesetze' dann gewissermaßen aus ihren geschichtlichen Bindungen zu lösen, damit sie im zeitgenössischen Städtebau praktisch angewendet werden können, d. h. er stellte sich in den Dienst derjenigen Architekten, Stadtplaner und Kulturkritiker, die den *„Niedergang der Stadtbaukunst"* aufzuhalten suchten. Brinckmann begann wohl zu dem Zeitpunkt die Grenze zwischen dem Städtebauhistoriker und dem Planungstheoretiker zu überschreiten, als er sich nach seiner mäßig erfolgreichen Promotion entschlossen hatte, an der Technischen Hochschule Charlottenburg Lehrveranstaltungen zu Architektur und Stadtplanung zu besuchen. Dort stieß er auf einen Kreis von Fachleuten der neu entstandenen Disziplin Städtebau, die, um Joseph Brix und Felix Genzmer im städtebaulichen Seminar[52] versammelt, Reformkonzepte öffentlich diskutierten. An der TH Charlottenburg war Brinckmann sicherlich dem Architekten Walter Curt Behrendt begegnet.[53] Unverkennbar sind jedenfalls die wechselseitigen Beeinflussungen zwischen dem Buch *„Deutsche Stadtbaukunst in der Vergangen-*

heit", das Brinckmann 1911 vorgelegt hatte und Behrendts Dissertation *„Die einheitliche Blockfront als Raumelement im Stadtbau"*, die gleichfalls 1911 als Buch erschien (Abb. 2).[54] Behrendt nutzte die Veröffentlichungen Brinckmanns, um sich historisch zu vergewissern und damit seine Fundamentalkritik abzusichern,[55] und Brinckmann übernahm seinerseits Behrendts radikale Polemik gegen den liberalistischen Städtebau, um auf dem Hintergrund jenes angenommenen „Verfalls" des städtischen Raums in der zweiten Hälfte des 19. Jahrhunderts die Gesetze der künstlerisch geformten vorkapitalistischen Städte zu untersuchen.

Behrendt wandte sich vehement gegen den *„schrankenlosen Individualismus, wie er sich heute im Fassadengewirr unserer Wohnquartiere straßauf, straßab noch kund gibt"*. Dieser sei der Ausdruck *„schwächlicher Sentimentalität"*, also prinzipiell abzulehnen. Das Ziel müsste deshalb sein, die Blockfront wieder als tektonisches Raumelement im Städtebau einzusetzen.

„Die architektonisch einheitliche Ausbildung der Blockfront ist nicht ein äußerliches Dekorationsmittel zur Befriedigung repräsentativer Wünsche, deren konsequente Anwendung unbedingt zu gewaltsamen Maßregeln führen muß, sie wird vielmehr vom ästhetischen Bedürfnis als soziale Folgerung gleichsam gefordert."

Nur ein *„machtvoller Einzelwille"* wie in den *„Fürstenstädten der Renaissance und des Barock"* könne diese Wendung vollziehen, *„wenn überhaupt die gesamte Stadtanlage als eine Aufgabe künstlerischen Gestaltens angesehen werden soll"*.[56]

Jene radikale Ablehnung des Städtebaus der zweiten Hälfte des 19. Jahrhunderts, also der fragmentierten, stilpluralistischen, auf maximale Verwertung des Bodens gegründeten Stadtarchitektur, beeinflusste unmittelbar Brinckmanns weitere städtebauhistorischen Untersuchungen. Er orientierte sich an Sprache und Intention, mit denen Behrendt gegen die liberalistische Zerstörungsaktion des städtischen Raumes polemisiert hatte, als er z. B. am 19. Januar 1913 in Hamburg einen Vortrag hielt:

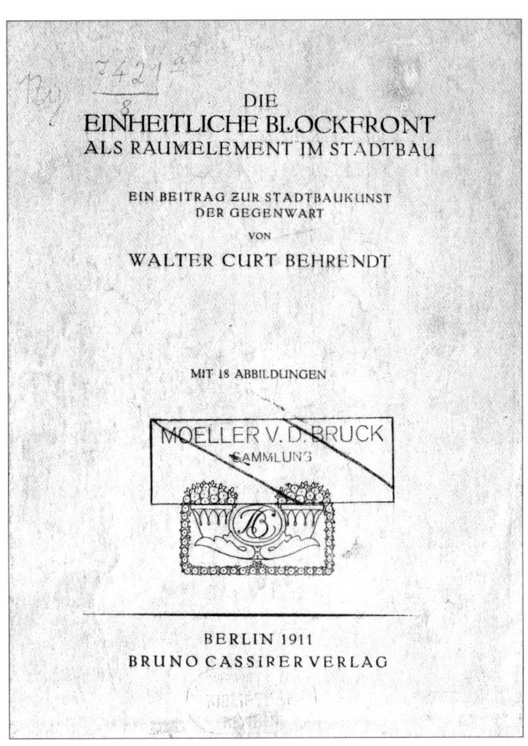
DIE
EINHEITLICHE BLOCKFRONT
ALS RAUMELEMENT IM STADTBAU
EIN BEITRAG ZUR STADTBAUKUNST
DER GEGENWART
VON
WALTER CURT BEHRENDT
MIT 18 ABBILDUNGEN

BERLIN 1911
BRUNO CASSIRER VERLAG

Abb. 2: W. C. Behrend, Die einheitliche Blockfront als Raumelement im Stadtbau, Titelblatt, 1911

„Nach 1800 bemerkt man zunächst, wie das künstlerische Gefühl erkaltet; die Blockfassade wird eine Reißbrettkomposition, die im Stadtbild nicht recht wirksam wird [...] *Dann aber bricht in der 2. Hälfte des 19. Jahrhunderts ein rücksichtsloser Individualismus in der Formung nebeneinanderliegender, im Grundriß kaum verschiedener Häuser durch; jedes will seinen Nachbarn übertrumpfen. Dieses Nichtachten auf die nächste Umgebung führt zur Anarchie; eine schlecht angewandte offene Bauweise, ungeschickte Fluchtlinien vergrößern noch das Übel."*[57]

Es entstünden auf diese Weise keine Städte, vielmehr nur *„wüste Häuserhaufen"*.[58] Erst dann aber, wenn die *„ruhigen, einheitlichen Massen der Privathäuser"* wieder einen *„neutralen Untergrund für die Monumentalbauten der Stadt"* bildeten, könnten wieder *„wirkungsvolle Straßen- und Platz-*

räume" entstehen: und *„der Organismus bekommt einen Kopf, dem sich der Körper unterordnet"*.[59]

Aus der Kritik an der großen europäischen Stadt des industriellen Kapitalismus, die ihre Struktur und Gestalt durch eine eigentümliche Mischung von alten, aus der Stadtbaukunst des Absolutismus stammenden Baupolizeivorschriften, der liberalistischen Planung des 19. Jahrhunderts und der ungehemmten Bodenspekulation gefunden hatte, wuchsen zu Beginn des 20. Jahrhunderts Stadtbaumodelle und Planungskonzepte hervor, die für vielfältige Interessen und ideologische Vereinnahmungen offen waren. Die antikapitalistische Grundhaltung bildete die Voraussetzung jeglicher Stadt- und Architekturkritik, weil die Bau- und Bodenspekulation als offensichtliche Ursache der städtebaulichen Zerstörungen ausgemacht werden konnte. Die Ablehnung der Wilhelminischen Kultur mit ihrem falschen Pathos und barocken Pomp war hingegen die allgemeine Triebkraft der ästhetischen Innovation, auch besonders in der Architektur. Ein junger Kunsthistoriker, der bei Camillo Sitte die Grundlagen des historischen Städtebaus studiert und durch Heinrich Wölfflin am Berliner Kunstgeschichtlichen Seminar eine architekturgeschichtliche und wahrnehmungspsychologische Ausbildung erfahren hatte, musste zwangsläufig das liberalistische Zeitalter mit seinen fragmentierten, stilpluralistischen Stadtfiguren als Zerstörung der europäischen Stadtbaukunst ablehnen. Er stand dann aber ratlos einer noch ungeklärten Fülle von Sozialutopien, Stadttheorien, ästhetischen Reformkonzepten und Planungsmodellen gegenüber. Brinckmann musste in kürzester Zeit lernen, seine Kunstgeschichte des Städtebaus gegenüber der Handwerksideologie des Schultze-Naumburg[60], Lichtwarks[61] und Henricis[62] romantischer Verklärung der mittelalterlichen Stadt, und der sozialistischen Gartenstadtideologie der Brüder Kampffmeyer[63] u. v. a. zu behaupten. Die kunstgeschichtliche Städtebauforschung, indem sie auf wissenschaftlichem Wege die allgemeinen Gesetze des räumlichen Gestaltens aufzudecken imstande schien, so Brinckmanns Selbstverständnis, enthielt hingegen die einmalige Chance, an der Gestaltung der Städte aktiv mitwirken zu können. *„Platz und Monument"* von 1908, und, noch stärker, die *„Deutsche Stadtbaukunst in der Vergangenheit"* (1911) und die *„Stadtbaukunst vom Mittelalter bis zur Neuzeit"* (1921) sind als Aufforderung zu begreifen, jene ‚Gesetze' des stadträumlichen Gestaltens im zeitgenössischen Städtebau anzuwenden. Die städtebaugeschichtlichen Schriften Brinckmanns wurden, in großen Stückzahlen gedruckt,[64] zu Handbüchern, die auf vielfältige Weise Architekten und Planungsbehörden, vor allem aber die Studenten der Architektur und der Kunstgeschichte mit den räumlichen Grundlagen der deutschen und europäischen Stadtkultur vertraut zu machen suchten.[65]

Eine radikale Veränderung der Stadt, die Überwindung des Fragmentarischen, die neue künstlerische Formung der großen Stadtlandschaften waren aber nicht ohne präzise Baugesetze, Kontrolle der Bauverwaltungen, nicht ohne Enteignungen von Grund und Boden, im Grunde nicht ohne Veränderung der gesellschaftlichen Verhältnisse zu denken. Im Anschluss der Kapitel über *„Frankreichs klassische Stadtbaukunst"* und die englische Stadt Bath, einen luxuriösen Badeort des 18. Jahrhunderts, die 1925 in der zweiten Auflage der *„Stadtbaukunst vom Mittelalter bis zur Neuzeit"* veröffentlicht wurden, zog Brinckmann die politischen Schlussfolgerungen seiner historischen Forschungen:

„Aber suchen nicht auch wir statt Zersplitterung wieder ausgleichende Zusammenfassung in jeder Hinsicht? Und hat nicht der Sozialismus hier eine seiner wichtigsten Aufgaben zu suchen? Wie nun, wenn damit auch die neue architektonische Form gewonnen würde?"[66]

5

Die antikapitalistische Grundhaltung, die Ablehnung der Bauspekulation, die Skepsis gegenüber Erscheinungsformen des Modernismus innerhalb der bürgerlichen Kultur, die Suche nach räumlichen Gestaltungsgesetzen, die auf wissenschaftlichem Wege aus der Geschichte des Städtebaus abgeleitet werden, die Proportionen von Straßen, Plätzen und Baukörpern als Ausdruck des Volkscharakters u. a. – diese Positionen, die Brinckmann in den folgenden Jahrzehnten mannigfaltig modifiziert, aber nie aufgegeben hatte, ermöglichten die Rezeption seiner Forschungen in der DDR. Es ist immer wieder behauptet worden, Städtebau und Architektur der 50er Jahre in Ostdeutschland folgten unmittelbar sowjetischen Vorbildern, wären gar reine Kopien russischer Planungskonzepte.[67] Eine solche Deutung nähme aber die politische Rhetorik der SED jener Jahre noch im Nachhinein ernst. Vielmehr sollte der sowjetische, von der SED-Führung bereitwillig übernommene Grundsatz, sozialistische Gehalte in nationalen Architekturformen realisieren zu wollen, nur als eine äußere Hülle begriffen werden, innerhalb der sich die deutsche Traditionslinie der antiliberalen, reformorientierten Stadtbaukunst, deren Ursprünge in den Jahren zwischen 1900 und 1914 zu suchen sind, durchaus zu behaupten wusste. Umgekehrt wäre zu fragen, ob nicht in jene sowjetische, ‚stalinistische' Architektur- und Stadtkonzeption auch die Ergebnisse deutscher Diskurse eingeflossen waren, als 1931 Stalin, Politbüro und Zentralkomitee der KPdSU beschlossen, die konstruktivistische Architektur, die in der Sowjetunion die vorherrschende Strömung der Moderne darstellte, endgültig als ‚formalistisch', d. h. als ‚volksfeindlich' zu bekämpfen. Insoweit erscheint die Übersetzung von Brinckmanns Schrift *„Platz und Monument"* ins Russische im Jahre 1935 keinesfalls als zufällig,[68] sondern als gezielter, planvoller Schritt, weil sie eine unschätzbare Hilfe anbot, für die ‚realistische', d. h. ‚volkstümliche' Architektur in nationalen Formen stadtbaukünstlerische Ordnungsrahmen entwerfen zu können (Abb. 3). In einem ausführlichen Vorwort zu Brinckmanns Text wurde daher die sowjetische Rezeption seiner Forschungen ausführlich erläutert:

Er habe ja nicht nur *„Platz und Monument"*, *„sondern im Grunde die Stadt als Ganzes als ein künstlerisches Problem"* angesehen. Deshalb erhalte Brinckmann in der UdSSR *„die ihm gebührende Anerkennung"*, weil im sozialistischen Aufbau die künstlerische Formung der Städte *„zu einer dringlichen praktischen Notwendigkeit"* geworden sei.

„Durch Umfang und Inhalt dieser Aufgaben können sowjetische Architekten nicht nur, sondern sie müssen sogar in ganzen riesigen Anlagen denken und nicht in Bruchstücken. Sie sollen das Bild der entstehenden oder umzugestaltenden Stadt mit ihrer schöpferischen Phantasie umfassen, doch nicht nur in Form eines theoretischen Traumes oder als Gefangene eines reizvollen Gedankens, sondern als tatsächliche Aufgabe – ein Luxus, den sich ein Architekt im kapitalistischen Unternehmertum und privaten Landbesitz nicht leisten kann".[69]

Der DDR-Städtebau der 50er Jahre folgte verbal zwar unmissverständlich jenem sowjetischen Stadt- und Architekturkonzept, doch können in den Planungen insbesondere für die ‚Aufbaustädte' durchaus noch Reflexe deutscher Reformdebatten erkannt werden. Im *„Handbuch für Architekten"*, 1953 in der Deutschen Bauakademie[70] verfasst und herausgegeben, wurden die stadtplanerischen Reformen vor 1914 zusammen mit der Kunstgeschichte des Städtebaus, wie sie von Brinckmann konzipiert worden war, nahtlos in die ‚sozialistische' Stadt- und Architekturkonzeption integriert:

„Die künstlerische Gestaltung einer Stadt erfordert die Zusammenfassung aller Glieder eines Stadtorganismus bis hin zum Einzelbauwerk zu einem wirkungsvollen Gesamtkunstwerk. [...] *Jeder städtebauliche Komplex, sei es eine Gebäudegruppe, ein Wohnhof, eine Straße, ein Platz, eine Folge von Straßen und Plätzen, eine Grünanlage, ein Industriewerk, ein Stadtviertel, schließlich die gesamte Stadt und ihre Silhouette, bedarf der Unterordnung unter eine beherrschende Gestaltungsidee. Jedes Teil soll harmonisch in ein Ganzes eingegliedert sein, wobei diese Eingliederung ein Spiegelbild der wirklichen Lebensverhältnisse einer Stadt sein muß."*[71]

А. Э. БРИНКМАН

ПЛОЩАДЬ
И
МОНУМЕНТ
КАК ПРОБЛЕМА
ХУДОЖЕСТВЕННОЙ
ФОРМЫ

ПЕРЕВОД С 3-ГО НЕМЕЦКОГО ИЗДАНИЯ
СО ВСТУПИТЕЛЬНОЙ СТАТЬЕЙ И
КОММЕНТАРИЯМИ
ИГНАТИЯ ХВОЙНИКА

ИЗДАТЕЛЬСТВО
ВСЕСОЮЗНОЙ
АКАДЕМИИ АРХИТЕКТУРЫ
19 МОСКВА · 35

Abb. 3: A. E. Brinckmann, Площадь и монумент [Platz und Monument], Titelblatt der sowjetischen Ausgabe, Moskau 1935

Erst diese Verbindung von sowjetischer Ideologie mit deutschen Planungstraditionen ermöglichte letztlich, verbindliche Richtlinien für die sozialistische Wiederaufbaustrategie der kriegszerstörten Städte zu formulieren und überall in Ostdeutschland, weil entsprechend ausgebildetes Fachpersonal zur Verfügung stand, auch durchzusetzen. Die künstlerische Formung von zahlreichen zerstörten Städten setzte dann den *„machtvollen Einzelwillen"* wie bei den *„Fürstenstädten der Renaissance und des Barock"* [Behrendt], mithin die diktatorische Führung aller Planungsprozesse durch die SED voraus.

Sogar der ‚Formalismus', der in der ‚stalinistischen' Kulturpolitik seit den 1930er Jahren stets als schärfster Gegensatz zur geforderten ‚volkstümlichen', d. h. ‚realistischen' Kunst definiert worden war, beruhte letztlich auf einer entsprechenden Begriffsbildung in der deutschen universitären Kunstgeschichte, z. B. bei Wölfflin. So verwies Gerhard Strauß noch im Jahre 1960, um sich wohl für seine radikale Position im sogenannten ‚Formalismusstreit' der frühen 50er Jahre zu rechtfertigen, auf Wölfflin, dem eine treffende *„Manierismus-Definition"* gelungen sei: Die Kunst im letzten Drittel des 16. Jahrhunderts, zitierte er ausführlich aus dem Buch *„Die klassische Kunst"*, 1904 erschienen,

„ist völlig formalistisch und hat gar keine Beziehung mehr zur Natur […] *Man suchte ein Allgemeines, was jenseits dieser Welt liegt und das Schematisieren verband sich vortrefflich mit dem gelehrten Antikthun* […] *Die Kunst hört auf, eine volkstümliche zu sein. Unter solchen Umständen war ihr nicht zu helfen, sie starb an der Wurzel ab"*.[72]

Auch die *„Sechzehn Grundsätze des Städtebaus"*,[73] die während einer Reise deutscher Architekten nach Moskau 1950 maßgeblich vom Minister für Aufbau der DDR, Lothar Bolz[74], ausgearbeitet und von der Regierung der DDR am 27. Juli 1950 zusammen mit dem ‚Aufbaugesetz' beschlossen worden waren, enthielt ein Stadtkonzept, in dem der Widerhall deutscher sozialwissenschaftlicher und städtebaulicher Diskurse vor dem 1. Weltkrieg durchaus noch zu vernehmen ist.[75] Schon der § 1 dieser ‚Grundsätze', in dem die Stadt *„in Struktur und architektonischer Gestaltung"* als *„Ausdruck des politischen Lebens und des nationalen Bewußtseins des Volkes"* erklärt wird,[76] verlässt vollständig die Methode der marxistischen Gesellschaftsanalyse, im ‚Überbau' die Widerspiegelung von Klassenstruktur und Klassenkämpfen zu sehen. Der Autor Lothar Bolz gibt durch seine Begriffswahl zu erkennen, dass Heinrich Wölfflins Münchner Vorlesung *„Die deutsche Stadt"* deutliche Spuren in seinem Denken hinterlassen hat,[77] bzw. dass er Karl Grubers These, in der Stadtgestalt spiegele sich die *„Rangordnung der Werte"*,[78] stillschweigend zu folgen bereit war. Der § 3 hingegen, der die Abhängigkeit des städtischen Wachstums *„von den städtebildenden Faktoren bestimmt, das heißt: von der Industrie, den Verwaltungsorganen und den Kulturstätten"*,[79] beruht auf Sombarts soziologischem Begriffssystem und der Stadtanalyse von 1907.[80] Und der § 9 aber: *„Das Antlitz der Stadt, ihre individuelle künstlerische Gestalt wird von Plätzen, Hauptstraßen und den beherrschenden Gebäuden im Zentrum der Stadt bestimmt"*,[81] erinnert in seiner Intention dann an Brinckmanns Forderungen von 1913, dem *„Organismus"* Stadt wieder einen *„Kopf"* zu verschaffen, dem sich der Körper unterzuordnen habe usw.

Auf vielfältige Weise, ohne dass deren Ursprünge im Detail hier nachgewiesen werden können, wurden für das ostdeutsche Wiederaufbauprogramm mithin nicht nur sowjetische Vorbilder aufgerufen, sondern zugleich damit auch die Ordnungsmuster aktiviert, die der künstlerische Städtebau nach 1900 erarbeitet hatte.[82] So orientierte sich, um ein Beispiel zu benennen, der Wiederaufbau der zu mehr als 80 % zerstörten mecklenburgischen Stadt Neubrandenburg nach 1951 am Blockraster der Planstadt des 13. Jahrhunderts. Das alte Grundgerüst der städtebaulichen Ordnung wurde prinzipiell wieder aufgenommen, an einigen Stellen jedoch entscheidend modifiziert: Die Straßen wurden maßvoll aufgeweitet und anstelle deren leichter Krümmung einige Sprünge in den Fluchtlinien eingearbeitet. Der zentral gelegene Marktplatz wurde um einen Baublock vergrößert, um Raum für Großdemonstrationen zu schaffen. Dort sollte auch ein Karl-Marx-Denkmal [*„Platz und Monument"*] aufgestellt und das Kulturhaus das zerstörte Rathaus als zentrales Gebäude [*als Kopf, dem sich der Körper unterordnet*] ersetzen. Eine wesentliche Veränderung wurde auch bei der Wohnbebauung vorgenommen: Anstelle der individuellen Einzelhäuser auf der alten Parzellenstruktur, die vor der Zerstörung 1945 das Stadtbild geprägt hatten, wurde die *„künstlerische Zusammenziehung zu Hausgruppen"*[83] gewählt. Die programmatische Forderung von Behrendt aus dem Jahre 1911 wurde beim Neubrandenburger Wiederaufbau eingelöst:

> *„Nicht das Einzelhaus, sondern die rhythmische Reihung der Häuser innerhalb eines Blocks, die architektonisch einheitliche Blockfront bildet das Raumelement für die Stadtbaukunst der Gegenwart* [...]"[84]

Die in Neubrandenburg durchgängig praktizierte Blockrandbebauung, die im Inneren die Anlage von Gärten und Gemeinschaftseinrichtungen ermöglichte, hatte auch Brinckmann schon 1913 in seinem Hamburger Vortrag favorisiert: *„Das Ideale bleibt ein Baublock nur mit Randbebauung, während die Innenhöfe zu einem einheitlichen Garten zusammengelegt sind."*[85] Andere Beispiele jener Rezeption des ‚künstlerischen Städtebaus' lassen sich nicht nur beim Dresdner Altmarkt und in Stalinstadt, sondern auch in den Wiederaufbauplänen von Chemnitz, Dessau, Frankfurt/Oder, Magdeburg, Rostock u. v. a. auffinden.

Die Allunionskonferenz der UdSSR zum Bauwesen vom 7. Dezember 1954 in Moskau, auf der Chruschtschow die Richtungsänderung in der Architekturpolitik verkündete und die forcierte Industrialisierung des Wohnungsbaus im Machtkampf um die Führung der KPdSU bewusst eingesetzt hatte,[86] traf die Ostberliner SED-Führung unerwartet. Der Anpassungsprozess im gesamten Bauwesen, der damit erforderlich wurde, war schwierig und verlief widersprüchlich. Die Vorfertigung aller Bauelemente in Großserien und deren Montage zu unterschiedslosen Großfiguren [*„Behausungshülsen"*] musste aber dem stadtbaukünstlerischen Konzept, sozialistische Städte in nationalen Architekturformen zu errichten, letztlich die gesellschaftliche Basis entziehen. Auch die kunstgeschichtliche Disziplin Städtebaugeschichte war durch den radikalen Wechsel der politischen Prämissen betroffen. Anfang der 50er Jahre hatte sie dazu gedient, aus der Geschichte der deutschen Stadt die ‚Gesetze" des räumlichen Gestaltens abzuleiten, nach 1957/58 konnte sie leicht als Widersetzlichkeit gegenüber Partei-Beschlüssen ausgelegt werden. Die Vertreter der Disziplin begannen daher, sich in akademische Nischen zurückzuziehen. Auch Gerhard Strauß war unmittelbar von dem Kurswechsel betroffen, hatte er doch als Direktor des Instituts für Theorie und Geschichte der Baukunst an der Deutschen Bauakademie das stadtbaukünstlerisch orientierte Wiederaufbaukonzept mit allen Kräften vorangetrieben. Sein Referat auf der lange Zeit von ihm vorbereiteten internationalen Konferenz *„Städtebau. Geschichte und Gegenwart"*, die im Oktober 1956 in Erfurt stattfand, belegt, dass er vor nahezu unüberwindlichen Schwierigkeiten gestanden hatte. Einerseits musste er die neue Kritik der SED-Führung an der *„starren Auffassung von der Bedeutung historischer Formelemente"* vertreten, andererseits versuchte er, den Wölfflinschen Gedanken, dass sich in den städtebaulichen *„Proportionen"* der *„Volkscharakter"* äußere, in die Strategie der forcierten Industrialisierung des Bauwesens zu integrieren:[87]

„Auch unter den neuen Bedingungen des industriellen Bauens wird jede Stadt eine Individualität bleiben gemäß den Besonderheiten ihrer Geschichte, ihrer Lage, ihren neuen Funktionen usw., weil auch für den Städtebau das Gesetz gilt, dass sich das Allgemeine niemals als solches, sondern nur im Besonderen verwirklicht. Es ist also nach wie vor ein unabdingbarer Teil des stadtbaukünstlerischen Auftrages, aus den verschiedenen städtebaulichen Komponenten echte Stadtindividualitäten zu schaffen – nun sozialistischen Inhaltes und sozialistischer Gestalt. Auf die Bedeutung der Stadtindividualität hat A. E. Brinckmann bereits vor Jahrzehnten hingewiesen.[88] Ich erinnere an diesen Hinweis umso lieber, als der Nestor der Geschichte der Stadtbaukunst eben seinen fünfundsiebzigsten Geburtstag hat feiern können und wenige Monate vorher den fünfzigsten Jahrestag seiner Promotion an der Humboldt-Universität zu Berlin."[89]

Das musste Illusion bleiben. Gerhard Strauß drängte wohl auch deshalb 1957 darauf, von der Deutschen Bauakademie an die Humboldt-Universität zu wechseln, um dem Zerfallsprozess der historisierenden Städtebauauffassung zu entgehen. Er übernahm, zunächst als Extraordinarius eingesetzt, die Leitung des Kunstgeschichtlichen Instituts. Unmittelbar nach seiner Amtsübernahme teilte er Brinckmann sein neues Arbeitsfeld mit und lud ihn zu Gastvorlesungen ein.[90] Brinckmann lehnte zwar nicht ab, entschied sich aber, vermutlich vor allem aus gesundheitlichen Gründen, für eine unverbindliche Absichtserklärung:

„Ihre Berufung ist für mich eine Überraschung – aber ich weiss aus eigener Erfahrung, dass nicht die messbare Wissensfülle aus zweiter Hand (Kauffmann), sondern die Potenz zum eigenen Erwerb dieses Wissens im Kontakt zum Kunstwerk und Leben entscheidet. Ihre Formulierung ‚Kunstwissenschaft in der Wirklichkeit unseres Lebens wirksam zu machen' ist seit ‚PLATZ UND MONUMENT' bis zur ‚BAUKUNST' mein Wille gewesen. So stelle ich es mir sehr schön vor, mit Ihnen einmal einige Vorlesungen zu halten."[91]

Der Tod Brinckmanns am 10. August 1958 markierte gewissermaßen auch das Ende der städtebauhistorischen Forschungen an der Deutschen Bauakademie und der Humboldt-Universität. Zwar wurden während der 1960er Jahre von Georg Münter noch Vorlesungen zur Geschichte der Idealstadt und von Kurt Junghanns zur mittelalterlichen deutschen Stadt angeboten, aber es kann nicht übersehen werden, dass das Forschungsgebiet der historischen Stadtbaukunst insgesamt an gesellschaftlicher und akademischer Relevanz verloren hatte. Es sollten Jahrzehnte vergehen, bis am Kunstgeschichtlichen Institut der Humboldt-Universität diese Traditionslinie wieder aufgenommen werden konnte.

Abkürzungen

BA B = Bundesarchiv Berlin

HUB UA = Humboldt-Universität zu Berlin, Universitätsarchiv

UK Nachlass Brinckmann = Universität Köln, Kunstgeschichtliches Seminar, Abteilung Architektur, Nachlass Albert Erich Brinckmann

Anmerkungen

1 Zum Goldenen Doktorjubiläum siehe den Briefwechsel zwischen Brinckmann und der Fakultät in HUB UA, Philosophische Fakultät, Amtsjubiläum Goldenes Doktorjubiläum, 1945–1968, 24, Mappe 25.

2 Strauß an Otto Englberger [Rektor der Hochschule für Architektur und Bauwesen in Weimar] vom 13. 6. 1956.

3 Strauß an Wilhelm Girnus [Staatssekretär für Hochschulwesen der DDR] am 28. 2. 1958, in: BA B, DH2/21206, Bl. A 140.

4 Brinckmann an den Reichserziehungsminister am 26. 7. 1935, in: HUB UA, Acta der Friedrich-Wilhelms-Universität zu Berlin betreffend: Professoren, Philosophische Fakultät. Littr. P. No. 3. Vol. 27. Brinckmann übertrieb bewusst; tatsächlich war er erst im März 1933 Mitglied der NSDAP geworden.

5 UK Nachlass Brinckmann, ohne Blattzählung. Zum Verhalten Brinckmanns in den Jahren zwischen 1933–45 vgl. Sabine Arend, *Albert Erich Brinckmann. Kunsthistoriker im Nationalsozialismus*, Magisterschrift, Humboldt-Universität, Berlin 2001.

6 Albert Erich Brinckmann, *Platz und Monument. Untersuchungen zur Geschichte und* Ästhetik der Stadtbaukunst in neuerer Zeit, Nachdruck der ersten Auflage Berlin 1908, Berlin 2000.

7 Frankfurter Allgemeine Zeitung, 4. 9. 1956, S. 6.

8 *„Er ist der eigentliche Begründer und Nestor der Disziplin: Geschichte der Stadtbaukunst."*, in: BA B, DH2/21206, Bl. A499.

9 Gerhard Strauß (1908–1984): Studium der Kunstgeschichte und Archäologie am Ende der 1920er/Beginn der 30er Jahre in Wien, Köln und zuletzt in Königsberg. Dort wurde S. von Wilhelm Worringer 1935 mit einer Arbeit zur Geschichte der mittelalterlichen Kunst im Ordensland Preußen promoviert. Nach 1945 war S. in der SBZ/DDR in verschiedenen Funktionen in der Deutschen Zentralverwaltung tätig.

10 Dr. Strauss, Deutsche Bauakademie, Brieftelegramm vom 14. 6. 1956, in: BA B, DH2/21206, Bl. A510.

11 *„An sich musste ich feststellen, dass ganz allgemein hier im Westen das Interesse für städtebauliche Literatur nachgelassen hat."* Wasmuth an Brinckmann am 15. 4. 1953, in: UK Nachlass Brinckmann, ohne Blattzählung.

12 Karl-Heinz Clasen (1893–1979): 1921 Promotion in Kiel, 1923 Habilitation in Königsberg über den Hochmeisterpalast in Marienburg. Ordinarius in Königsberg (1930–40), Aufbau eines Kunstgeschichtlichen Lehrstuhls an der ‚Reichsuniversität Posen', 1941 Professur in Rostock, ab 1949 Lehrstuhlinhaber in Greifswald.

13 Strauß an den Präsidenten der Bauakademie Kurt Liebknecht am 15. 9. 1954: *„Zusammenarbeit mit Westdeutschland"*. Neben Brinckmann standen Heinrich Gerhard Franz (Universität Mainz), Theodor Kraus (TH München), Walter Paatz (Universität Heidelberg) und der Münchner Konservator Gebhard auf der Einladungsliste, in: BA B, DH2/21206, Bl. A 599.

14 Paul Wolf (1879–1957): Studium an der TH Stuttgart [bei Theodor Fischer und Paul Bonatz], Stadtbaurat von Dresden zwischen 1922 und 1945, dort u. a. Neuplanung der Innenstadt und Entwurf des ‚Gauforums'. Ab 1950 bis zu seiner Berentung 1952 war W. Mitarbeiter im ‚Ministerium für Aufbau' der DDR. 1919 hatte er das Buch *„Städtebau. Das Formenproblem der Stadt in Vergangenheit und Zukunft"* veröffentlicht, das wohl eine stadtplanerische Antwort auf Brinckmanns *„Stadtbaukunst"* darstellte.

15 Kurt Junghanns (1908–2006): Prof. an der Bauakademie, Mitherausgeber des *„Lexikon der Kunst"*, *„Die deutsche Stadt im Frühfeudalismus"* (1959), *„Der Deutsche Werkbund"* (1982) u. a.

16 1. Auflage 1911, 2. Auflage 1921.

17 Paul Wolf an Brinckmann am 15. 3. 1953, in: UK Nachlass Brinckmann, ohne Blattzählung.

18 Brinckmann notierte auf dem Schreiben von Wolf: *„18. 2. prinzipiell ja, Ansprüche nicht hoch, notwendig gute Form"*.

19 Wasmuth an Brinckmann am 15. 4. 1953, in: UK Nachlass Brinckmann, ohne Blattzählung.

20 Albert E. Brinckmann, *Baumstilisierungen in der mittelalterlichen Malerei*, Straßburg 1906.

21 Es wäre für ihn, *„der in seinen jungen Jahren zu Ihren Hörern gezählt hat"*, eine Freude, auf Resonanz zu stoßen. Strauß an Brinckmann am 30. 12. 1957, in: UK Nachlass Brinckmann, ohne Blattzählung.

22 So wandte sich auch Fritz Rauda, der den Lehrstuhl für Wohnungsbau und Entwerfen an der TH Dresden innehatte, mit Briefen vom 19. 11. 1956 und 27. 9. 1957 an Brinckmann, in: UK Nachlass Brinckmann, ohne Blattzählung.

23 Albert E. Brinckmann, *Ploščad' i monument kak problema chudožestvennoj formy. Perevod tret'ego nemeckogo izdanija so vstupitel'noj statej i kommentarijami Ignatija Chvojnika*, Izdatel'stvo Vsesojuznoj Akademii architektury, Moskau 1935.

24 Hans Kauffmann (1896–1983): 1919 Promotion in Kiel, 1922 Habilitation bei Goldschmidt an der Friedrich-Wilhelms-Universität in Berlin. 1936–56 war K. Professor in Köln, ab 1957 an der FU Berlin.

25 Brinckmann an Strauß am 19. 2. 1958, in: BA B, DH2/21206, Bl. 111.

26 Strauß an das Staatssekretariat für Hoch- und Fachschulen der DDR am 28.2.1958, in: BA B, DH2/21206, Bl. A140.

27 Strauß an Brinckmann am 28. 11. 1956, in: BA B, DH2/21206, Bl. A 1054.

28 Brinckmann an Strauß am 2. 12. 1956, in: BA B, DH2/21206, Bl. E 1147.

29 Brinckmann an Strauß am 3. 4. 1957, in: BA B, DH2/21206, Bl. 294.

30 Georg Münter (1900–1965): Promotion 1928 an der TH Danzig (*„Die Geschichte der Idealstadt von 1400 bis 1700"*). 1947–1954 Leiter der städtischen Bauverwaltung Lübecks, danach Mitarbeiter an der Deutschen Bauakademie Ostberlin, ab1957 Professor für Architekturtheorie und Baugeschichte an der TH Dresden.

31 Georg Münter an Brinckmann am 12. 12. 1958, in: UK Nachlass Brinckmann, ohne Blattzählung. Das Thema Le Corbusier und der Kirchenbau in Ronchamp schien so gewichtig gewesen zu sein, dass ein Heft in der geplanten Schriftenreihe ‚Studien zur Architektur- und Kunstwissenschaft' vorgesehen worden war.

32 Im maschinenschriftlichen Original steht *„bürgerformme"*. Vermutlich liegt eine Buchstabenverdrehung vor. Das könnte, bei Brinckmanns Neigung zu ausdrucksstarken Wortverbindungen, *„bürgerfromme Baukunst"* bedeuten.

33 Wie Anm. 24.

34 Brinckmann an Strauß am 7. 1. 1958, in: BA B ,DH2/21206, Bl. 621.

35 Brinckmann an Strauß am 25. 12. 1957, in: BA B, DH2/21206, unpag.

36 Brinckmann an Strauß am 6. 4. 1957, in: BA B, DH2/21206, Bl. 294.

37 Strauß an Brinckmann am 23. 8. 1957, in: BA B, DH2/21206, unpag.

38 Im Original *„tötliche"*.

39 Brinckmann an Strauß am 31. 8. 1957, in: BA B, DH2/21206, unpag.

40 Brinckmann an Strauß am 19. 2. 1958, in: BA B, DH2/21206, unpag.

41 Strauß an Brinckmann am 15. 8. 1957, in: BA B, DH2/21206, Bl. A551.

42 Brinckmann, *Platz und Monument* (wie Anm. 6), Vorwort.

43 Heinrich Wölfflin, *Prolegomena zu einer Psychologie der Architektur*, Dissertation, München 1886.

44 Zitiert nach *Heinrich Wölfflin 1864–1945. Autobiographie, Tagebücher und Briefe*, hg. v. Joseph Gantner, Basel und Stuttgart 1984, S. 205.

45 Camillo Sitte, *Der Städtebau. Nach seinen künstlerischen Grundsätzen*, Wien 1889.

46 Gerhard Strauß, *Heinrich Wölfflin. Über seine Bedingtheit und seine Bedeutung*, in: *Forschen und Wirken. Festschrift zur 150-Jahr-Feier der Humboldt-Universität zu Berlin 1810–1960*. Bd. 1. Berlin 1960, S. 417–451, hier S. 419.

47 Nikolaus Meier, *Heinrich Wölfflin in München. Kunstwissenschaft und Wissenschaftstopographie*, in: *200 Jahre Kunstgeschichte in München. Positionen. Perspektiven. Polemik 1780–1980*, hg. v. Christian Drude und Hubertus Kohle, München und Berlin 2003, S. 96.

48 Zitiert nach Gantner, *Wölfflin* (wie Anm. 44), S. 218.

49 Brinckmann, *Platz und Monument* (wie Anm. 6).

50 Die Promotionsprüfung [Rigorosum], bei der Brinckmann in Kunstgeschichte, Archäologie, Philosophie und Italienisch geprüft worden war, fand am 14. 12. 1905 statt. Wölfflin hatte den Vorsitz der Prüfungskommission, Kekulé [v. Stradonitz] prüfte in Archäologie und befand: *„Der Cand. war nicht überall gleichmäßig unterrichtet."* Ergebnis: cum laude. In: HUB UA, Philosophische Fakultät, 412, Promotionen 19. Mai 1906–16. Juni 1906, Indexnr. 205, Blatt 395.

51 Brinckmann, *Platz und Monument* (wie Anm. 6), S. 88.

52 Das Städtebauliche Seminar der TH Charlottenburg editierte ab 1908 die Vorträge, die im Seminar gehalten wurden, in einer eigenen Zeitschriftenreihe: *„Städtebauliche Vorträge"*. Im ersten Heft referierte Joseph Brix über *„Aufgaben und Ziele des Städtebaus"* und Felix Genzmer über *„Kunst im Städtebau"*.

53 Walter Curt Behrendt (1884–1945): Studium an den TH in Charlottenburg, München und Dresden. Danach verschiedene Tätigkeiten im Staatsbauwesen. B. war 1926 Mitbegründer der Architektenvereinigung *„Der Ring"* (zusammen mit Walter Gropius, Mies van der Rohe, Bruno und Max Taut, Ludwig Hilberseimer, Otto Haesler, Ernst May u. a.). 1934 emigrierte B. in die USA, 1937 bis 1941 war B. Prof. für Städte- und Wohnungsbau an der Universität Buffalo.

54 Walter C. Behrendt, *Die einheitliche Blockfront als Raumelement im Stadtbau. Ein Beitrag zur Stadtbaukunst der Gegenwart*, Berlin 1911.

55 *[...] im* übrigen *sind die verschiedenen, an den einzelnen Stellen näher bezeichneten Untersuchungen von A. E. Brinckmann zur Geschichte und Ästhetik eingehend benutzt worden."* Behrendt, *Blockfront* (wie Anm. 54), S. 9.

56 Behrendt, *Blockfront* (wie Anm. 54), S. 13.

57 Albert E. Brinckmann, *Die Stadt als baulicher Organismus*, Vortrag vom 19. 1. 1913, gehalten in Hamburg, in: *Baurundschau*, 23. 1. 1913.

58 Ebenda.

59 Ebenda.

60 Paul Schultze-Naumburg, *Kulturarbeiten*, Bd. 4: *Staedtebau*, München 1909.

61 Alfred Lichtwark, *Palastfenster und Flügeltür*, Berlin 1899.

62 Karl Henrici, *Der Individualismus im Städtebau*, Aachen 1904, in: *Künstlerischer Städtebau um die Jahrhundertwende*, hg. v. Gerhard Curdes und Renate Oehmichen, Aachen 1981.

63 Bernhard Kampffmeyer, *Von der Kleinstadt zur Gartenstadt*, Berlin 1908. Ders., *Von der mittelalterlichen Kleinstadt zur modernen Großstadt*, München 1914.

64 Die zweite Auflage der *„Stadtbaukunst vom Mittelalter bis zur Neuzeit"*, erschienen 1925, wurde als *„Neuntes bis dreizehntes Tausend"* ausgeliefert.

65 Vgl. Erich Leyser, *Ein neuer „Brinckmann". Stadtbaukunst in der Vergangenheit*, Rezension in: *Die Bauwelt* 124 (1911), S. 35f.

66 Albert E. Brinckmann, *Deutsche Stadtbaukunst in der Vergangenheit*, 2. Auflage. Frankfurt am Main 1921, S. 90.

67 Z. B. Andreas Schätzke, *Zwischen Bauhaus und Stalinallee. Architekturdiskussion im östlichen Deutschland 1945– 1955*, Braunschweig und Wiesbaden 1991, S. 42–45; Thomas Hoscislawski, *Bauen zwischen Macht und Ohnmacht. Architektur und Städtebau in der DDR*, Berlin 1991, S. 65–70; Joachim Palutzki, *Architektur in der DDR*, Berlin 2000, S. 46–48; u. v. a.

68 Brinckmann, *Ploščad' i monument kak problema* (wie Anm. 23). Das Buch Brinckmanns erschien 1935 in Moskau in einer Auflage von 5 000 Exemplaren.

69 Ignatij Chvoinik, *Städtebau als künstlerisches Problem bei A. E. Brinckmann*, Vorwort zur russischen Ausgabe von *„Platz und Monument ...",* in: Harald Bodenschatz und Thomas Flierl, *Von Adenauer zu Stalin. Der Einfluss des traditionellen deutschen Städtebaus in der Sowjetunion um 1935*, Berlin 2016, S. 159.

70 Als ‚Redaktionskollegium' der Kollektivarbeit wurde benannt: E. Collein, W. Draheim, H. Hopp, G. Juhre, K. W. Leucht, K. Liebknecht, R. Paulick, G. Strauß, H. Weinberger.

71 *Handbuch für Architekten*, hg. v. der Deutschen Bauakadamie, 2. Auflage, Berlin 1954, S. 232.

72 Heinrich Wölfflin, *Die klassische Kunst*, München 1904, S. 181f. Zitiert nach Strauß, *Wölfflin* (wie Anm. 46), S. 431.

73 *Die sechzehn Grundsätze des Städtebaus*, in: Lothar Bolz, *Von deutschem Bauen*, Berlin 1951, S. 32–52.

74 Lothar Bolz (1903–1986): B. war ab 1949 Minister für Aufbau der DDR. Studium der Rechtswissenschaft, Kunst- und Lite-

raturwissenschaft während der 20er Jahre in München, Kiel und Breslau.

75 Im Gegensatz zur bisherigen Bewertung sah Simone Hain die „sechzehn Grundsätze" nicht als *„Anticharta von Athen"*, sie hätten vielmehr *„ganz auf der Höhe der zeitgenössischen Konzeptionsbildung"* gestanden. Simone Hain, *Berlin Ost: „Im Westen wird man sich wundern"*, in: *Neue Städte aus Ruinen. Deutscher Städtebau der Nachkriegszeit*, hg. v. Klaus von Beyme u. a., München 1992, S. 38.

76 Bolz, *Grundsätze* (wie Anm. 73), S. 33.

77 Wölfflin las im WS 1922/23 *„Die deutsche Stadt"*. Vgl. Vorlesungsverzeichnis der Ludwig-Maximilians-Universität, http://epub.ub.uni-muenchen.de/796/. – Lothar Bolz hatte sich am 15.4.1921 an der Münchner Universität eingeschrieben. Freundliche Auskunft des Archivs der LMU.

78 Karl Gruber, *Eine deutsche Stadt. Bilder zur Entwicklungsgeschichte der Stadtbaukunst*, München 1914. Dem Buch liegt Grubers Karlsruher Dissertation zugrunde. Seit 1912 lehrte Brinckmann an der TH Karlsruhe. Es kann daher angenommen werden, dass, trotz einiger Spannungen, Gruber auch Brinckmanns Vorlesungen besucht hat.

79 Bolz, *Grundsätze* (wie Anm. 73), S. 39.

80 Vgl. Werner Sombart, *Der Begriff der Stadt und das Wesen der Stadtbildung*, in: *Archiv für Sozialwissenschaften und Sozialpolitik 27*, Tübingen 1907. Werner Sombart (1863–1941), Staatswissenschaftler, Soziologe und Wirtschaftshistoriker. S. war ab 1906 Prof. an der Berliner Handelshochschule, ab 1918 an der Friedrich-Wilhelms-Universität. S. wurde 1931 emeritiert, lehrte aber bis 1938. Wie Brinckmann, mit dem er vermutlich während seiner Berliner Zeit in engerem Austausch stand, hatte sich S., der in jüngeren Jahren zunächst ‚linke' Positionen vertrat, auf die NS-Ideologie eingelassen.

81 Bolz, *Grundsätze* (wie Anm. 73), S. 45.

82 Vgl. Sara Tazbir, *Die Rezeption des künstlerischen Städtebaus um 1900 im Städtebau der DDR in den frühen 50er Jahren. Am Beispiel der Stadt Dessau*, Magisterschrift, Humboldt-Universität, Berlin 2009.

83 Vgl. Brinckmann, *Stadt* (wie Anm. 57).

84 Behrendt, *Blockfront* (wie Anm. 54), S. 82.

85 Brinckmann, *Stadt* (wie Anm. 57).

86 Vgl. Christine Hannemann, *Die Platte. Industrialisierter Wohnungsbau in der DDR*, Berlin 2005, S. 61.

87 Gerhard Strauß, Über den Aufbau historischer Städte in Deutschland seit 1945 und einige damit verbundene historische und gestalterische Probleme, in: *Städtebau. Geschichte und Gegenwart. Materialien der Konferenz Erfurt*, 16.–19. Oktober 1956, Textband, hektographiert, hg. v. Gerhard Strauß, Berlin 1956, S. 196–221, hier S. 205f. Bezeichnenderweise wurde der Protokollband der Konferenz nicht gedruckt, sondern nur in wenigen Exemplaren ‚hektographiert', wohl um den ausländischen Teilnehmern wenigstens einen Beleg übersenden zu können.

88 Brinckmann, *Stadtbaukunst* (wie Anm. 66), S. 4.

89 Strauß, *Aufbau historischer Städte* (wie Anm. 87), S. 196.

90 Strauß an Brinckmann am 23.4.1958, in: UK Nachlass Brinckmann, ohne Blattzählung.

91 Brinckmann an Strauß am 5.5.1958, in: UK Nachlass Brinckmann, ohne Blattzählung. Womöglich hatte die hinhaltende Antwort Brinckmanns nicht nur gesundheitliche. sondern auch politische Gründe.

Die ‚Schule der Aufklärung' des Ministeriums der Staatssicherheit in Gosen.

Ein Beitrag zu einer Ikonographie der ‚Geheimnisträger'

Geheimnisvolle Orte, sollen sie dauerhaft unentdeckt bleiben, bedürfen der vollständigen Abschirmung nach außen, der umfassenden Kontrolle sowohl des Zu- als auch des Ausgangs, genauso aber Überwachung aller Bewegungen im Inneren. Hubert Faensen[1] hat die Eigenschaften eines solches geheimen Ortes beschrieben, als er die ‚Hakeburg' in Kleinmachnow bei Berlin untersuchte. Ein vom Burgenarchitekten Bodo Ebhardt[2] um 1900 errichtetes ‚Bürgerschloss' wurde zu einem solchen ‚Geheimnisträger', als es vom NS-Postminister zur privaten Residenz umgebaut wurde, als 1938 von der Reichspost auf dessen benachbarten Gelände eine geheime Forschungsanstalt errichtet worden war und schließlich, zwar nur eingeschränkt geheimnisvoll, als die SED in dem Gebäudekomplex 1948 ihre Parteihochschule einquartierte. Faensen fand bei der Rekonstruktion der Bau- und Nutzungsgeschichte der ‚Hakeburg' einige Eigenschaften, die zu einer Ikonographie der „geheimen" und verborgenen Orte, der ‚Geheimnisträger' verdichtet werden könnten. Er resümierte seine Untersuchungen: *„Die Einordnung der Neubauten in die Parklandschaft des Seebergs war vor allem aus Gründen der Geheimhaltung und der Deckung gegen Fliegersicht geboten. Anpassung an die Natur bedeutet hier Verborgenheit."*[3]

Die sogenannte „Schule der Aufklärung", eine Ausbildungsstätte der HVA, d.h. der Hauptabteilung Aufklärung im Ministerium der Staatssicherheit, war an sich schon ein solch ‚geheimer' Ort. Bereits die Standortwahl und sicherlich die gesamte Bauplanung, schon gar das ausgeklügelte Sicherungs- und Überwachungssystem zeigen an, dass die Anlage nur einem kleinen Kreis von Personen zugänglich sein sollte, ansonsten aber vor jedermann zu verbergen hatte, was sich dort befand. Das Gelände liegt einige Kilometer südöstlich von Berlin, inmitten eines idyllischen, hügligen Wald- und Seengebiets. Nach den vorliegenden Informationen wurden die Planungen vermutlich im Jahre 1982 begonnen. Fertigstellung und Nutzung erfolgten phasenweise, letzte Arbeiten sollen gar erst im Winter 1989/90 beendet worden sein, rechtzeitig also vor Auflösung des gesamten Geheimdienstes und der Übergabe der Anlage durch die Regierung de Maiziere an die Humboldt-Universität, um in dem Gebäudekomplex ein Forschungszentrum zu errichten. Die ‚Schule der Aufklärung' war ein autarkes System, darin dem „Geheimnisträger Hakeburg", der geheimen Forschungsstelle der Reichspost unmittelbar verwandt. Mit sicherlich hohem Kostenaufwand waren für die Siedlung und ihre Nebengebäude eigene Anlagen für Energiegewinnung und Heizung errichtet worden; die Wasserversorgung erfolgte durch netzunabhängige Tiefbrunnen und sogar die Entsorgung von Schmutzwasser und Müll wurde auf dem Gelände erledigt. Nichts, aber auch gar nichts, weil noch die letzten Absonderungen eines ‚Geheimnisträgers' auch ‚geheim' bleiben mussten, sollte nach draußen dringen. Nur für jenen letzten Zweck, die ökologisch perfekte Entsorgung des Abfalls, wurden aus dem ‚nichtsozialistischem Wirtschaftsgebiet' Geräte und Anlagen importiert, die Gebäude hingegen und deren technische Einrichtungen, auch Möbel, Lampen usw. waren von DDR-Betrieben hergestellt worden. Über die Nachrichtentechnik ist wenig bekannt.

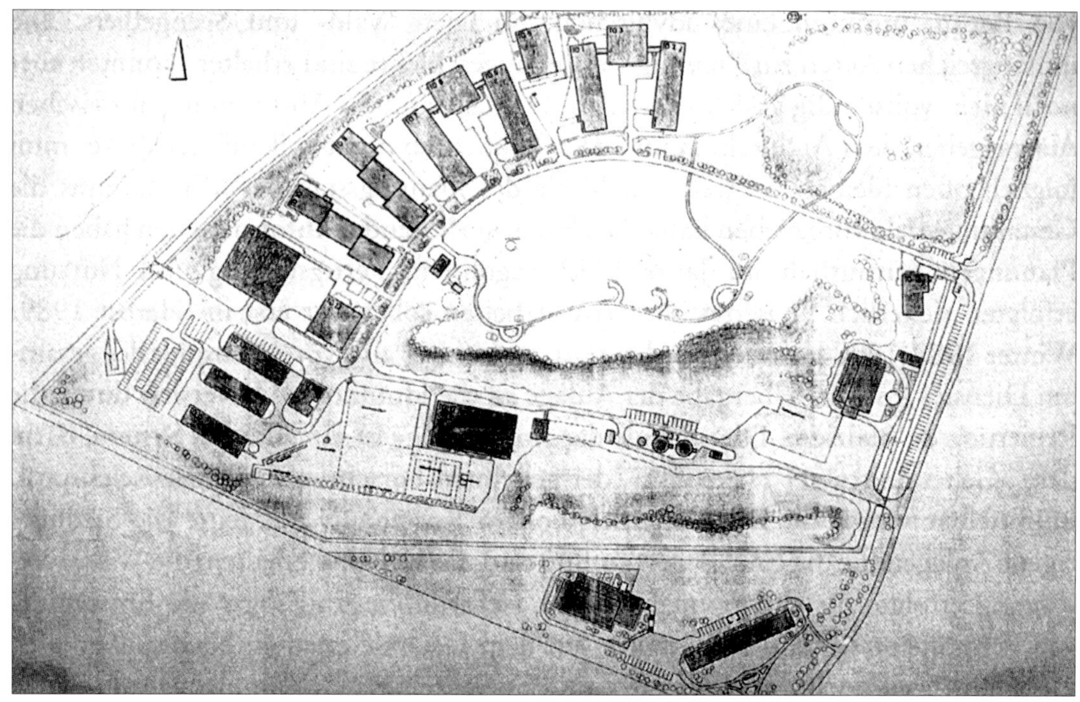

Abb. 1: Lageplan

Das gesamte Gebiet der Aufklärungs-Schule war etwa viermal so groß, wie der Lageplan aufzeigt; es war durch innere Zaunsysteme, die gesondert bewacht wurden, in drei verschiedene Sicherheitszonen unterteilt, die jeweils nur mit besonderen Vermerken in den Dienstausweisen betreten werden durften (Abb. 1). Der Grund für jene Staffelung des Sicherheitssystems ist nicht mehr verständlich. Außerhalb der Zone 1, die den gesamten Komplex der Ausbildungs- und Wohnbereiche umfasste, befanden sich, sieht man von einem riesigen unterirdischen Bunker ab, keine erkennbaren Einrichtungen, deren Zugang aus besonderen Sicherheitsgründen hätte reglementiert werden müssen. Den Schul- und Wohngebäuden schlossen sich in der Zone 2 nur verschiedene Sportstätten für Volleyball, Fußball u. a., auch Kleingärten mit Bungalows (‚Datschen' genannt) an, die offensichtlich der privaten Nutzung der dort dauerhaft wohnenden Offiziere dienten. Im Abstand von ca. einem Kilometer von den Schulgebäuden, in der Sicherheitszone 3, dem ‚geheimsten' Ort der insgesamt ‚geheimen' Anlage, befand sich die ausgedehnte Bunkeranlage, und in deren unmittelbarer Nachbarschaft, auf der höchsten Erhebung im Gelände, stand eine Art Freizeitanlage, die vermutlich den Generälen und höheren Offizieren vorbehalten war und über deren Bedeutung noch unbedingt berichtet werden soll.

Die Spionageschule der HVA liegt hinter einer Böschung, uneinsehbar von der Straße aus – *„Anpassung an die Natur"*, wie dies Faensen formuliert hatte, *„bedeutete hier Verborgenheit."* Vermutlich spielte aber, wie bei der geheimen Forschungsanstalt in Kleinmachnow auch, die *„garantierte Freiheit von störenden Einflüssen aus Industriebetrieben bzw. größeren elektrischen Anlagen* […] *bei der Standortwahl eine Rolle"*.[4] Der Eingangsbereich ließ keinerlei Deutung zu; was hinter der Böschung verborgen lag, konnte nicht eingesehen werden (Abb. 2). Der Besucher betrat den einstmals streng gesicherten Bereich über einen Betonweg, der mit seinen genormten Peitschenlampen an die Tristesse der Grenzabsperranlagen der innerdeutschen Grenze erinnerte (Abb. 3). Erst bei Annäherung eröffnete sich allmählich der Blick auf einige Plattenbauten typischer DDR-Bauart, ohne dass der Besucher aus dem Charakter der Gebäude auf deren Funktion hätte schließen können. Baukörper in ‚Scheibenform', weil sie an eine geschwungene Linie gestellt worden waren, schlossen sich optisch zu einer Wand zusammen (Abb. 4). In der Tat zeigt der Grundriss, der wiederum der geheimen Forschungsanstalt der Reichspost in Kleinmachnow nicht unähnlich ist, eine Bogenlinie, an der freistehende Bauten angeordnet liegen. Dieses städtebauliche Komposition-Prinzip wurde in der Frühzeit der Architektur-Moderne von Reformern entwickelt, um die menschlichen Siedlungen harmonischer als die bis dahin üblichen orthogonalen Systeme in die Natur einzufügen, andererseits aber die optimale Besonnung aller Wohnungen zu ermöglichen, auch wohl, wie in einigen nach 1900 geplanten Gartenstädten, sowohl Bewohner als auch Besucher bewusst auf den Weg zu den Gemeinschaftseinrichtungen zu führen. Durch diese Krümmung erhielt der Stasi-Schule eine nach innen gerichtete Orientierung, damit, scheinbar, eine Zentrierung auf einen (imaginären) Mittelpunkt. Diese Gestaltung wurde durch die keilförmige Anordnung der Baukörper bewusst verstärkt. Doch jene Zentrierung auf eine imaginäre Mitte war nur ein optisches Instrument. Die Bogenlinie versprach zwar eine Steigerung, da sie aber letztlich nicht aufgenommen und eingelöst wurde, fehlt das ästhetische und funktionale Ereignis, mit dem das gesamte Ensemble zusammengefasst worden wäre. Es mangelt folglich an jenem charakteristischen Ort, von dem das Verständnis des Charakters der Anlage und ihrer Raumkonzeption hätte ausgehen können. Die Spannung, die von der Krümmung aufbaut wurde, verlief in der Leere, ohne dass der Versuch unternommen worden wäre, sie zu einem wirklichen Höhepunkt zu führen. Selbst beim langsamen Durchlaufen sendeten die einfältigen Bauten keinerlei Signale aus, die darauf vorbereitet hätten, dass hier im Grunde ein gefährlicher Lebensweg beschritten wurde. Erst ganz am Ende der Bogenlinie, durch die Reduktion der letzten beiden „Scheiben" von vier auf drei Geschosse erkennbar, zeichnen sich Unterschiede ab, die Bedeutung trugen. Hier befanden sich die besser ausgestatteten Wohnräume der Offiziere (Abb. 5). Die architektonische Gestaltung diente also allein zur Kennzeichnung der inneren Hierarchie. Auch der Blick vom Ende zurück an den Anfang der Krümmung – nicht im Zorn, vielmehr nur enttäuscht und allmählich auch gelangweilt – bringt keine neuen Eindrücke (Abb. 6). Ein gewisser monumentaler Zug bestätigt sich auch aus dieser Blickrichtung; da er aber allein ein optisches Resultat der gekrümmten Grundrissfigur ist, kann er von jener banalen Architektur nicht wirklich ausgefüllt werden. Überall, trotz der Schwingung der erschließenden Hauptstraße, herrscht der rechte Winkel vor, auch besonders bei der Gestaltung der Freiflächen. Die Bauqualität ist nach äußerem Anschein von üblicher DDR-Qualität: selbst die Fugen, wie überall beim industriell vorgefertigten Wohnungsbau im Land, zeigen die damals jedermann bekannten Brüche, durch die die Feuchtigkeit nach innen dringen und Wärme nach außen entweichen konnte.

Der ideologische Weiheort, der in einer solch konspirativen Anlage für die politische Infiltration, zur Stärkung der Gruppenbindung und zur Inszenierung der Hierarchie im ‚Fahnenappell' ganz und gar unerlässlich ist, wurde zunächst im Fokus der gekrümmten Linie, dann an deren Ende, als Höhepunkt und Abschluss der Anlage vermutet. Er befand sich jedoch, ohne dass die Architektursprache in irgendeiner Form darauf vorbereitet hätte, im zweiten jener trapezförmigen Höfe, die durch die gespreizte Stellung jener freistehenden ‚Scheiben' entstanden waren. Planende Überlegungen zu einer Optimierung des Schulbetriebs

Abb. 2; Eingangsbereich, Aufnahme 1991

Abb. 3: Sicherheitszone zwischen Eingang und Wohngebäuden, Aufnahme 1991

Abb. 4: Wohngebäude in Scheibenform, Aufnahme 1991

Abb. 5: Wohngebäude der Offiziere, Aufnahme 1991

Abb. 6: Blick zurück in Richtung Eingangsbereich, Aufnahme 1991

Abb. 7: Hörsaal- und Kinogebäude mit Stele (wo sich bis 1990 die Figurengruppe ‚Konspiration' befand), Aufnahme 1991

Abb. 8: Figurengruppe ‚Konspiration', jetzt im Figurenpark des Bergparks Gosen/Neuzittau, Aufnahme 2023

und der inneren räumlichen Abläufe im Gebiet können angenommen werden. Der Flachbau, der den Hof nach außen abschließt, war als großer Hör- und Kinosaal konzipiert worden; an dessen Eingang stand eine Betonstele, an der Konsolen angebracht waren, auf denen sich die Portraitbüsten berühmter ‚Aufklärer' – darunter Feliks Dzierżyński und Harro Schulze-Boysen – befunden haben sollen (Abb. 7). Alles war also wohlbegründet angeordnet worden: Die Studenten, die im Hörsaal über die Methoden von Nachrichtengewinnung und -übermittlung, ‚Desinformation', ‚Infiltration', ‚Zersetzung' u. a. unterrichtet worden waren, wurden während des anschließenden ‚Fahnenappells' auf die revolutionäre Sache eingeschworen, damit sie dann, mit einem letzten Blick auf die Köpfe der großen Vorbilder, denen es nachzueifern galt, den Lehrstoff in großen historischen Zusammenhängen einzufügen im Stande waren. Unweit dieser programmatischen Stele, auf einem niedrigen Betonsockel verankert, hatte sich (welch unfreiwillige Komik!) die Figurengruppe „Konspiration" befunden – sechs Männer rückten ihre Köpfe eng aneinander und einer von ihnen streckte die Faust hervor (Abb. 8 und 9).[5]

Die gesamte architektonische Konzeption zeigt sicherlich ein gewisses Maß an jener Introvertiertheit, die man bei konspirativen Einrichtungen vermuten kann. Die Tendenz zur monumentalen Gestaltung, die bei der Planung 1982 sicherlich beabsichtigt worden war, ließ sich nur von der inneren Hauptstraße her wahrnehmen.

Abb. 9: Figurengruppe ‚Konspiration', Detail

Von außen gesehen zerbrach jeglicher architektonische Zusammenhang. Die gespreizt stehenden „Wohnscheiben" und die flachen Funktionsgebäude in den Zwischenräumen ergaben keinen irgendwie gestalteten architektonischen Zusammenhang. Es entstand keine bildhafte Verdichtung, schon gar nicht mit symbolischer oder wenigstens zeichenhafter Tiefe. Die Bauten standen jeweils einsam auf der Erhöhung, ohne Kontext zur schönen Landschaft, die sie umgab. Der asphaltierte Fahrweg, der um die Anlage führte, die genormten Peitschenlampen und der Metallzaun, der an Betonpfosten befestigt worden war, idyllisieren jene tödliche Traurigkeit der innerdeutschen Sperranlagen, die bereits im Eingangsbereich zu finden war. Überall dort, wo die Landschaft nicht in den Dienst der Tarnung gestellt werden konnte, wurde sie ignoriert. Und so symbolisiert die ‚Schule der Aufklärung' letztlich nichts anderes als eine ästhetische Ignoranz und eine unendliche Langeweile.

Die Mittel, durch Architektur die Stellung der Mächtigen in der Gesellschaft auszuweisen und den Charakter der Macht selbst auszudrücken, sind hinlänglich bekannt. Die Diktaturen des 20. Jahrhunderts hatten einen nahezu verbindlichen Formenapparat hervorgebracht, in dem sie Elemente der europäische Architekturgeschichte von der Antike bis zum Barockzeitalter für ihre Ziele synthetisierten: die Wahl eines ‚Stils' (zumeist Renaissance oder Klassizismus), die Höhenstaffelung der Bauten, die besondere Lagerung in der Landschaft oder die ausgewählte Platzierung im städtischen Gefüge, die ästhetischen Eigenschaften des Baumaterials usw. und die Stützung der jeweiligen Botschaft durch Herrschaftssymbole oder sekundäre Zeichensysteme. Voraussetzung für den Wirkungszusammenhang blieb die Absicht, mittels Architektur überzeugen, einschüchtern, Dominanz ausstellen, Herrschaftsideen repräsentieren zu wollen. Faensen hatte bei seiner Untersuchung der ‚Hakeburg' die Machtrepräsentation während des Nationalsozialismus in verschiedene „Modi" gefasst, wobei von ihm die *„Aura des wissenschaftlichen Geheimnisträgers"* (der geheimen Forschungsanstalt) die symbolisierende Wirkung der *„archaisierenden Kopfbauten"* zugewiesen worden war.[6]

Wie drückte sich nun aber der politische Charakter in der Architektur des spät-stalinistischen Sozialismus aus, die nicht in den „Monumentalbereich der Staatsrepräsentation" gehört, weil sie von einem institutionalisierten Personenkreis in Auftrag gegeben worden war, der unbedingt und zu jeder Zeit, trotz der unmittelbaren Machtstellung, unsichtbar bleiben wollte? Wer redete in der Gosener Geheimdienst-Schule eigentlich mit wem, mit welchen sichtbaren architektonischen und räumlichen Attributen realisierte sich also die Hierarchie der Befehlsgewalt? Der Adressat aller Gestaltungen konnte keine irgendwie geartete Öffentlichkeit sein; es existierte keine gesellschaftliche Gruppierung, die durch Vorzeigen der Instrumente ästhetisch eingeschüchtert oder wenigstens beeinflusst werden musste. Wer überhaupt zu dem Gelände Zutritt erhielt, gehörte zum inneren Kreis, hatte sich also bereits restlos gebunden. Der gefährliche Lebensweg jeder Person, die dort Zugang hatte, gründete sich auf Anonymität, präziser Kontrolle der Nachrichtenwege, letztlich auf dem Schweigen. Bedurfte dies noch einer architektonischen Inszenierung, die jedem Einzelnen beständig die Bindung an seine Gruppe oder die Behörde in rhetorischer Form vorhielt? Aber wo lag, das ist die Frage, dann der Treffpunkt des Personenkreises, der die geheimen Informationskanäle dirigierte und über das Herrschaftswissen verfügte, Nachrichten und Informationen jederzeit und über jedermann erhalten und benutzen zu können? Und was taten jene Führungs-Personen, wenn sie unter sich bleiben wollten, wenn sie, abgeschirmt durch ein kompliziertes Sicherungs- und Bewachungssystem schalten und walten konnte, wie sie wollten? Zeigten sich an diesem ‚geheimsten' Ort in einer ‚geheimen' Anlage wenigstens Ansätze zu jenem martialischen ästhetischen Hochmut, der z. B. die NS-Ordensburgen auszeichnete?

Die Architektur der „Schule der Aufklärung" wäre sicherlich für eine Ikonographie der ‚Geheimnisträger' kaum erwähnenswert, denn ihre Wohn- und Lehrgebäude sind, abgesehen von einigen Besonderheiten, von alltäglicher DDR-Kultur. Aber an einem anderen Ort in dem ausgedehnten Gelände, in der Sicherheitszone 3 gelegen, erschließt sich ein Sinnzusammenhang, der eine Hypothese über den Charakter der Macht und, wenigstens, der Führungskräfte im Sicherheitsbereich ermöglicht. Mindestens einen Kilometer entfernt vom Wohn- und Ausbildungsbereich gelegen, unweit der ausgedehnten Bunkeranlage im Tal, die für einige Wochen das Leben des Führungspersonals in einem Atomkrieg sichern sollte, stand ein Aussichtsturm, von dem aus ein weiter Blick auf die reizvolle Wald- und Seenlandschaft möglich war (Abb. 12). Jener Turm ließ, wie schon die Peitschenlaternen, die asphaltierten schmalen Fahrwege, die Metallzäune und die Betonpfosten auch, an die Ästhetik der innerdeutschen Mauer erinnern: Auf die schöne Aussicht auf See, Wald und Hügel wurde, so könnte man deuten, misstrauisch mit einem (veredelten) Wachturm geantwortet. Insoweit kann die ästhetische Attitüde (Abb. 11) nicht mehr überraschen. Doch unweit des Turmes lag, auf zwei Betonschalen hingestreckt, der ‚geheimste' Ort der insgesamt ‚geheimen' Anlage, die eigentliche Mitte, die im Fokus der inneren, gekrümmten Erschließungsstraße gesucht, aber nicht gefunden werden

Abb. 10: Hörsaalgebäude, Blick von außen, Aufnahme 1991

Abb. 11: Umzäunung des Schulgeländes, Lampen und Fahrweg, Aufnahme 1991

konnte: Es war ein überdimensionales Fass aus kernigem Kiefernholz, das mit falschen Schindeln aus Dachpappe gedeckt wurde (Abb. 13).

Auf den ersten Blick fiel die gekünstelte Atmosphäre von sogenannten Abenteuerspielplätzen auf, die dazu verleiten könnte, jene Personen, die dieses seltsame Gerät in Auftrag gaben und in ihrer Freizeit benutzen, als kindlich, wegen ihres fortgeschrittenen Alters womöglich auch als kindisch einzuschätzen. Aber der mentale Zustand des Personals jener Schule kann hier nun wirklich nicht geklärt werden, es muss hinreichen, die offenkundigen sozialisationsbedingten Defizite der Männer festzuhalten – wer schon versammelt sich freiwillig innerhalb eines überdimensionierten Bierfasses, um Bier zu trinken. Sodann symbolisierte das Fass natürlich den Alkohol, bzw. dessen Bedeutung, die ihm traditionell in aggressiven Männerbünden zukommt. In der Tat, so wurde berichtet, diente das Fass den Feiern im engsten Führungskreis, bei deren Gelegenheit Bier in Strömen (und vermutlich Wodka) geflossen sein sollen. Die Betonunterlage beherbergte die Bierfässer, die von oben angezapft werden konnten.

Damit wäre wohl die Ausdeutung jenes Gerätes als Architekturzeichen erschöpft, handelte es sich nicht um den Spielplatz von Männern (und einigen wenigen zugelassenen Frauen), die im inneren Kreis der Macht gestanden hatten und in deren Dateien und Aktenordnern die Informationen über die gesellschaftlichen Entwicklungen abgelegt und jederzeit abrufbar waren. Sah man also in der ‚Schule der Aufklärung', womöglich auch instinktiv, die Bewegungen voraus, die zum kläglichen Sturz des gesamten politischen Systems führten? Fand hier, auf dem höchsten Punkt eines geheimen Geländes, mithin eine unbewusste Projektion statt? Die Bullaugen im Fass verwiesen zeichenhaft auf die Hochseetüchtigkeit des Geräts; symbolisierte das riesige Fass mithin eine besondere Art der Arche Noah, um durch deren Bau die Rettung einer spezifischen Gattung (und des angesammelten Geheimdienstwissens) vor der großen Flut vorzubereiten? Wäre somit das Fass die (codierte) Nachricht vom herannahenden Ende der (realsozialistischen) Welt, gleichzeitig aber auch die Botschaft vom Überlebenswillen der zum ‚allergeheimsten' Ort Zugelassenen? Symbolisierte daher der nahegelegene Aussichtsturm (der in der Form eines Wachturms errichtet worden war) die revolutionäre Wachsamkeit auch im innersten Führungskreis? Eine Zugbrücke, die

Abb. 12: Aussichtsturm, Aufnahme 1991

Abb. 13: Das Fass als Ort interner Feiern, Aufnahme 1991

nur im Inneren betätigt werden konnte, war der einzige Zugang zum Fass, also innerhalb eines umfassenden Sicherheitssystems mit drei Zonen die letzte Schranke; war sie damit das eindeutige Zeichen, dass sich diese Herren längst darauf vorbereitet hatten, alle Brücken abzubrechen, um im auserwählten Kreis auf den Fluten zu schwimmen, bis der Berg Ararat Rettung versprach? Der revolutionäre Auftrag, der auf die Errichtung einer neuen, freien Gesellschaft zielte, gebot den beteiligten politischen Akteuren unmissverständlich, *„alle Verhältnisse umzuwerfen, in denen der Mensch ein erniedrigtes, ein geknechtetes, ein verlassenes, ein verächtliches Wesen ist"*.[7] Das war in der Spionageschule, im Bunker und in dem überdimensionierten Bierfass längst vergessen, vermutlich niemals verstanden worden. Gerettet werden sollte die Bier-Gemütlichkeit der Nachrichtenpolizei einer Diktatur vor den Anstrengungen eines umfassenden demokratischen Diskurses. Oder kürzer formuliert: Erbauer und Nutzer des Fasses waren erbärmliche Spießer. Aber auch das gehört zu einer Ikonographie der ‚Geheimnisträger'.

Anmerkungen

1 Hubert Faensen (1928–2019), Kunsthistoriker für byzantinische und altrussische Baukunst an der Humboldt-Universität Berlin.

2 Bodo Ebhardt (1865–1945). Vgl. Andreas Bekiers, *Bodo Ebhardt: Architekt, Burgenforscher, Restaurator. Leben und Frühwerk*, Berlin 1999.

3 Hubert Faensen, *Geheimnisträger Hakeburg. Beispiel eines Funktionswandels: Herrensitz, Ministerresidenz, Forschungsanstalt, SED-Parteischule*, in: *Brandenburgische Historische Hefte* 6, Potsdam 1997, S. 40.

4 Faensen, *Geheimnisträger Hakeburg* (wie Anm. 3), S. 40.

5 Die Figuren-Gruppe ‚Konspiration' eines unbenannten Berliner Künstlers, wurde unmittelbar nach Auflösung des Amtes für Staatssicherheit der DDR entfernt, mit einer Plane abgedeckt unweit des Eingangs zum großen Bunkers gelagert. Dann soll sie sich für einige Jahre im Wald unweit des Wernsdorfer Sees befunden haben. Inzwischen wurde sie, umgedeutet als Denkmal für die ‚Rote Kapelle', im Figurenpark im Bergpark' in Gosen-Neu-Zittau aufgestellt.

6 Faensen, *Geheimnisträger Hakeburg* (wie Anm. 3), S. 55.

7 Karl Marx, *Zur Kritik der Hegelschen Rechtsphilosophie. Einleitung*, in: *Karl Marx / Friedrich Engels – Werke*, Band 1, Berlin/DDR 1976. S. 378–391, hier S. 385. Online unter: http://www.mlwerke.de/me/me01/me01_378.htm (22. 7. 2023).

Orts- und Personenregister

Adolf Friedrich II., Herzog zu Mecklenburg [-Strelitz], 31, 33
Adolf Friedrich III., Herzog zu Mecklenburg [-Strelitz], 31, 43, 46, 52
Adolf Friedrich IV., Herzog zu Mecklenburg [-Strelitz], 33, 43
Amsterdam, 24
Arc-et-Senans, 73, 75
Arndt, Ernst Moritz, 108, 119
Arnim, Achim von, 114
Athen, 71, 74
Auerstedt, 106, 107
Augsburg, 13
Badminton, 48
Behrendt, Walter Curt, 148, 149, 152, 153, 157 (Anm. 53)
Berlin, 36, 60, 67, 68, 70, 71, 72, 82, 92, 93, 107, 108, 112–114, 117, 119, 122, 131–136, 139, 140, 143, 146, 147, 154, 159
Berson, François Philipp, 81, 82, 93–98, 100, 101
Bischoffwerder, Hans Rudolf von, 68, 71, 77
Blücher, Gebhard Leberecht, 119, 122
Bolz, Lothar, 153
Boullée, Étienne-Louis, 92
Bothmer, Hans Caspar von, 30, 47, 48, 62 (Anm. 11)
Boumann, Georg Friedrich, 78
Boyen, Ludwig Leopold Gottlieb Hermann von, 105, 119, 122
Bredekamp, Horst, 20
Brentano, Clemens, 106, 108, 113, 114
Breslau, (Wrocław), 122
Bretzing, Polizei-Assessor, 132, 133, 136
Brinckmann, Albert E[rich], 143–154
Brix, Joseph. 148
Brünn (Brno), 113
Busch, Johann Joachim, 41, 54–58
Büsching, Johann Stephan Gottfried, 132
Campe, Johann Heinrich, 68
Castlereagh, Robert Stewart, 2. Marquess of Londonderry, 122
Charlottenburg, 35, 36, 38, 51, 114, 115, 148
Chemnitz, 153
Christian Ludwig II., Herzog zu Mecklenburg [-Schwerin], 28, 29, 36, 39, 40, 42–46, 50, 52, 53, 59
Chruschtschow, Nikita, 154
Clasen, Karl-Heinz, 144
Clausewitz, Carl Philipp Gottlieb, 105, 122
Dannecker, Johann Heinrich, 120
Dannenberg, 109
Danzig (Gdańsk), 28
Degen, Dismar, 14
Dessau, 71, 153
Dettmann, Gerd, 29–31, 41, 52, 55, 58
Diebitsch, Hans Karl von, 109
Dömitz, 28, 39, 50
Dresden, 113
Dürer, Albrecht, 22
Dzierżyński, Feliks, 165
Ebhardt, Bodo, 159
Elias, Norbert, 39
Elisabeth Albertine, Herzogin zu Mecklenburg [-Strelitz], 43
Epikur, 44, 45
Erdmannsdorff, Friedrich Wilhelm von, 71
Faensen, Hubert, 159, 160, 167
Fichte, Johann Gottlieb, 106–108, 110, 111, 114, 115, 118
Findorff, Johann Dietrich, 29, 58, 59
Forster, Georg, 111
Francesco de Marchi, 22
Frankfurt am Main, 143
Frankfurt an der Oder, 25, 153
Friderici, D[aniel] G[ottlieb], 82
Friedrich der Fromme, Herzog zu Mecklenburg [-Schwerin], 59
Friedrich II., preußischer König, 67, 68, 70, 71
Friedrich III., Kurfürst von Brandenburg, ab 1701 König Friedrich I. in Preußen, 36
Friedrich Wilhelm I., preußischer König, 82, 86

Friedrich Wilhelm II., preußischer König, 92
Friedrich Wilhelm III., preußischer König, 105, 106, 108, 114, 117, 122, 125
Friedrich, Caspar David, 113
Friesen, Karl Friedrich, 108
Gallas, Peter, 37, 55
Gentz, Heinrich, 108, 113–115
Genzmer, Felix, 148
Georg III., König von Großbritannien und Irland, 52
Georg Ludwig, Herzog von Braunschweig-Lüneburg, als George I. König von Großbritannien, 28
Giedion, Sigfried, 145
Gilly, David, 71, 82–84, 86–93, 102
Gilly, Friedrich, 112, 113, 117
Girnus, Wilhelm, 145
Glienicke, 31, 33, 34
Gneisenau, August Neidhardt, 105, 106, 109, 114, 117, 119, 120, 122
Goethe, Johann Wolfgang, 111
Gontard, Carl Philipp Christian von, 42, 71, 72, 81, 100
Görres, Johann Joseph, 119,
Gosen, 159, 165
Göttingen, 19, 25
Grabow, 50
Greifswald, 43
Grein, Franz Carl Anton, 137, 138
Gruber, Karl, 153
Gruner, Justus, 108, 113, 122
Halberstadt, 93
Halle/Saale, 82
Hamburg, 64 (Anm. 41), 149
Hameau de Chantilly, 89
Hameau de la Reine, 89
Hampton Court, 48
Hannover, 62 (Anm. 10, 11)
Hardenberg, Karl August von, 77, 105, 106, 119
Harrison, Robert, 45
Hegemann, Werner, 131, 141 (Anm. 4)
Heidelberg, 106
Henrici, Karl, 150
Het Loo, 39, 41, 48
Hirt, Alois, 112
Hobbes, Thomas, 20, 22–24, 26 (Anm. 29)
Hobrecht, James, 141
Horst, Anton Wilhelm, 64 (Anm. 48)
Humboldt, Wilhelm von, 108, 114
Jahn, Friedrich Ludwig, 108
Jakobshagen, 81
Jaspers, Karl, 143
Jena, 106, 107
Junghanns, Kurt, 155, 156 (Anm. 15)
Kampffmeyer [Hans, Bernhard, Paul], 150
Kant, Immanuel, 86, 87
Karl Leopold, Herzog zu Mecklenburg [-Schwerin], 28, 29, 39, 40, 43, 59, 62 (Anm. 4)
Karl VI., römisch-deutscher Kaiser, 28
Karl Wilhelm, Markgraf von Baden-Durlach, 57
Karlsruhe, 56, 20, 148
Kauffmann, Hans, 145, 154, 156 (Anm. 24)
Kieß, Walter, 131
Kleinmachnow, 85, 159, 161
Kleist, Heinrich von, 108, 109, 115
Klenow, (s. a. Ludwigslust), 27–31, 36–46, 48–51
Klenze, Leo von, 120
Kleve, 49, 65 (Anm. 73)
Klütz, 30, 62 (Anm. 10)
Kolberg (Kołobrzeg), 105
Köln, 111, 143, 145
Körner, Theodor, 108, 109
Kotzebue, August von, 119
Kreyer, Berliner Stadtbaurat, 140
Krockow, Reinhold von, 122
Krumme (Dorf), 29
Krünitz, Johann Georg, 52
Künnecke, Johann Friedrich, 29, 30, 36
Langerhans, Friedrich Wilhelm, 132, 138, 139, 141 (Anm. 10)
Langhans, Carl Gotthard, 70–74, 76
Laugier, Marc-Antoine, 24, 61
Le Corbusier (Jeanneret-Gris, Charles-Édouard), 145, 146
Le Nôtre, André, 41
Le Roy, Julien David, 74
Ledoux, Claude-Nicolas, 74–76
Legeay, Jean-Laurent, 40, 41, 44, 46, 49, 54, 55, 57, 59, 64 (Anm. 38–41)
Leipzig, 119–121
Leonardo da Vinci, 22
Lequeu, Jean-Jacques,92
Lichtwark, Alfred, 150
Lissabon, 23
London, 26 (Anm. 29), 62 (Anm. 11), 117

Lübeck, 17, 53, 156 (Anm. 30)
Ludwig XIV., König von Frankreich, 71
Ludwigslust (s. a. Klenow), 27, 37, 38, 42–46, 48–54, 57, 58, 60–62
Luise von Mecklenburg [-Strelitz], preußische Königin, 114, 116
Luneville, 107
Magdeburg, 93, 153
Mann, Thomas, 143
Marie-Antoinette von Österreich-Lothringen, Königin von Frankreich und Navarra, 90
Martini, Francesco di Giorgio, 22
Marx, Karl, 171 (Anm. 7)
Matthisson, Friedrich von, 109, 126 (Anm. 13)
May, Ernst, 146
Meißen, 113
Mereau, Sophie, 106
Metternich, Klemens Wenzel Lothar von, 122
Moskau, 113, 145, 152–154
Mülhausen (Mulhouse), 111
Mumford, Lewis, 27, 57
München, 120, 157 (Anm. 47, 53, 74)
Münter, Georg, 145, 155
Napoleon Bonaparte, französischer Kaiser, 108, 113, 119, 120, 122
Neubrandenburg, 153
Neuruppin, 93, 94, 97
Neustadt-Glewe, 39, 48, 50
Neustrelitz, 29, 31–34, 36, 38, 51, 52, 57. 63 (Anm. 19, 31)
Niebuhr, Barthold Georg, 108
Nipperdey, Thomas, 122
Novalis (Friedrich von Hardenberg), 106
Palladio, Andrea, 25, 84
Paretz, 85, 87–93, 102
Paris, 40, 112, 117, 119, 122
Penther, Johann Friedrich, 14, 15, 18, 19, 22, 23, 25 (Anm. 1), 52
Perret, François, 23
Pestalozzi, Johann Heinrich, 110, 127 (Anm. 28)
Pfuel, Karl Ludwig August Friedrich von, 113
Picasso, Pablo, 145
Plessner, Helmuth, 143
Pombal, Marqués de [Sebastião José de Carvalho e Mello], 26 (Anm. 29)
Pöschk, Torsten, 31
Potsdam, 15, 16, 42
Prag, 112, 113
Pythagoras, 51
Rastatt, 48
Rave, Paul Ortwin, 120. 122
Rave, Wilhelm, 46
Revett, Nicholas, 74
Rivius, Gualtherus (Reiff, Walther), 21
Ronchamp (Franche-Comté), 145
Rostock, 28, 52, 53, 153
Rousseau, Jean-Jacques, 24, 67, 75
Saint-Germain-en-Laye, 67
Savigny, Friedrich Carl von, 108, 114, 138
Scamozzi, Vincenzo, 22, 25, 84
Scharnhorst, Gerhard von, 105
Schelling, Friedrich, 106
Schill, Ferdinand von, 122
Schinkel, Karl Friedrich, 108, 112–119, 121–125, 128 (Anm. 43, 45, 46)
Schinkel, Susanne, 113
Schlegel, August Wilhelm, 106
Schlegel, Caroline, 106
Schlegel, Friedrich, 106, 127 (Anm. 35)
Schleiermacher, Friedrich, 108
Schmitz, Christian Gottfried, 97
Schultze-Naumburg, Paul, 150
Schulze-Boysen, Harro, 165
Schwerin, 36, 39, 40, 45, 50, 64 (Anm. 41), 66 (Anm. 79)
Serlio, Sebastiano, 25, 84
Sieveking, Karl, 119
Sitte, Camillo, 147, 150
Sombart, Werner, 153
Sophie Charlotte, Herzogin zu Mecklenburg [-Strelitz], 52
Specklin, Daniel, 22
St. Petersburg, 122
Stalin, Josef Wissarionowitsch, 151
Stalinstadt / Eisenhüttenstadt, 153
Stargard, 63 (Anm. 18, 28), 81
Stein, Heinrich Friedrich Karl von [Reichsfreiherr vom und zum Stein], 77, 105, 113, 125 (Anm. 3), 134
Stettin, 71, 81, 141
Stevin, Simon, 22
Straßburg, 111
Strauß, Gerhard, 143–146, 152, 154
Strelitz, 31, 33, 34

Stuart, James, 74
Sturm, Leonhard Christoph, 84
Tauroggen, 109
Tieck, Ludwig, 106
Turin, 49
Unger, Georg Christian, 16, 71, 81, 100
Vauban, Sébastien Le Prestre de, 22
Vaux-le-Vicomte, 41, 47
Venedig, 112
Versailles, 27, 48, 89, 90
Vignola, Giacomo Barozzi da, 25, 84, 101
Vitruv, 24, 82, 97
Völkel, Michaela, 59
Waagen, Gustav Friedrich, 114, 128 (Anm. 45)
Wackenroder, Wilhelm Heinrich, 112
Wasmuth, Günther, 144
Weinbrenner, Friedrich, 56, 120
Wien, 28, 43, 53, 112, 113, 118, 119
Willebrand, Johann Peter, 61
Wismar, 30, 53
Woellner, Johann Christoph von, 68–73, 76–78
Wolf, Paul, 144, 156 (Anm. 14)
Wölfflin, Heinrich, 147, 148, 150, 152, 153
Wörlitz, 71
Wren, Christopher, 22, 23
York, Johann David von, 109
Zedler, Johann Heinrich, 44
Zelter, Carl Friedrich, 108

Verzeichnis der verwendeten Literatur

Angermann, Johann Gotthelf, *Allgemeine practische Civil-Baukunst*, Halle 1766.

Arend, Sabine, *Albert Erich Brinckmann. Kunsthistoriker im Nationalsozialismus*, Magisterschrift, Humboldt-Universität Berlin 2001.

Arndt, Ernst Moritz, *Ausgewählte Werke in sechzehn Bänden*, Leipzig 1908, https://www.projekt-gutenberg.org/meisnerh/arndt/titlepage.html.

Asche, Matthias,Friedrich, *Ruhm und Trost der Deinen, O, warest Du so gut.' Herzog Friedrich von Mecklenburg-Schwerin (1756–1785) – Möglichkeiten und Grenzen eines frommen Aufklärers*, in: Ohle, Walter, *Schwerin-Ludwigslust*, Leipzig 1960.

Baggesen, Jens, *Das Labyrinth oder Reise durch Deutschland in die Schweiz 1789*, Leipzig/Weimar 1985.

Baier, Christof und Reinisch, Ulrich, *Schußlinie, Sehstrahl und Augenlust. Zur Herrschaftskultur des Blickens in den Festungen und Gärten des 16. bis 18. Jahrhunderts, in: Visuelle Argumentationen. Die Mysterien der Repräsentation und die Berechenbarkeit der Welt*, hg. v. Horst Bredekamp und Pablo Schneider, München 2006.

Baier, Christof, *Biographische Notizen zum Leben des Geheimen Oberbaurates François Philipp Berson*, in: *Mathematisches Calcul und Sinn für Ästhetik. Die preußische Bauverwaltung 1770–1848*, Ausstellungskatalog Berlin 2000.

Ballschmieter, Hans-Joachim, *Andreas Gottlieb von Bernstorff und der mecklenburgische Ständekampf (1680–1720)*, Köln 1962.

Baumgartner, Gabriele, *Die Verhandlungen zum Landesgrundgesetzlichen Erbvergleich – Politik und Wirken der Geheimen und Regierungsräte Christian Ludwigs*, in: *Verfassung und Lebenswirklichkeit. Der Landesgrundgesetzliche Erbvergleich von 1755 in seiner Zeit*, hg. v. Matthias Manke und Ernst Münch, Lübeck 2006.

Behrendt, Walter Curt, *Die einheitliche Blockfront als Raumelement im Stadtbau. Ein Beitrag zur Stadtbaukunst der Gegenwart*, Berlin 1911.

Bekiers, Andreas, *Bodo Ebhardt: Architekt, Burgenforscher, Restaurator. Leben und Frühwerk*, Berlin 1999.

Berson, François Philipp, *Instruktion für Bau- und Werkmeister über die Einrichtung und Anlage der bürgerlichen Wohnhäuser in den Provinzialstädten, nebst den nöthigen Rissen, um sich derselben beim Entwerfen und Erbauen neuer Häuser als Beispiele bedienen zu können*, Berlin 1804.

Ders., *Sammlung von Fassaden und Einrichtungen städtischer Wohngebäude* (1802), Architekturmuseum TU Berlin.

Blondel, Jacques-François, *Cours d'architecture civile*, Paris 1771–1777.

Bock, Sabine, *Zwischen Bothmer, Christianensburg und Ludwigslust. Herrschaftliches Bauen in Mecklenburg*, in: *Verfassung und Lebenswirklichkeit. Der Landesgrundgesetzliche Erbvergleich von 1755 in seiner Zeit*, hg. v. Matthias Manke und Ernst Münch, Lübeck 2006.

Bolz, Lothar, *Von deutschem Bauen*, Berlin 1951.

Borcke. Johann von?, *Geheime Briefe über die Preußische Staatsverfassung seit der Thronbesteigung Friedrich Wilhelms des Zweyten*, Utrecht 1787.

Bothmer, Carl von, *Betrachtungen und Einfälle über die Bauart der Privatgebäude in Teutschland*, Augsburg 1779.

Braunfels, Wolfgang, *Mittelalterliche Stadtbaukunst in der Toskana*, Berlin 1979.

Bredekamp, Horst, *Thomas Hobbes. Der Leviathan. Das Urbild des modernen Staates und seine Gegenbilder 1651–2001*, Berlin 2003.

Brentano, Clemens, *Das Märchen vom Murmeltier*, in: Märchen der deutschen Romantik, Bindlach 1987.

Brinckmann, Albert E., *Baumstilisierungen in der mittelalterlichen Malerei*, Straßburg 1906.

Ders., *Deutsche Stadtbaukunst in der Vergangenheit*, 2. Auflage Frankfurt am Main 1921.

Ders., *Die Stadt als baulicher Organismus*, Vortrag vom 19. 1. 1913 in Hamburg, in: *Baurundschau*, 23. 1. 1913.

Ders., *Platz und Monument. Untersuchungen zur Geschichte und Ästhetik der Stadtbaukunst in neuerer Zeit*, Nachdruck der ersten Auflage Berlin 1908, Berlin 2000.

Ders., *Ploščad' i monument kak problema chudožestvennoj formy. Perevod tret'ego nemeckogo izdanija so vstupitel'noj statej i kommentarijami Ignatija Chvojnika, Izdatel'stvo Vsesojuznoj Akademii architektury*, Moskwa 1935.

Brückelmann, Lutz, *Eine unfreiwillige Lektion - Die Baixa Pombalina in Lissabon*, in: *DAIDALOS*, März 1996.

Bruyn, Günter de, *Als Poesie gut. Schicksale aus Berlins Kunstepoche 1786 bis 1807*, Frankfurt am Main 2006.

Ders., *Die Zeit der schweren Not. Schicksale aus dem Kulturleben Berlins 1807 bis 1815*, Frankfurt am Main 2010.

Campe, J[oachim] H[einrich], *Väterlicher Rat für seine Tochter*, in: *Journal, I*, Leipzig 1788.

Cancrin, Franz Ludwig von, *Grundlehren der bürgerlichen Baukunst nach Theorie und Erfahrung vorgetragen*, Gotha 1792.

Clark, Christopher, *Preußen. Aufstieg und Niedergang 1600–1947*, München 2008.

Cranz, A[ugust] F[riedrich], *Journal von Berlin*, Neue Auflage, Leipzig 1790.

Decker, Paul, *Ausführliche Anleitung zur Civilbau-Kunst*, Nürnberg 1741.

Demps, Laurenz, *Das Brandenburger Tor*, Berlin 1991.

Ders., *Die Neue Wache. Entstehung und Geschichte eines Bauwerkes*, Berlin 1988.

Ders., *Zur Baugeschichte des Tores*, in: *Das Brandenburger Tor 1791–1991*, hg. v. Willmuth Arenhövel und Rolf Bothe, Berlin 1991.

Dettmann, Gerd, *Das alte Schloß in Kleinow*, in: *Jahrbücher des Vereins für Mecklenburgische Geschichte und Altertumskunde* 86 (1922).

Ders., *Johann Joachim Busch. Der Baumeister von Ludwigslust*, Rostock 1929.

Dreßen, Wolfgang, *Die pädagogische Maschine. Zur Geschichte des industrialisierten Bewusstseins in Preussen/Deutschland*, Frankfurt am Main/Berlin/Wien 1982.

Drinkuth, Friederike, *Der Stachel der Linienkonkurrenz. Mecklenburg-Strelitzer Baupolitik als Stein des Anstosses für die Schweriner Herzöge*, in: *Der Mecklenburgische Planschatz. Architekturzeichnungen des 18. Jahrhunderts aus der ehemaligen Plansammlung der Herzöge von Mecklenburg-Schwerin*, Band 2, hg. v. Sigrid Puntigam, Dresden 2020.

Edighoffer, Roland, *Die Rosenkreuzer*, München 2002.

Elias, Norbert, *Die höfische Gesellschaft. Untersuchungen zur Soziologie des Königtums und der höfischen Aristokratie*, Frankfurt am Main, 1992.

Endler, Karl August, *Die Geschichte der Landeshauptstadt Neustrelitz 1733–1933*, Neustrelitz 1933

Erckmann-Chatrien, *Ein Soldat von 1813, Berlin/Weimar 1985 (Histoire d'un conscrit de 1813*, Paris 1864; online bei fr.wikisource: Histoire d'un conscrit de 1813).

Erichsen, Johannes, *Jean-Laurent Le Geay in Mecklenburg*, in: *Der Mecklenburgische Planschatz. Architekturzeichnungen des 18. Jahrhunderts aus der ehemaligen Plansammlung der Herzöge von Mecklenburg-Schwerin*, Band 2, Essays, hg. v. Sigrid Puntigam, Dresden 2020.

Erouart, Gilbert, *Architettura com pittura. Jean-Laurent Legeay un piranesiano francese nell'Europa die Lumi*, Milano 1982.

Faensen, Hubert, *Geheimnisträger Hakeburg. Beispiel eines Funktionswandels: Herrensitz, Ministerresidenz, Forschungsanstalt, SED-Parteischule*, in: *Brandenburgische Historische Hefte 6*, Potsdam 1997.

Fichte, Johann Gottlieb, *Reden an die deutsche Nation*, für die Deutsche Bibliothek hg. v. Arthur Liepert, Berlin 1912.

Foelsch, Torsten, *Das Residenzschloss zu Neustrelitz. Ein verschwundenes Schloss in Mecklenburg*, Groß Gottschow 2016.

Forster, Georg, *Ansichten vom Niederrhein, von Brabant, Flandern, Holland, England und Frankreich, im April, Mai und Junius 1790*, Theil 1, Berlin 1791.

Foucault, Michel, Überwachen und Strafen. Die Geburt des Gefängnisses, Frankfurt am Main 1976.

Gantner, Joseph (Hg.), *Heinrich Wölfflin 1864–1945. Autobiographie, Tagebücher und Briefe*, Basel/Stuttgart 1984.

Geist, Johann Friedrich/Kürvers, Klaus, *Das Berliner Miethaus*, Bd. I. 1740–1862, München 1980, Bd. II. 1862–1945, München 1984.

Gengler, Heinrich Gottfried Philipp, *Deutsche Stadtrechtsalterthümer*, Erlangen 1882.

Gerlach, Karlheinz, *Die Freimaurerei im Alten Preußen 1738–1806. Die Logen in Berlin*, Teil 1, Innsbruck/Wien/Bozen 2014.

Geschichte und Gegenwart. Materialien der Konferenz Erfurt, 16.–19. Oktober 1956, Textband, hektographiert, Berlin 1956.

Giedion, Sigfried, *Spätbarocker und romantischer Klassizismus*, München 1922.

Gilly, David, *Handbuch der Land-Bau-Kunst [. . .]. Dritter Theil, erste Abtheilung*, Halle 1811.

Ders., *Handbuch der Land-Bau-Kunst vorzüglich in Rücksicht auf die Construction der Wohn- und Wirthschaftsgebäude für angehende Cameral-Baumeister und Oeconomen. Erster Theil, Berlin 1797, zweiter Theil*, Berlin 1798.

Ders., *Sammlung nützlicher Aufsätze und Nachrichten, die Baukunst betreffend*, 6. Jg., 1. Bd., Berlin 1805.

Gneisenau, August Wilhelm Anton von, *Ausgewählte militärische Schriften*, Berlin 1984.

Goethe, Johann Wolfgang, *Von deutscher Baukunst*, D. M. Ervini A. Steinbach 1773, Rudolstadt/Jena 1997.

Goß, Karl, *Geschichte der Stadt Ludwigslust, Parchim 1852*, neu hg. und fortgesetzt von Otto Kausel, Ludwigslust 1927.

Grau, Oliver, *Virtuelle Kunst in Geschichte und Gegenwart. Visuelle Strategien*, Berlin 2001.

Grein, Franz Carl Anton, *Die Rechtsverhältnisse der Nachbarn in Bau-Angelegenheiten nach den Vorschriften des Allgemeinen Landrechts: mit Hinweisung auf die nach der Bau-Ordnung vom 30. November 1641 und den Special-Bau-Observancen in Berlin vorkommenden Abweichungen*, Berlin 1842.

Gruber, Karl, *Eine deutsche Stadt. Bilder zur Entwicklungsgeschichte der Stadtbaukunst*, München 1914.

Gundlach, Wilhelm, *Geschichte der Stadt Charlottenburg*, Charlottenburg 1905.

Hain, Simone, Berlin Ost, *„Im Westen wird man sich wundern"*, in: *Neue Städte aus Ruinen. Deutscher Städtebau der Nachkriegszeit*, hg. v. Klaus von Beyme u. a., München 1992.

Handbuch für Architekten, hg. v. der Deutschen Bauakademie, 2. Auflage, Berlin 1954.

Hannemann, Christine, *Die Platte. Industrialisierter Wohnungsbau in der DDR*, Berlin 2005.

Harrison, Robert, *Gärten. Ein Versuch über das Wesen der Menschen*, München 2010.

Hegemann, Werner, *Das steinerne Berlin. Geschichte der größten Mietskasernenstadt der Welt*, Braunschweig/Wiesbaden 1988.

Heinrich, Gerd, *Friedrich Wilhelm II. von Preußen. Bürgerkönig in der Zeitenwende*, in: *Friedrich Wilhelm II. und die Künste. Preußens Weg zum Klassizismus*, Ausstellungskatalog, Berlin-Brandenburg 1997.

Ders., *Geschichte Preußens. Staat und Dynastie*, Frankfurt am Main, Berlin, Wien 1981.

Henrici, Karl, *Der Individualismus im Städtebau, Aachen 1904*, in: *Künstlerischer Städtebau um die Jahrhundertwende*, hg. v. Gerhard Curdes und Renate Oehmichen, Aachen 1981.

Hobbes, Thomas, *Leviathan. Oder Stoff, Form und Gewalt eines bürgerlichen und kirchlichen Staates*, Berlin 1976.

Hobrecht, James, *Ueber öffentliche Gesundheitspflege und die Bildung eines Central-Amts für öffentliche Gesundheitspflege im Staate*, Stettin 1868.

Hoffmann-Axthelm, Dieter, *Die dritte Stadt. Bausteine eines neuen Gründungsvertrages*, Frankfurt am Main 1993.

Hofrebe, Wolfgang, *Echo des Nichtwissens*, Berlin 2006.

Hoscislawski,Thomas, *Bauen zwischen Macht und Ohnmacht. Architektur und Städtebau in der DDR*, Berlin 1991.

Hossenfelder, Malte, *Epikur*, München 1991.

Jester, Theodor Ernst, *Praktische Anleitung zur Civil-Baukunst*, Königsberg 1785.

Jöchner, Cornelia, *Die „schöne Ordnung" und der Hof. Geometrische Gartenkunst in Dresden und anderen deutschen Residenzen*, Weimar 2001.

Junghanns, Kurt, *Der Deutsche Werkbund*, Berlin 1982.

Ders., *Die deutsche Stadt im Frühfeudalismus*, Berlin 1959.

Kampffmeyer, Bernhard, *Von der Kleinstadt zur Gartenstadt*, Berlin 1908.

Kampffmeyer, Paul, *Von der mittelalterlichen Kleinstadt zur modernen Großstadt*, München 1914.

Kamptz, Karl Albert von, *Versuch einer Topographie der herzoglichen Residenzstadt Neustrelitz*, Neubrandenburg 1792.

Kant, Immanuel, *Beantwortung der Frage: Was ist Aufklärung?*, in: *Berlinische Monatsschrift*, hg. v. F[Friedrich] Gedicke und J[ohann] E[rich] Biester, Berlin ,1784, H. 12.

Kieß, Walter, *Urbanismus im Industriezeitalter. Von der klassizistischen Stadt zur Garden City*, Berlin 1991.

Kimmich, Dorothea, *Epikureische Aufklärung. Philosophische und poetische Konzepte der Selbstsorge*, Darmstadt 1993.

Kleist, H[einrich] v., *Dramatische Meisterwerke*, Erster Band, Berlin 1920.

Koch, Arne et al (Hg.), *Ernst Moritz Arndt (1769–1860)*, Tübingen 2007.

Körner, Theodor, *Leyer und Schwerdt*, Berlin 1814, http://www.projekt-gutenberg. spiegel.de/koerner/leier/leier.htm.

Kottje-Birnbache, Leonore/Sachsse, Ulrich, *Das gemeinsame Katathyme Bilderleben in der Gruppe*, Bern 1986.

Kramer, Heike, *Schloß Ludwigslust*, Schwerin 1997.

Krüger, Georg, *Das Land Stargard*, I. Abteilung, Neubrandenburg 1921.

Lammert, Marlies, *David Gilly. Ein Baumeister des deutschen Klassizismus*, Berlin 1964.

Laugier, Marc-Antoine, *Essai sur l'architecture*, Paris 1753/55. Dt.: *Versuch über die Bau-Kunst*, Frankfurt am Main 1756. 1989 in Zürich und München unter dem Titel: *Das Manifest des Klassizismus* erschienen.

Leuner, Hanscarl, *Lehrbuch des Katathymen Bilderlebens*, Bern/Stuttgart/Toronto 1994.

Leyser, Erich, *Ein neuer „Brinckmann". Stadtbaukunst in der Vergangenheit*, Rezension in: *Die Bauwelt* 124 (1911).

Lichtwark, Alfred, *Palastfenster und Flügeltür*, Berlin 1899.

Matthisson, Friedrich von, *Sämmtliche Werke, Zweyter Band*, Wien 1814.

Maxwell, Kenneth R., *Pombal. Paradox of the Enlightenment*, Cambridge 1995.

Meckseper, Cord, *Kleine Kunstgeschichte der deutschen Stadt im Mittelalter*, Darmstadt 1982.

Meier, Nikolaus, *Heinrich Wölfflin in München. Kunstwissenschaft und Wissenschaftstopographie*, in: *200 Jahre Kunstgeschichte in München. Positionen. Perspektiven. Polemik 1780–1980*, hg. v. Christian Drude und Hubertus Kohle, München und Berlin 2003.

Milizia, Francesco, *Prinzipj di architettura civile. Finale*, 1775f. Dt: *Grundsätze der bürgerlichen Baukunst*, Leipzig 1784–86.

Mumford, Lewis, *Die Stadt. Geschichte und Ausblick*, Bd. 1, München 1984.

Mumford, Lewis, *The city in history: its origins, its transformations, and its prospects*, New York 1961.

Münch, Ernst, *Ein Friedensfürst in friedloser Zeit. Herzog Christian Ludwig II. Von Mecklenburg-Schwerin*, in: *Der Mecklenburgische Planschatz. Architekturzeichnungen des 18. Jahrhunderts aus der ehemaligen Plansammlung der Herzöge von Mecklenburg-Schwerin*, Band 2, hg. v. Sigrid Puntigam, Dresden 2020.

Münchow-Pohl, Bernd von, *Zwischen Reform und Krieg. Untersuchungen zur Bewusstseinslage in Preußen 1809–1812*, Göttingen 1987.

Münter, Georg, *Die Geschichte der Idealstadt von 1400 bis 1700*, Berlin 1928.

Münter, Georg, *Idealstädte. Ihre Geschichte vom 15.–17. Jahrhundert*, Berlin 1957.

Naudé, Albert, *Der preußische Staatsschatz unter König Friedrich Wilhelm II. und seine Erschöpfung. Beiträge zur preußischen Finanzgeschichte im 18. Jahrhundert*, in: *Forschungen zur brandenburgischen und preußischen Geschichte. Neue Folge*, 5. Band, Leipzig 1892.

Neumann, Carsten, *Johann Friedrich Künnecke. Bauten und Projekte für den Grafen von Bothmer und Christian Ludwig zu Mecklenburg*, in: *Der Mecklenburgische Planschatz. Architekturzeichnungen des 18. Jahrhunderts aus der ehemaligen Plansammlung der Herzöge von Mecklenburg-Schwerin*, Band 2, Essays, hg .v. Sigrid Puntigam, Dresden 2020.

Neumann, Carsten, *Schloß Bothmer*, Berlin 1997.

Nipperdey, Thomas, *Deutsche Geschichte 1800–1866. Bürgerwelt und starker Staat*, München 1983.

Nugent, Thomas, *Reisen durch Deutschland und vorzüglich durch Mecklenburg*, neu hg., bearb. u. kommentiert von Sabine Bock, Schwerin 2000.

Ohle, Walter, *Schwerin-Ludwigslust*, Leipzig 1960.

Palutzki, Joachim, *Architektur in der DDR*, Berlin 2000.

Paschke, Ralph, *Das Tor und seine architekturgeschichtliche Stellung*, in: *Das Brandenburger Tor 1791–1991*, hg. v. Willmuth Arenhövel und Rolf Bothe, Berlin 1991.

Penther, Johann Friedrich, *Erster Theil einer ausführlichen Anleitung zur Bürgerlichen Bau-Kunst enthaltend ein Lexicon Architectonicum oder Erklärungen der üblichsten Deutschen, Französischen, Italiänischen Kunst-Wörter der Bürgerlichen Bau-Kunst [...]*, Augsburg 1744. *Zweyter Theil einer ausführlichen Anleitung zur Bürgerlichen Baukunst [...]*, Augsburg 1745.

Peschken, Goerd, *Baugeschichte politisch*, Braunschweig/Wiesbaden 1993.

Pestalozzi, Johann Heinrich, *Wie Gertrud ihre Kinder lehrt: ein Versuch, den Müttern Anleitung zu geben, ihre Kinder selbst zu unterrichten, in Briefen*, Bern und Zürich 1801.

Philipp, Klaus Jan (Hg.), *David Gilly's Bibliothek. Reprint des Auktionskataloges von 1808*, Berlin 2000.

Porter, Stephen, *The Great Fire of London*, London 1996.

Pöschk, Torsten, *„Hier ist mein eigener Grund; der mir ist Angestorben ..." Die Gestaltung barocker Gutshäuser, Höfe und Gärten des Adels in Mecklenburg-Schwerin im Kontext des innerstaatlichen Machtkonflikts im 18. Jahrhundert*, Norderstedt 2011.

Ders., *Neustrelitz – Geburt eines barocken Residenzensembles. Eine Untersuchung der Entwicklungsprozesse einer Residenzbildung in Mecklenburg von der Entstehung des Fürstentums Mecklenburg-Strelitz im Jahre 1701 bis zur Verfestigung der Stadtgestalt*, Magisterschrift Humboldt-Universität zu Berlin 2004, Veröffentlicht bei GRIN, 2008.

Prösel. Susan / Kremin. Michael, *Berlin um 1700. Die Idealstadt Charlottenburg. Die Bedeutung Charlottenburgs für die Entstehung von Groß-Berlin*, Berlin 1984.

Puntigam, Sigrid, *„mit eigenhändigen Bemerkungen". Herzog Friedrich von Mecklenburg-Schwerin als dilettierender Architekt und sein Hofbaumeister Johann Joachim Busch*, in: *DerMecklenburgische Planschatz. Architekturzeichnungen des 18. Jahrhunderts aus der ehemaligen Plansammlung der Herzöge von Mecklenburg-Schwerin*, Band 2, hg. v. Sigrid Puntigam, Dresden 2020.

Puntigam, Sigrid, *Ludwigslust – ein Schlossensemble zwischen Behauptung und Rückzug, in: Schloss Ludwigslust*, hg. v. dem Staatlichen Museum Schwerin/Ludwigslust/Güstrow und den Staatlichen Schlössern und Gärten Mecklenburg-Vorpommern, Berlin/München 2016.

Quesnay, François, Ökonomische *Schriften*, übers. und hg. v. Margherita Kuczynski Bd. 1, Berlin 1971, Bd. 2, Berlin 1976.

Rave, Paul Ortwin, *Karl Friedrich Schinkel. Lebenswerk. Berlin. Dritter Teil. Bauten für Wissenschaft, Verwaltung. Heer. Wohnbau und Denkmäler*, Berlin MCMLXII, [1962].

Rave, Paul Ortwin, *Karl Friedrich Schinkel. Lebenswerk. Berlin. Erster Teil, Bauten für Kunst, Kirchen, Denkmalpflege*, Berlin MCMXXXXI. [1941].

Rave, Wilhelm, *Die Achse in der Baukunst*, Münster/Westfalen 1929.

Reinisch, Ulrich, *Der Wiederaufbau der Stadt Neuruppin nach dem großen Brand von 1787. Oder: Wie die preußische Bürokratie eine Stadt baute. Nach den Akten rekonstruiert und erläutert*, Worms 2001.

Ders., *Stadtplanung im Konflikt zwischen absolutistischen Ordnungsanspruch und bürgerlich-kapitalistischen Interessen. Peter Joseph Lennés Wirken als Stadtplaner von Berlin*, in: *Peter Joseph Lenné. Gartenkunst im 19. Jahrhundert*, hg. v. Brandenburgischem Landesamt für Denkmalpflege, Berlin/München 1992.

Repgow, Eike von, *Sachsenspiegel. Die Wolfenbütteler Bilderhandschrift* [...], 3 Bde: Faksimile, Text, Kommentar. hg. v. Ruth Schmidt-Wiegand, Berlin 1993.

Reudenbach, Bruno, *Natur und Geschichte bei Ledoux und Boullée*, in: *IDEA. Jahrbuch der Hamburger Kunsthalle VIII/1989*, hg. v. Werner Hofmann und Martin Warnke, München 1989.

Ritter, Gerhard, *Stein. Eine politische Biographie*, Stuttgart 1958.

Rivius, Gualtherus, *Der Architectur fürnemsten notwendigsten/ angehörigen Mathematischen vnd Mechanischen Kunst/ eygentlicher bericht/ vnd verstendliche vnterrichtung/ zu rechten verstandt der lehr Vitruvij/ in drey fürmene Bücher abgetheilet*, Nürnberg 1558, Nachdruck Hildesheim/New York 1981.

Rousseau, Jean-Jacques, *Vom Gesellschaftsvertrag oder Grundsätze des Staatsrechts*, Stuttgart 1977.

Sachs, Salomo, *Spezial Bau-Reglement für die Stadt Berlin*, Berlin 1838.

Scharf, Helmut, *Kleine Kunstgeschichte des deutschen Denkmals*, Darmstadt 1984.

Schasler, Max, *Villa oder Miethskaserne*, Berlin 1868.

Schätzke, Andreas, *Zwischen Bauhaus und Stalinallee. Architekturdiskussion im östlichen Deutschland 1945– 1955*, Braunschweig und Wiesbaden 1991.

Schelle, Karl Gottlieb, *Die Spatziergänge oder die Kunst spatzieren zu gehen*, Leipzig 1802.

Schinkel, Karl Friedrich, *Briefe, Tagebücher, Gedanken ...*, ausgewählt von Hans Markowsky, Berlin 1922.

Ders., *Reisen nach Italien. Tagebücher, Briefe, Aquarelle*, Berlin 1988.

Schlegel, Friedrich, *Grundzüge der Gotischen Baukunst (1803)*, in: *Kritische Schriften*, hg. v. Wolfdietrich Rasch, München 1958.

Ders., *Studien des klassischen Altertums*, in: *Kritische Friedrich-Schlegel-Ausgabe*, Paderborn/München/Wien 1978, 1. und 2. Bd.

Schlie, Friedrich, *Die Kunst- und Geschichtsdenkmäler des Grossherzogthums Mecklenburg-Schwerin*, III. Bd., Schwerin 1900.

Schmidt, Friedrich Christian, *Der bürgerliche Baumeister*, Gotha 1790-99.

Schoeps, Hans-Joachim, *Preußen. Geschichte eines Staates*, Frankfurt/Main, Berlin, Wien 1981.

Schübler, Johann Jacob, *Civil Baukunst*, Nürnberg 1732.

Schultze, Walther, *Geschichte der Preussischen Regieverwaltung von 1766 bis 1786*, Leipzig 1888.

Schultze-Naumburg, Paul, *Kulturarbeiten*, Bd. 4: *Staedtebau*, München 1909.

Schütte, Ulrich, *Ordnung und Verzierung. Untersuchungen zur deutschsprachigen Architekturtheorie des 18. Jahrhunderts*, Braunschweig/Wiesbaden 1986.

Ders., *Ordnung und Verzierung. Untersuchungen zur deutschsprachigen Architekturtheorie des 18. Jahrhunderts,* Braunschweig/Wiesbaden 1986.

Schütz, Christian Gottfried, *Lehrbuch zur Bildung des Verstandes und des Geschmacks*, Halle 1776.

Schwartz, Paul, *Der erste Kulturkampf in Preußen um Kirche und Schule (1788–1798)*, Berlin 1925.

Sitte, Camillo, *Der Städtebau. Nach seinen künstlerischen Grundsätzen*, Wien 1889.

Sombart, Werner, *Der Begriff der Stadt und das Wesen der Stadtbildung*, in: *Archiv für Sozialwissenschaften und Sozialpolitik* 27, Tübingen 1907.

Stamm-Kuhlmann, Thomas, *König in Preußens großer Zeit. Friedrich Wilhelm III. der Melancholiker auf dem Thron*, Berlin 1992.

Stein, [Heinrich Friedrich Karl von], *Sein Leben von ihm selbst niedergeschrieben!*, Eisenberg 1937, Textgleich mit orthographischen Korrekturen als „Lebenserinnerungen. Verfaßt in den Jahren 1821–1823" in: https://www.projekt-gutenberg.org/steinvom/lebenser/lebenser.html.

Steiner, Gerhard, *Freimaurer und Rosenkreuzer. Georg Forsters Weg durch die Geheimbünde*, Berlin 1987.

Stieglitz, Christian Ludwig, *Encyklopädie der bürgerlichen Baukunst*, Leipzig 1792.

Strauß, Gerhard, *Heinrich Wölfflin. Über seine Bedingtheit und seine Bedeutung*, in: *Forschen und Wirken. Festschrift zur 150-Jahr-Feier der Humboldt-Universität zu Berlin 1810–1960*, Bd. 1. Berlin 1960.

Ders., Gerhard, Über den Aufbau historischer Städte in Deutschland seit 1945 und einige damit verbundene historische und gestalterische Probleme, in: *Städtebau. Geschichte und Gegenwart. Materialien der Konferenz Erfurt*, 16.–19. Oktober 1956, Textband, hektographiert, hg. v. Gerhard Strauß, Berlin 1956, S. 196–221.

Sturm, Christian, *Vollständige Anweisung, alle Arten von buergerlichen Wohnhäusern wohl anzugeben*, Augsburg 1725.

Ders., *Die unentbährliche Regel der Symmetrie*, Augsburg 1768.

Succov, Lorenz Johann Daniel, *Erste Gründe der bürgerlichen Baukunst*, Jena 1751.

Tausch, Harald, *„Die Architektur ist die Nachtseite der Kunst". Erdichtete Architekturen und Gärten in der deutschsprachigen Literatur zwischen Frühaufklärung und Romantik*, Würzburg 2006.

Taut, Bruno, Werbeschrift für die Gartenstadt Am Falkenberg, Berlin 1912.

Tazbir, Sara, *Die Rezeption des künstlerischen Städtebaus um 1900 im Städtebau der DDR in den frühen 50er Jahren. Am Beispiel der Stadt Dessau*, Magisterschrift, Humboldt-Universität zu Berlin 2009.

Topfstedt, Thomas, *Das Leipziger Völkerschlachtdenkmal. Eine kurze Ideen- und Baugeschichte*, in: *Das Jahr 1813. Ostmitteleuropa und Leipzig. Die Völkerschlacht als (trans)nationaler Erinnerungsort*, hg. v. Marina Dmitrieva und Lars Karl, Köln/Weimar, Wien 2016.

Trott, G. F., *Etwas über das physiokratische System*, in: *Berlinisches Magazin der Wissenschaften und Künste*, hg. v. Wilhelm Jacob Wippel, Bd. 2, St. 1, Berlin 1784.

Ullmann, Harald, *Einführung in die Katathym Imaginative Psychotherapie*, Heidelberg 2017.

Ullmann, Harald/ Friedrichs-Dachale, Andrea u. a., *Katathym Imaginative Psychotherapie*, Stuttgart 2017.

Verwiebe, Birgit (Hg.), *Karl Friedrich Schinkel und Clemens Brentano. Wettstreit der Künstlerfreunde*, Berlin 2008.

Verwiebe, Birgit, *Lichtspiele: Vom Mondscheintransparant zum Diorama*, Stuttgart 1997.

Vogtherr, Christoph Martin, *Hauptstadtausbau und Reforminstitutionen unter Friedrich Wilhelm II.*, in: *Friedrich Wilhelm II. und die Künste. Preußens Weg zum Klassizismus*, Ausstellungskatalog, Berlin-Brandenburg 1997.

Völkel, Michaela, *Das Bild vom Schloß. Darstellung und Selbstdarstellung deutscher Höfe in Architekturstichserien 1600–1800*, München/Berlin 2001.

Waagen, Gustav, *Karl Friedrich Schinkel als Mensch und Künstler*, Berlin 1844.

Weber, Ernst, *Lyrik der Befreiungskriege (1812–1815). Gesellschaftspolitische Meinungs- und Willensbildung durch Literatur*, Stuttgart 1991.

Wiggermann, Uta, *Woellner und das Religionsedikt. Kirchenpolitik und kirchliche Wirklichkeit im Preußen des späten 18. Jahrhunderts*, Tübingen 2010.

Willebrand, Johann Peter, *Grundriß einer schönen Stadt*, Hamburg/Leipzig 1775.

Wimmer, Clemens Alexander, *Sichtachsen des Barock in Berlin und Umgebung: Zeugnisse fürstlicher Weltanschauung, Kunst und Jägerlust*, Berlin 1985.

Woellner, J[ohann] Ch[ristoph], *Die Aufhebung der Gemeinheiten in der Mark Brandenburg, nach ihrem großen Vorteil ökonomisch betrachtet*, Berlin 1766.

Woellner, J[ohann] Ch[ristoph], *Unterricht zu einer auserlesenen ökonomischen Bibliothek*, Berlin 1764/65.

Wolf, Paul, *Städtebau. Das Formenproblem der Stadt in Vergangenheit und Zukunft*, Leipzig 1919.

Wölfflin, Heinrich, *Prolegomena zu einer Psychologie der Architektur*, Dissertation, München 1886.

Ziolkowski, Theodore, *Berlin. Aufstieg einer Kulturmetropole*, Stuttgart 2002.

Lexika

Johann Heinrich Zedlers Grosses vollständiges Universallexikon aller Wissenschafften und Künste, Halle und Leipzig 1732 bis 1754. http://www.zedler-lexikon.de

D. Johann Georg Krünitz, *Oekonomische Encyklopädie, oder allgemeines System der Staats- Stadt- Haus- u. Landwirtschaft. Ab Bd. 9 unter dem Titel Oekonomisch-technologische Encyklopädie ...)*, http://www.kruenitz1.uni-trier.de

Akten

Geheimes Preußisches Staatsarchivs, Stiftung Preußischer Kulturbesitz

Landesarchiv Berlin

Archiv der Humboldt-Universität

Universität Köln, Nachlass Brinckmann

Bundesarchiv

Abbildungsnachweis

1.

Penther, Johann Friedrich: Erster Theil einer ausführlichen Anleitung zur Bürgerlichen Bau-Kunst [...] Augsburg 1744: 1.
Stiftung Preußische Schlösser und Gärten Berlin-Brandenburg:
Hobbes, Thomas: 5
Rivius, Gualtherus: 6.
Archiv des Verfassers: 3, 4.

2.

Gundlach, Wilhelm: 6.
Staatliche Schlösser, Gärten und Kunstsammlungen Mecklenburg-Vorpommern: 1.,10., 23.
Mecklenburgisches Landeshauptarchiv Schwerin: 7., 15.
https://commons.wikimedia.org/wiki/: 5.
Archiv des Verfassers; 4., 11., 13., 14., 16, 19., 24., 25.
Eintragungen Sophie Reinisch: 3., 9., 12., 17., 18., 21., 22.

3.

https://commons.wikimedia.org/wiki/: 1.
Stiftung Stadtmuseum Berlin: 2., 6.
Archiv des Verfassers: 3.–5.

4.

Gilly, David, *Handbuch der Landbaukunst [. . .], Erster Theil:* 1.
Gilly, David, *Handbuch der Landbaukunst [. . .], Dritter Theil, erste Abtheilung:* 2.
Führ, Eduard / Teut, Anna: 7., 8.
Archiv des Verfassers: 3.–6. 7., 9.–23.

5.

Kupferstichkabinett, Staatliche Museen zu Berlin: 2., 3., 5.–8.
Deutsche Fotothek Dresden: 4.
Niedersächsisches Landesmuseum Hannover: 9.
Stiftung Stadtmuseum Berlin: 10.
Archiv des Verfassers: 1, 11.

7.

Brinckmann, A. E. *Platz und Monument:* 1.
Behrend. W. C.: 2.
Brinckmann, A. E. *Ploščad' i monument*, 3.

8.

Archiv des Verfassers: 1.–13.

Kurzvita

1964 Abitur, 1964–66 Berufsausbildung und Fabrikarbeit, 1966–1971 Studium der Philosophie und Geschichte an der Humboldt-Universität. 1971–1976 wissenschaftlicher Assistent an der wirtschaftswissenschaftlichen Fakultät der HU. Dort 1976 Promotion zum Dr. oec. (durch Dieter Klein, Wolfgang Heise, Bruno Flierl), danach Mitarbeiter am Lehrstuhl für Kulturgeschichte (Dietrich Mühlberg). 1978–1981 Stadtplaner im Büro für Städtebau Berlin, Abteilung Generalbebauungsplanung, ab 1981 als Oberassistent am Kunstgeschichtlichen Institut (Wieder)Aufbau eines Lehr- und Forschungsgebiets zur kultur- und geistesgeschichtlich orientierten Architektur- und Städtebaugeschichte. 1984 Promotion zum Dr. sc. phil. (Habilitation), 1990 Berufung zum ordentlichen Professor für Geschichte der Architektur und des Städtebaus, 1990–1993 Prorektor (Vizepräsident) der Humboldt-Universität. 1993 Ausschreibung der Professorenstelle und Neuberufung, 2011 Pensionierung, danach 2012–2018 Lehrauftrag an der Brandenburgischen Technischen Universität Cottbus, Fakultät für Architektur und Stadtplanung. Nach 1989/1990 zahlreiche Auslandsaufenthalte, Gastvorlesungen an verschiedenen Universitäten, Referate auf internationalen Konferenzen, Veröffentlichungen zur Geschichte von Städtebau und Architektur u. v. a.